AF378613

# TWO VIEWS OF HARRIS

## NA HEARADH BHO DHÀ SHEALLADH

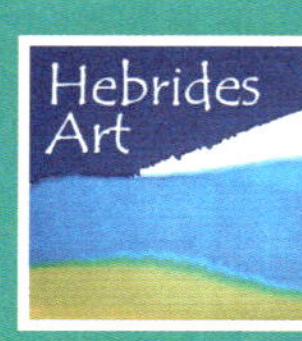

# TWO VIEWS OF HARRIS
## NA HEARADH BHO DHÀ SHEALLADH

BY LESLEY & ALISDAIR WISEMAN

HEBRIDES ART    WEBSITE: WWW.HEBRIDESART.CO.UK

FIRST PUBLISHED IN 2009 BY ACAIR, LIMITED, 7 JAMES STREET, STORNOWAY, SCOTLAND
HS1 2QN   TELEPHONE 01851 703020:  WEBSITE WWW.ACAIRBOOKS.COM

INITIAL DESIGN CONCEPT BY ALISDAIR WISEMAN
ALL IMAGES SCANNED & SUPPLIED BY ROB KNIGHT, KNIGHT GRAPHICS, HALIFAX
BOOK DESIGNED BY MARGARET ANNE MACLEOD
PRINTED BY GOMER PRESS, LLANDYSUL, WALES

LAGE/ISBN  9780861523825 (softback)   9780861523870 (hardback)

Chuidich Comhairle nan Leabhraichean am foillsichear le cosgaisean an leabhair seo.
Tha Acair a' faighinn taic bho Bhòrd na Gàidhlig.

# TWO VIEWS OF HARRIS

## NA HEARADH BHO DHÀ SHEALLADH

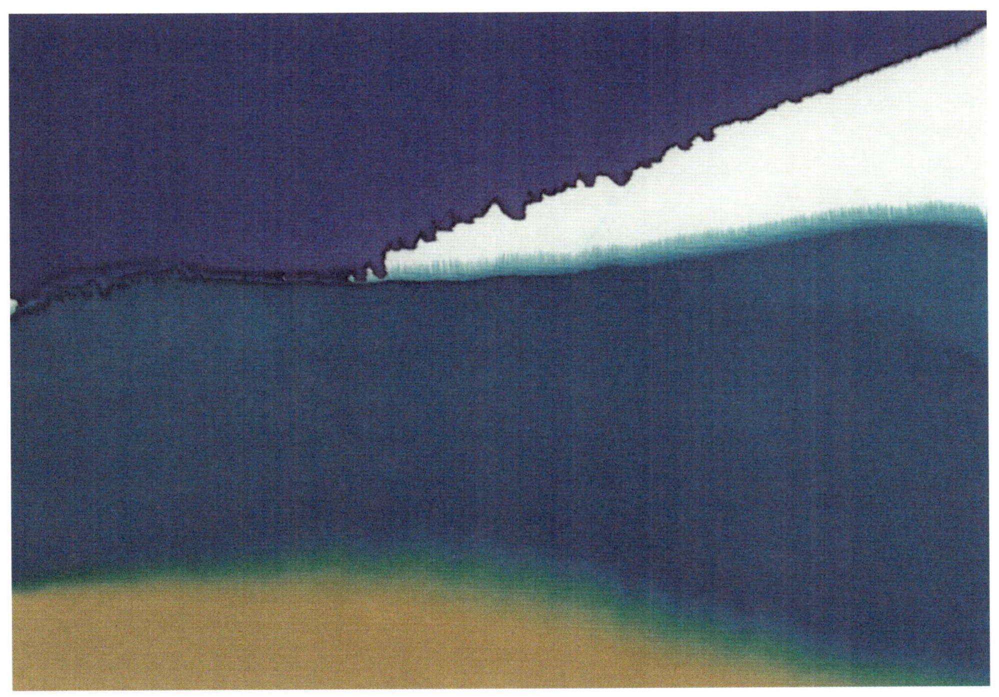

## LESLEY & ALISDAIR WISEMAN

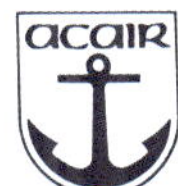

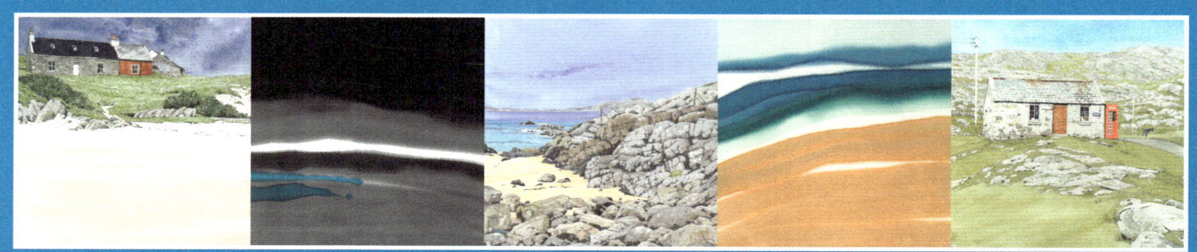

TAKE TEN DIFFERENT PEOPLE AND POINT THEM AT THE SAME VIEW AND NO ONE PERSON WILL SEE, AND EXPERIENCE, THE SAME THING.  AND SO IT IS WITH ARTISTS AS WELL. LESLEY AND ALISDAIR BOTH LOVE THE ISLAND OF HARRIS AND, IN THEIR OWN WAYS, HAVE TRIED TO CAPTURE WHAT THEY SEE AND FEEL.

SEASCAPES FORM THE BASIS OF MOST OF LESLEY'S PAINTINGS, CREATED FROM A MIX OF MEMORY AND IMAGINATION.  SHE IS INTERESTED IN BRINGING OUT ABSTRACT QUALITIES AND EMPHASISING THE USE OF COLOUR AND LIGHT.  HER MEDIUM IS SILK.  THIS SUITS HER STYLE PERFECTLY BECAUSE OF THE WAY IN WHICH THE COLOURS MOVE AROUND AND INTERACT WITH EACH OTHER, CREATING VIBRANT AND EVOCATIVE IMAGES.

ALISDAIR HAS BEEN PAINTING AND DRAWING FOR MOST OF HIS LIFE.  HIS EARLY INSPIRATION CAME FROM THE CLASSIC AGE OF CHILDREN'S BOOK ILLUSTRATION: ARTHUR RACKHAM, JESSIE M KING AND W HEATH ROBINSON.  QUICKLY, HOWEVER, HE FOUND HIMSELF CREATING IMAGES OF THE WEST HIGHLAND LANDSCAPE FROM MEMORY.  IN MORE RECENT TIMES IT IS THE WILD LAND AND SEASCAPES OF THE ISLE OF HARRIS THAT PROVIDE LIMITLESS SUBJECTS FOR HIS WORK. HE KEEPS EVERYTHING IN FOCUS, CAPTURING THE DETAIL IN PENCIL AND ADDING WATERCOLOUR FOR ATMOSPHERE.

MOST OF THE IMAGES IN THIS BOOK CAN BE PURCHASED ON THE HEBRIDES ART WEBSITE, WWW.HEBRIDESART.CO.UK. MANY ARE AVAILABLE AS GICLÉE PRINTS (LIMITED AND OPEN EDITIONS) AND SOME ARE AVAILABLE AS ORIGINALS. ENJOY!

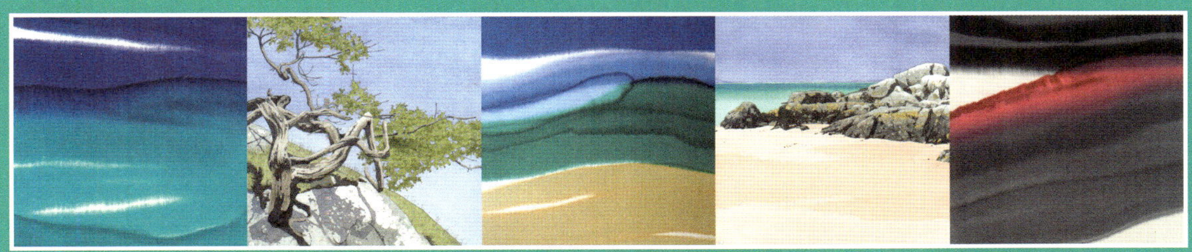

GABH DEICHNEAR DHAOINE EADAR-DHEALAICHTE A' COIMHEAD AIR AN AON SEALLADH AGUS CHAN E AN AON RUD A CHÌ NO A DH'FHAIREAS GACH NEACH ACA FA LETH. SIN MAR A THA LE LUCHD-DEALBHACHAIDH CUIDEACHD. THA MEAS MÒR AIG LESLEY AGUS ALISDAIR AIR NA HEARADH, AGUS NAN DÒIGHEAN EADAR-DHEALAICHTE FHÈIN THA IAD A' CUR AN CÈILL MAR A BHEANAS SIN RIUTHA.

'S E DEALBHAN MARA AS MOTHA A THA LESLEY A' CRUTHACHADH. THA I DÈIDHEIL AIR A BHITH A' CLEACHDADH DATH IS SOLAS AIRSON SAMHLA FARSAING FHÀGAIL AGAINN. 'S ANN AIR SÌODA A BHIOS I A' PEANTADH GUS AM FAIGH I AIR SEALLTAINN MAR A THA NA DATHAN A' GLUASAD AGUS A' MEASGACHADH CÒMHLA GUS AM BI NA H-ÌOMHAIGHEAN A' SRUTHADH NAR N-INNTINN.

THA ALISDAIR AIR A BHITH NA DHEALBHAICHE A' CHUID MHÒR DHE BHEATHA. FHUAIR E MISNEACHD BHO DHEALBHAN A BHA E A' FAICINN ANN AN LEABHRAICHEAN CHLOINNE LE DEALBHADAIREAN CLASAIGEACH MAR ARTHUR RACKHAM, JESSIE M KING AGUS W HEATH ROBINSON. GHABH E ROIMHE À SIN GU BHITH A' DEALBHACHADH ÌOMHAIGHEAN DE SHEALLAIDHEAN À TAOBH AN IAR NA GÀIDHEALTACHD A BHA A' TIGHINN A-STEACH AIR BHO ÒIGE. ÀS AN SIN MAR A BHA E A' TOGAIL DÀIMH RI NA HEARADH BHA ÌOMHAIGHEAN NA TÌRE A' TOIRT DHA LEUD AGUS ADHBHAR-SMAOINICH BHOM BIODH E A' CRUTHACHADH DHEALBHAN MIONAIDEACH.

FAODAR A H-UILE DEALBH SAN LEABHAR SEO A CHEANNACH AIR LÀRACH-LÌN HEBRIDESART, WWW.HEBRIDESART.CO.UK

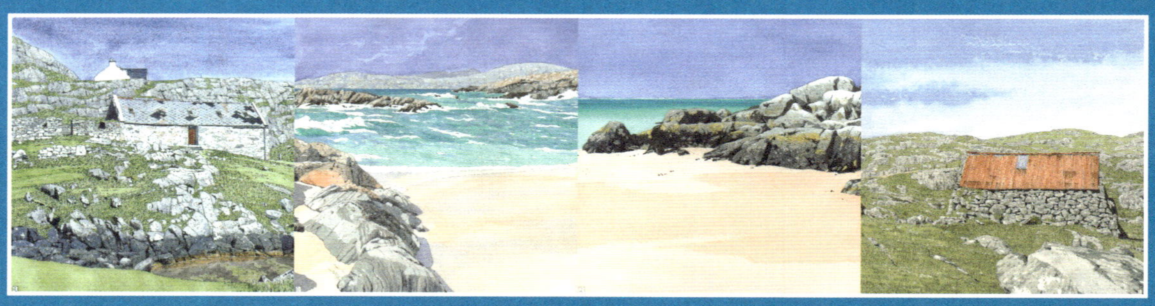

# ALISDAIR'S VIEW OF HARRIS
## S EALLADH ALISDAIR AIR NA HEARADH

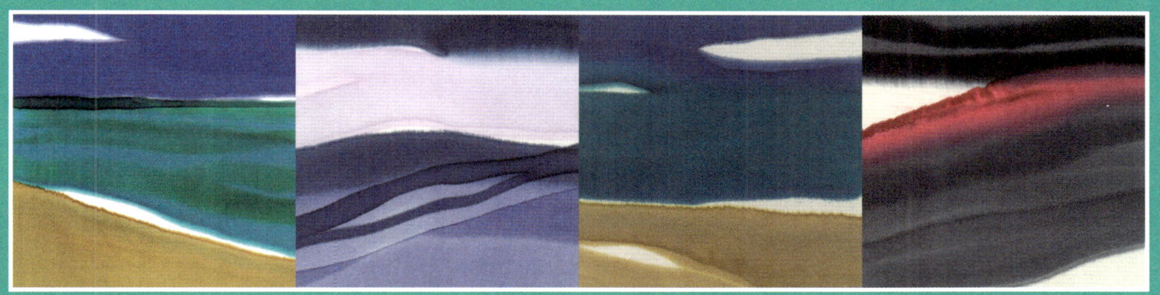

# LESLEY'S VIEW OF HARRIS
## SEALLADH LESLEY AIR NA HEARADH

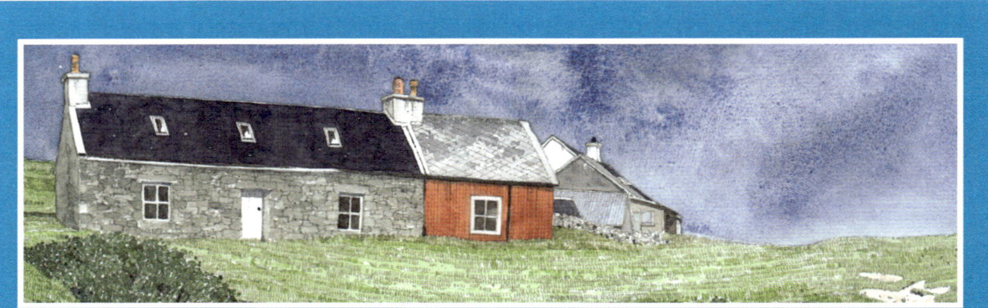

THIS LOVELY COTTAGE IS AT THE END OF THE ROAD AT HUSHINISH.
BEYOND ARE THE CRASHING WAVES AND THE WIDE ATLANTIC OCEAN.
THIS WAS ONE OF THOSE WONDERFUL DAYS WHICH ONE RARELY
HAS THE CHANCE TO EXPERIENCE. THE VIEW SEEMED TO BURST
WITH COLOUR. THIS IS A WONDERFUL PLACE AT ANY TIME – CLOSE
TO PARADISE. IT WAS MY BIRTHDAY THAT DAY – A PERFECT PRESENT.

THA AN TAIGH SEO RIS A' CHLADACH AIG CEANN RATHAD HÙISINIS, FAR
AN CLUINN THU STUAGHAN A' CHUAIN SHIAIR A' BUALADH AIR A' CHLADACH.
'S E LATHA EIREACHDAIL A BH' ANN AGUS DH'FHUIRICH AN ÌOMHAIGH
NAM INNTINN ÙINE MHÒR.  'S E ÀITE TLACHDMHOR A THA AN SEO AIG
ÀM SAM BITH – MAR GUM BIODH TU ANNS NA NÈAMHAN – AGUS THA MI
GU MATH CEANGAILTE RIS. MO CHO-LÀ-BREITH A BH' ANN AN LATHA
UD – TIODHLAC AIR LETH.

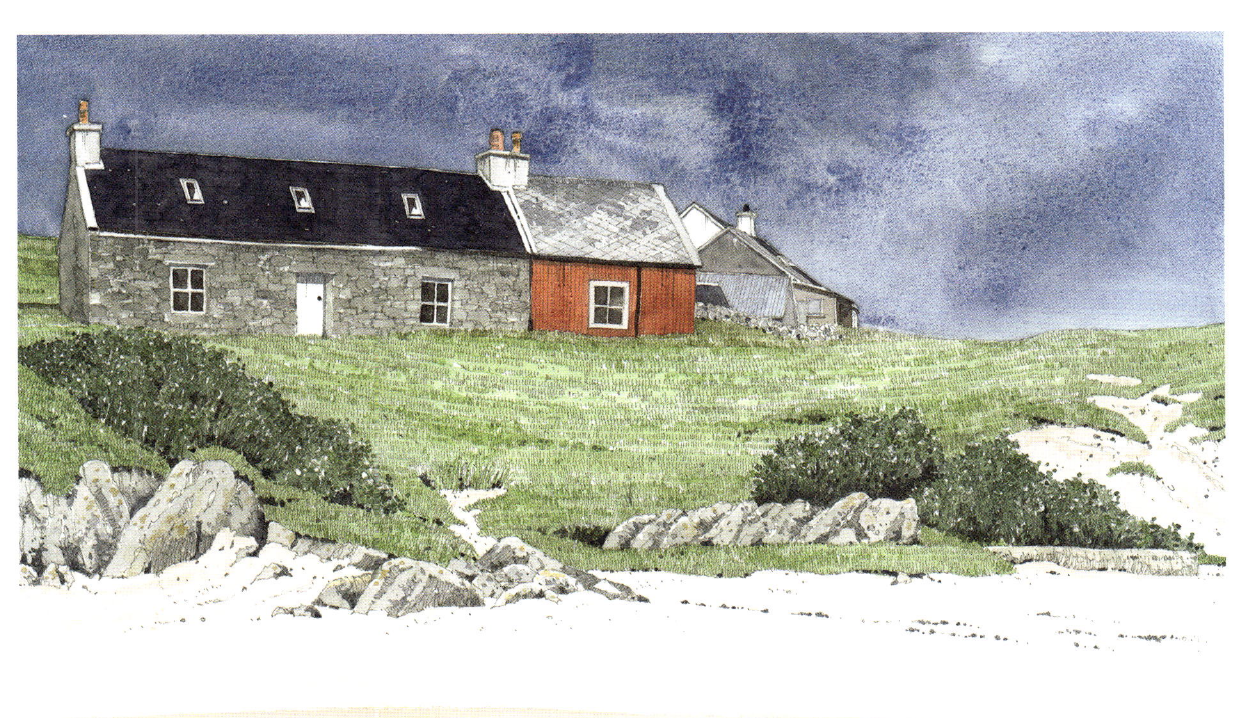

THE END OF THE ROAD, HUSHINISH:  ALISDAIR WISEMAN  :CEANN AN RATHAID, HÙISINIS

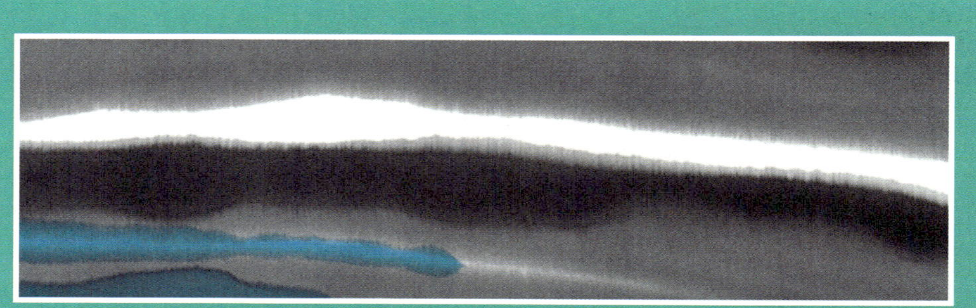

THE RAPIDLY CHANGING LIGHT IN HARRIS HAS AN EFFECT ON EVERYTHING IT TOUCHES. SCENES CAN CHANGE BY THE MINUTE. IT IS MORE EVIDENT AT THE CLOSE OF THE DAY WHEN THE CHANGING ASPECT OF THE SUN PROVIDES A PICTURE SHOW OF RARE DELIGHT. EVEN AS THE LIGHT FAILS COMPLETELY, THERE IS STILL A STRAY WISP OF COLOUR - A PORTENT OF THE NEXT DAY.

ANNS NA HEARADH THA AN SOLAS DAONNAN AG ATHARRACHADH AGUS THA A BHUAIDH FHÈIN AIGE. UAIREANNAN GACH MIONAID, AIR NA CHÌ AN T-SÙIL, MOTHAICHIDH TU DHAN SEO TRIC AIG DEIREADH AN LATHA NUAIR A THA A' GHRIAN AIR A DHOL SÌOS AGUS NACH EIL ACH SOP BEAG DE DHATH SOILLEIR RI FHAICINN.

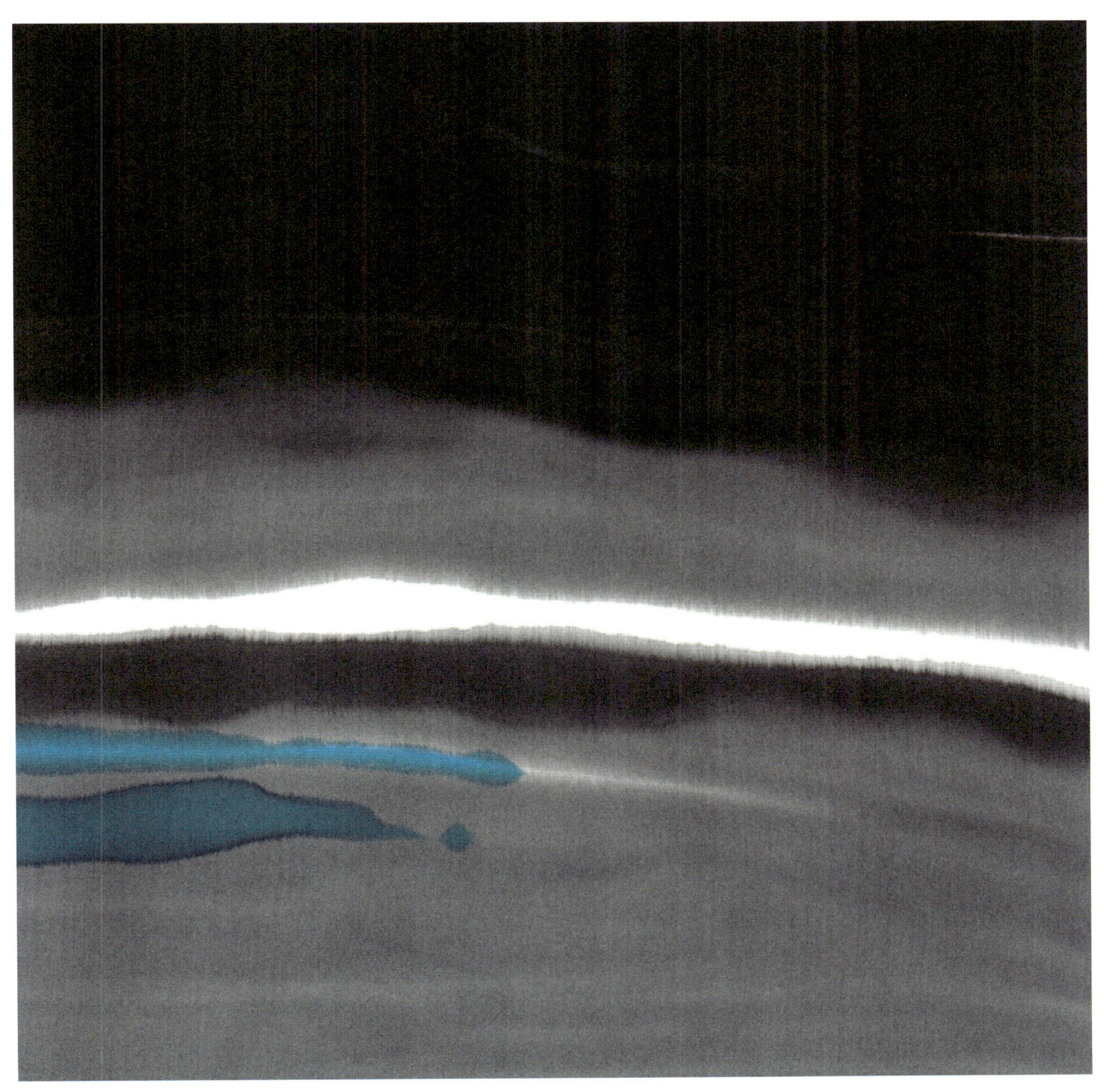

JUST BEFORE DARK 1: LESLEY WISEMAN :MUS TUIT AN OIDHCHE 1

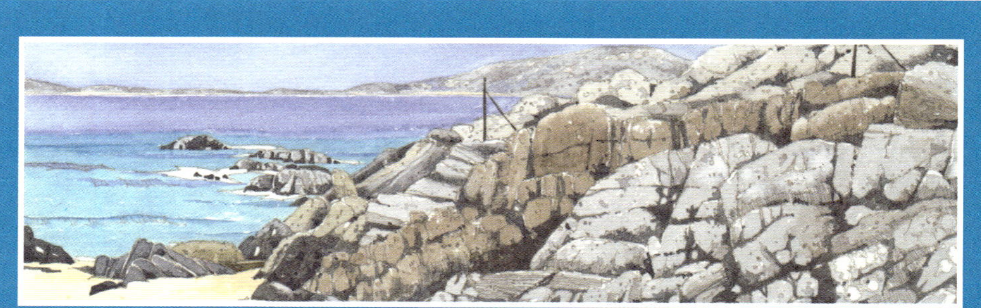

THE WEST COAST OF HARRIS IS FAMOUS FOR ITS EXTRAORDINARY BEACHES, AND RIGHTLY SO. THEY ARE AMONG THE FINEST IN THE WORLD. HOWEVER, THERE IS A MULTITUDE OF TINY BEACHES ALONG THE COAST, SOME ONLY A FEW METRES IN WIDTH. THESE ALWAYS CALL TO ME, REGARDLESS OF THE WEATHER. COWRIE SHELL BEACH IS A PARTICULAR TREASURE BECAUSE, AFTER A STORM, IT IS CARPETED WITH THE TINY SHELLS THAT WERE SO RARE WHEN I WAS A CHILD.

THA TAOBH AN IAR NA HEARADH AINMEIL AIRSON A CHUID THRÀIGHEAN IONGANTACH. CHAN EIL NAS BÒIDHCHE AIR AN T-SAOGHAL. THA IAD ANN DE GACH FAD 'S GACH LEUD, AGUS MA BHIOS STOIRM ANN BIDH IAD CÒMHDAICHTE LE SLIGEAN BEAGA BÌODACH A BHA CHO ANNASACH DHOMH NUAIR BHA MI AG ÈIRIGH SUAS.

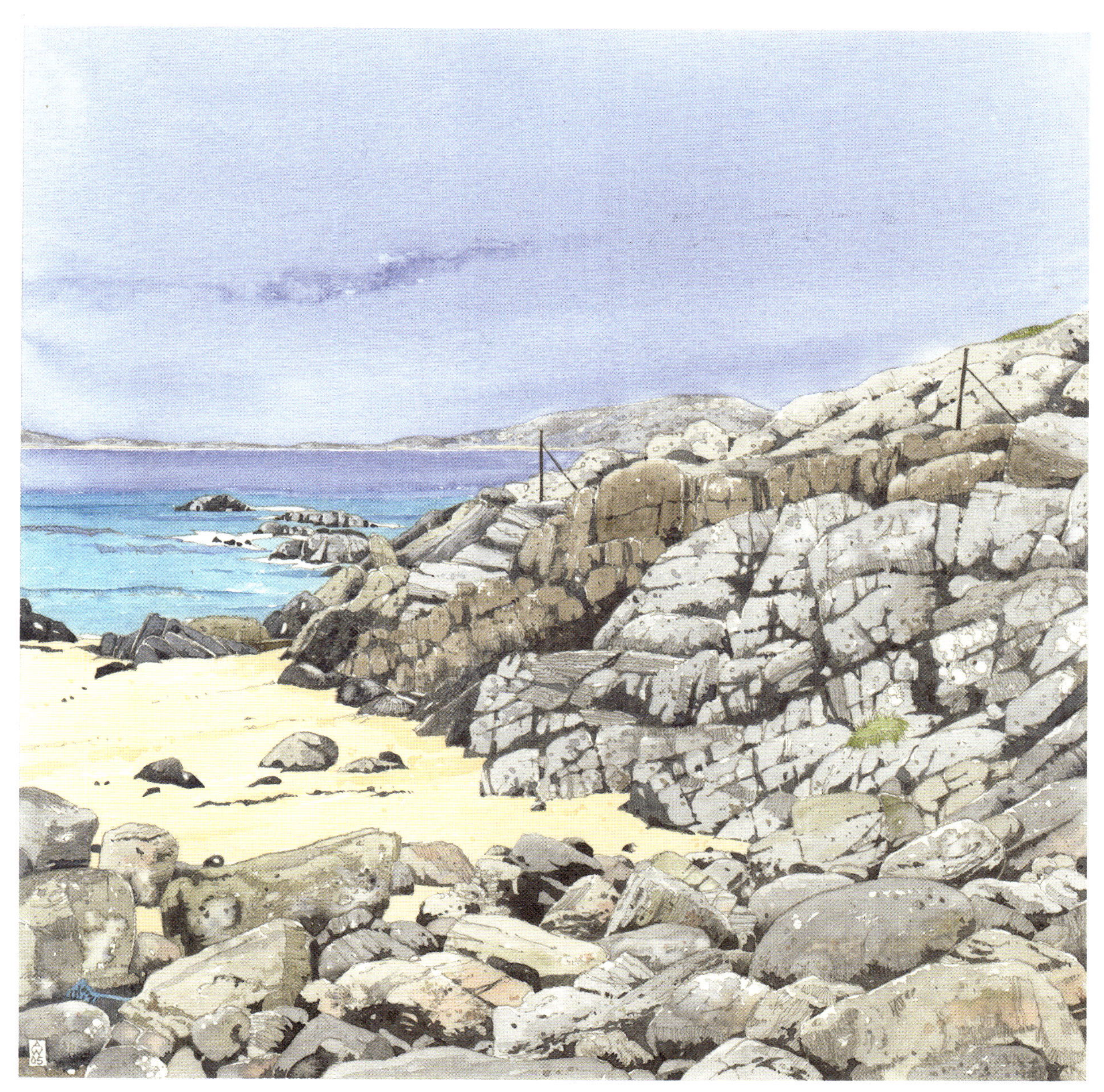

COWRIE SHELL BEACH, WEST HARRIS: ALISDAIR WISEMAN : TRÀIGH LE MAIGHDEALAGAN, AN TAOBH SIAR

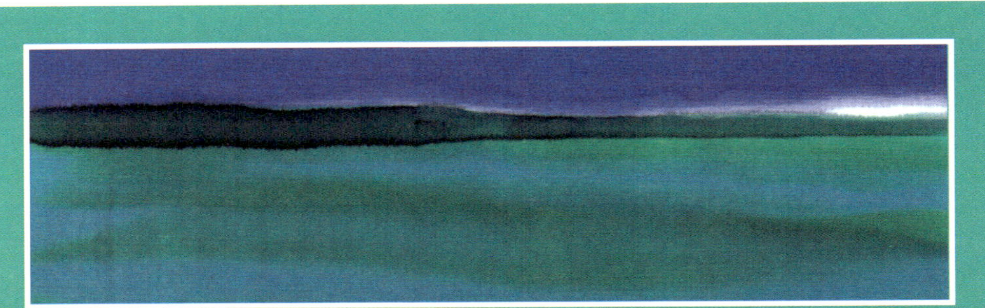

AS YOU LEAVE SEILEBOST ON THE WAY SOUTH, YOU TRAVEL UP A LONG HILL WITH THE WHITE SANDS OF LUSKENTYRE TO YOUR RIGHT. THERE IS NO HINT OF WHAT LIES AT THE TOP OF THE HILL – SIMPLY THE BEST VIEW ACROSS THE SOUND TO THE ISLAND OF TARANSAY THAT YOU WILL GET ANYWHERE ON THE COAST. THE SANDY BOTTOM AND THE HEIGHT ABOVE THE WATER BOTH INTENSIFY THE AZURES AND TURQUOISES OF THE SEA. NO MATTER HOW MANY TIMES YOU PASS THIS WAY, THE PARKING SPACE ALWAYS INVITES YOU TO STOP AND ADMIRE THE VIEW.

THA CAOLAS THARASAIGH AIR ÀITE CHO SNASAIL 'S A CHÌ THU ANNS NA HEARADH NO AN ÀITE SAM BITH. AIR CHO TRIC 'S GUM BI THU A' DOL AN TAOBH SEO THA TÀLADH AIR LETH ANN AN DATHAN GORM IS LIATH-GHORM NA MARA AIRSON STAD AGUS AN SEALLADH A SHÙGHADH A-STEACH.

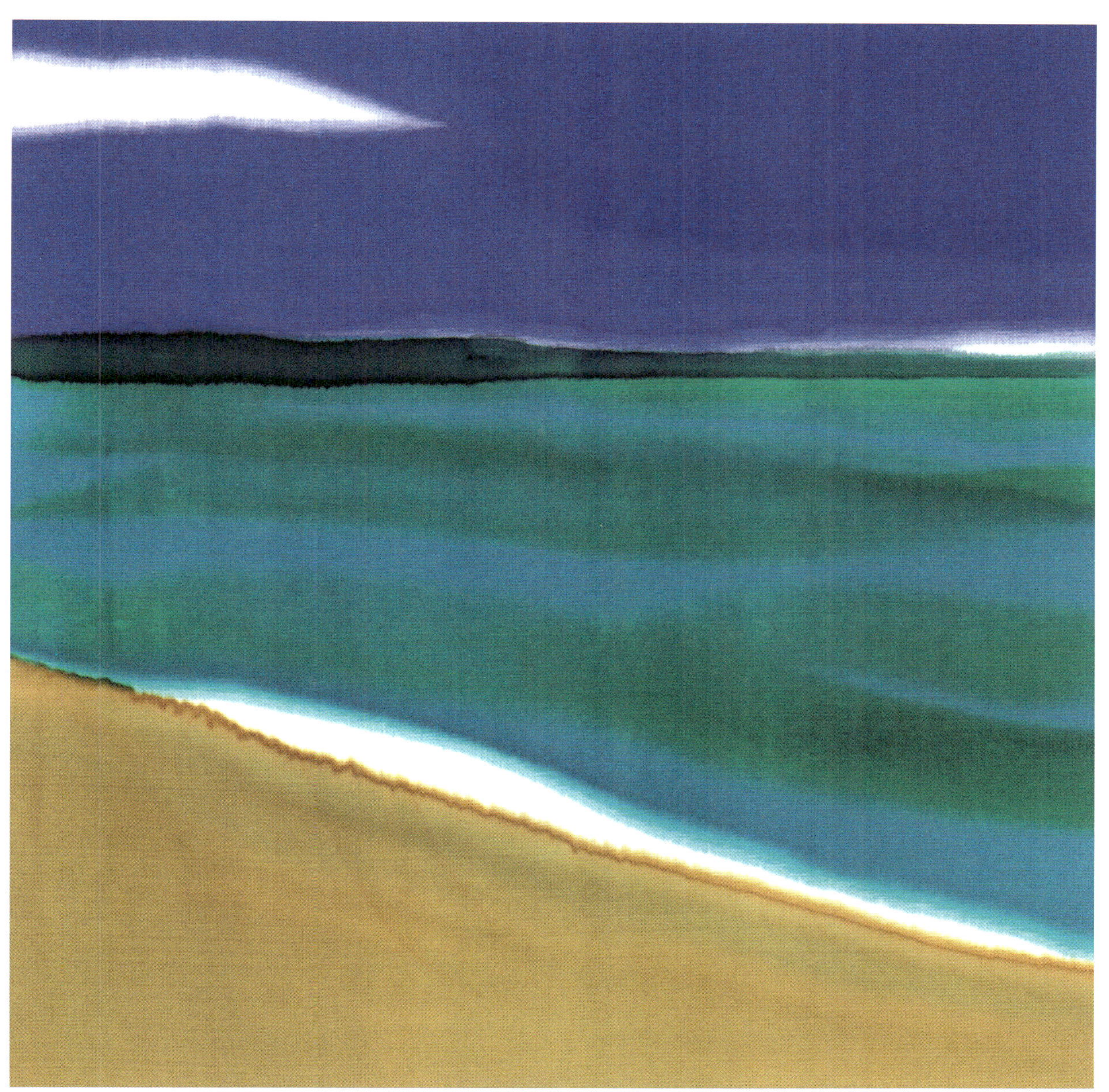

TARANSAY II: LESLEY WISEMAN :TARASAIGH II

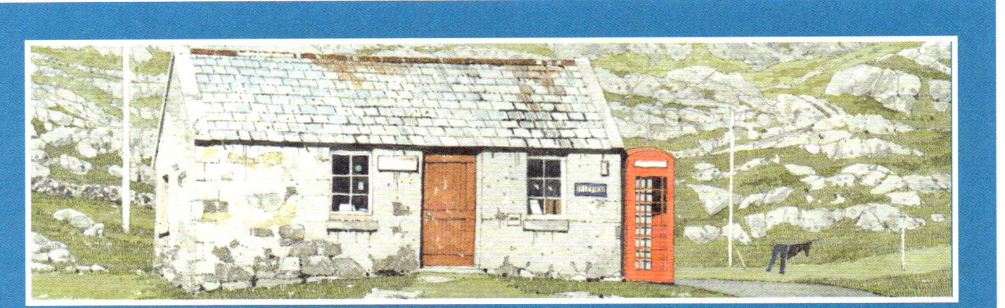

RURAL POST OFFICES WILL SADLY SOON BE A THING OF THE PAST. THESE BUILDINGS WERE SO MUCH MORE THAN JUST A PLACE TO BUY STAMPS AND POST PARCELS. THEY WERE THE HUB OF THE COMMUNITY - PLACES WHERE INFORMATION WAS CURRENCY AND ACQUAINTANCES WERE RENEWED. I HOPE THE RED TELEPHONE BOX AND THE BLUE SIGN REMAIN AS A REMINDER OF DIFFERENT TIMES.

THA OIFISEAN A' PHUIST AIR AN TUATH A' DOL A-MACH À BITH. THA SIN TÀMAILTEACH, OIR BHA IAD AIG CRIDHE NA COIMHEARSNACHD - ÀITEACHAN FAR AM BIODH DAOINE A' COINNEACHADH AGUS A' FAIGHINN NAN NAIDHEACHDAN. THA MI AN DÒCHAS GUM MAIR AM BOGSA DEARG AGUS AN SOIDHNE GORM NAN CUIMHNEACHAIN AIR ÀM EILE.

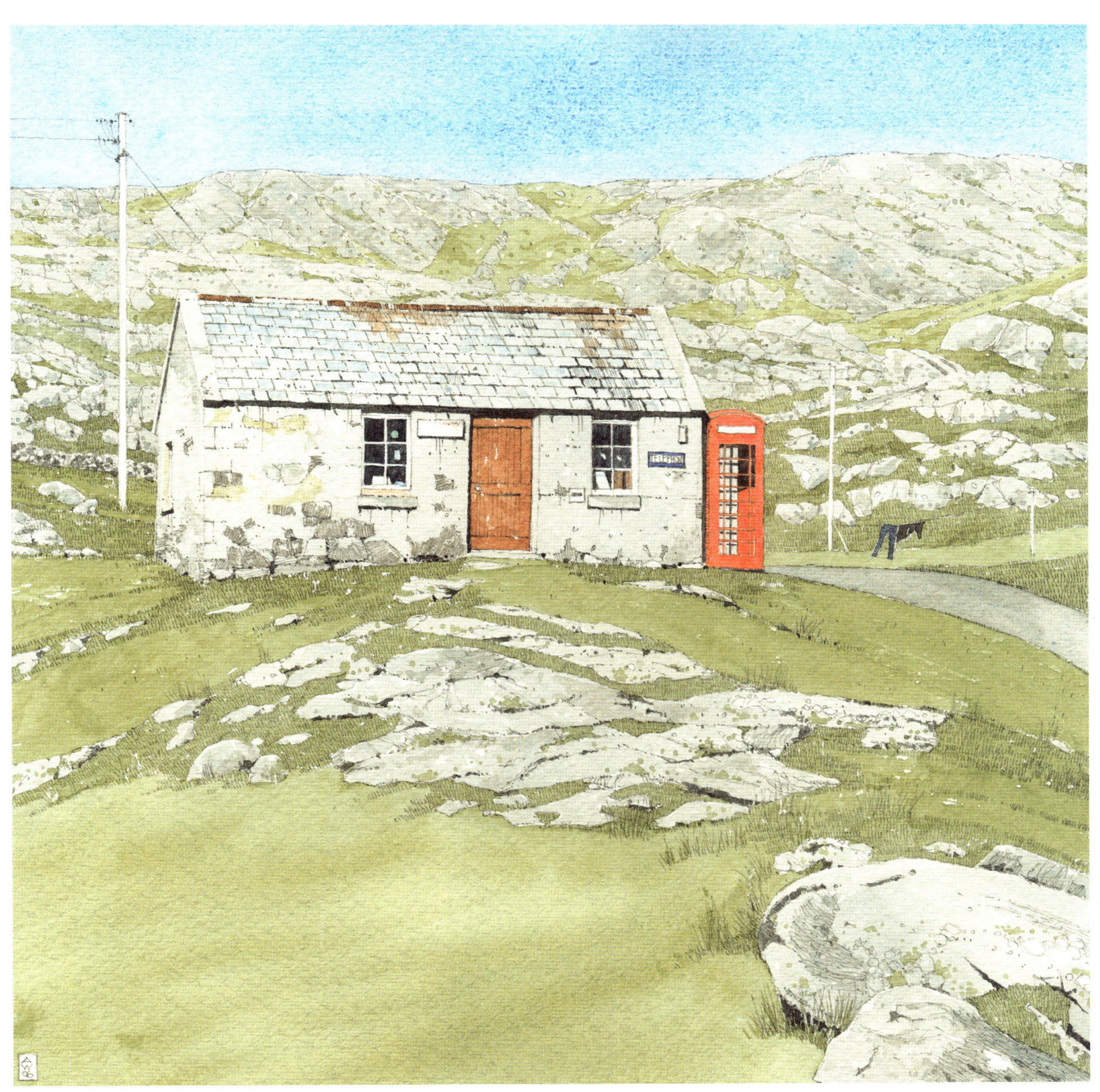

THE OLD POST OFFICE, STOCKINISH. : ALISDAIR WISEMAN  :SEANN OIFIS A' PHUIST, STOCAINIS.

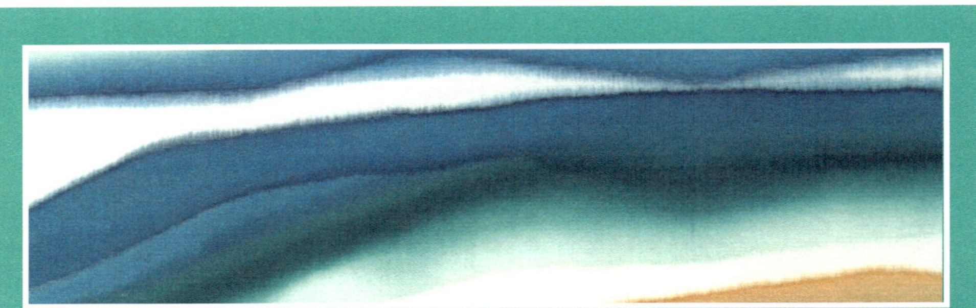

THE BEACH BEHIND SEILEBOST SCHOOL SEEMS TO POINT TWO WAYS AT ONCE. ONE SIDE FACES NORTH-WEST ACROSS THE WATER TO THE ISLAND OF TARANSAY. THE OTHER LOOKS EAST TOWARDS A BROAD EXPANSE OF SAND WHERE YOU WILL OFTEN FIND COCKLE PICKERS WHEN THE TIDE IS LOW. THE COLOURS ARE IN A STATE OF CONSTANT FLUX AS THE TIDE EBBS AND FLOWS. THE WAY THE PAINT TRAVELS ACROSS THE SILK SEEMS TO EMULATE THIS MOVEMENT, THE OUTCOME ALWAYS UNCERTAIN.

THA AN TRÀIGH AIR CÙL SGOIL SHEILEABOIST AN-CÒMHNAIDH AG ATHARRACHADH, AG IATHADH 'S A' TRÀGHADH DÌREACH MAR A THA AM PEANT A' DÈANAMH A LEITHID CHEUDNA DE GHLUASAD AIR AN T-SÌODA. MAR SIN CHA BHI MI BUILEACH CINNTEACH DÈ THA GU BHITH ROMHAM, AN DÀ CHUID FA CHOMHAIR MO SHÙLA, NO AIR AN T-SÌODA AIR A BHEIL MI A' DÈANAMH AN DEILBH.

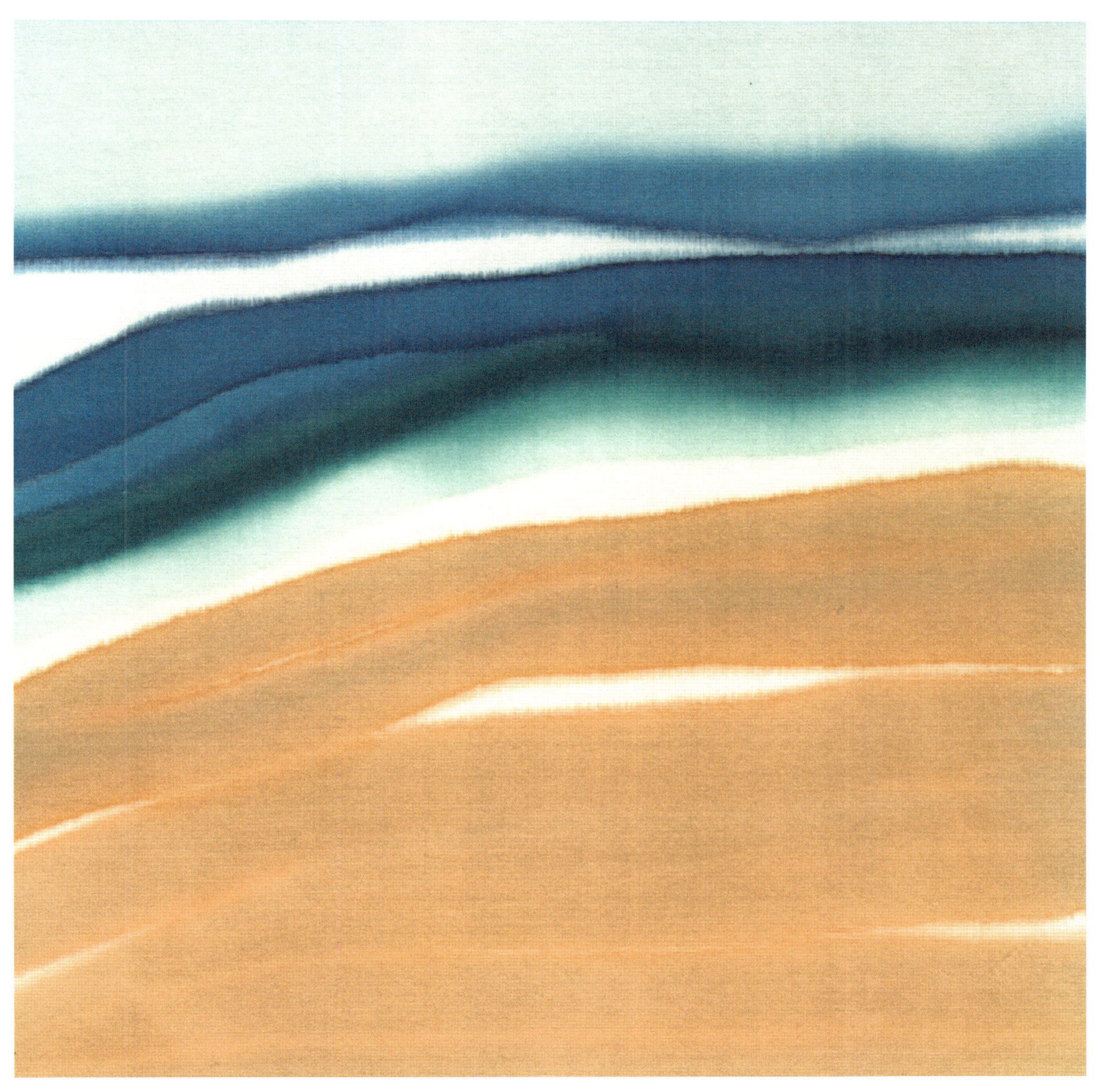

SEILEBOST SANDBAR I:  LESLEY WISEMAN  :GAINMHEACH, SEILEABOST I

19

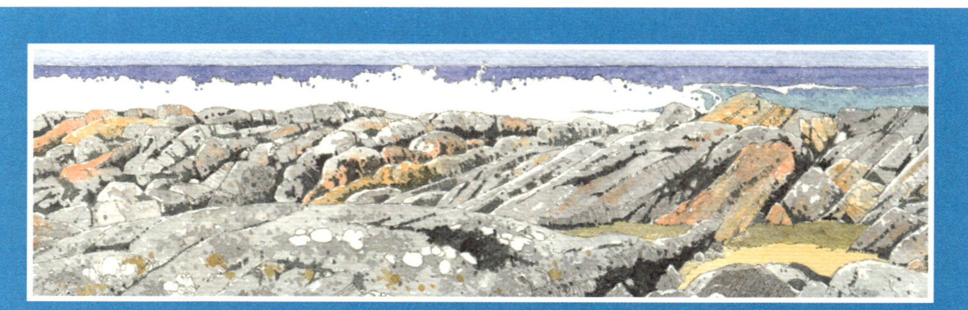

THE BEACH AT BORVE IS ONE OF THE WEST COAST'S LITTLE SECRETS. IT IS HIDDEN BEHIND A SMALL HILL. WALK OR RIDE PAST THIS PART OF THE COAST AND YOU WILL HEAR IT BEFORE YOU SEE IT. THE REEF OFFSHORE MEANS THAT YOU CAN WATCH THE WAVES CRASH IN FROM THE ATLANTIC EVEN ON THE CALMEST DAYS. ON THE ROUGH DAYS, WITH AN ONSHORE WIND, THIS IS A WONDERFUL SIGHT.


THA TRÀIGH BHUIRGH AIR CÙL CNOC BEAG AGUS GLÈ FHURASTA A DHOL SEACHAD OIRRE. CLUINNIDH TU I MUS FHAIC THU I. 'S MATH AS FHIACH I A TADHAL RI AIMSIR SAM BITH GUS AM FAIC THU NA TONNAN A' GABHAIL DHA NA CREAGAN GUN ABHSADH – SEALLADH A GHLACAS D' AIGNE.

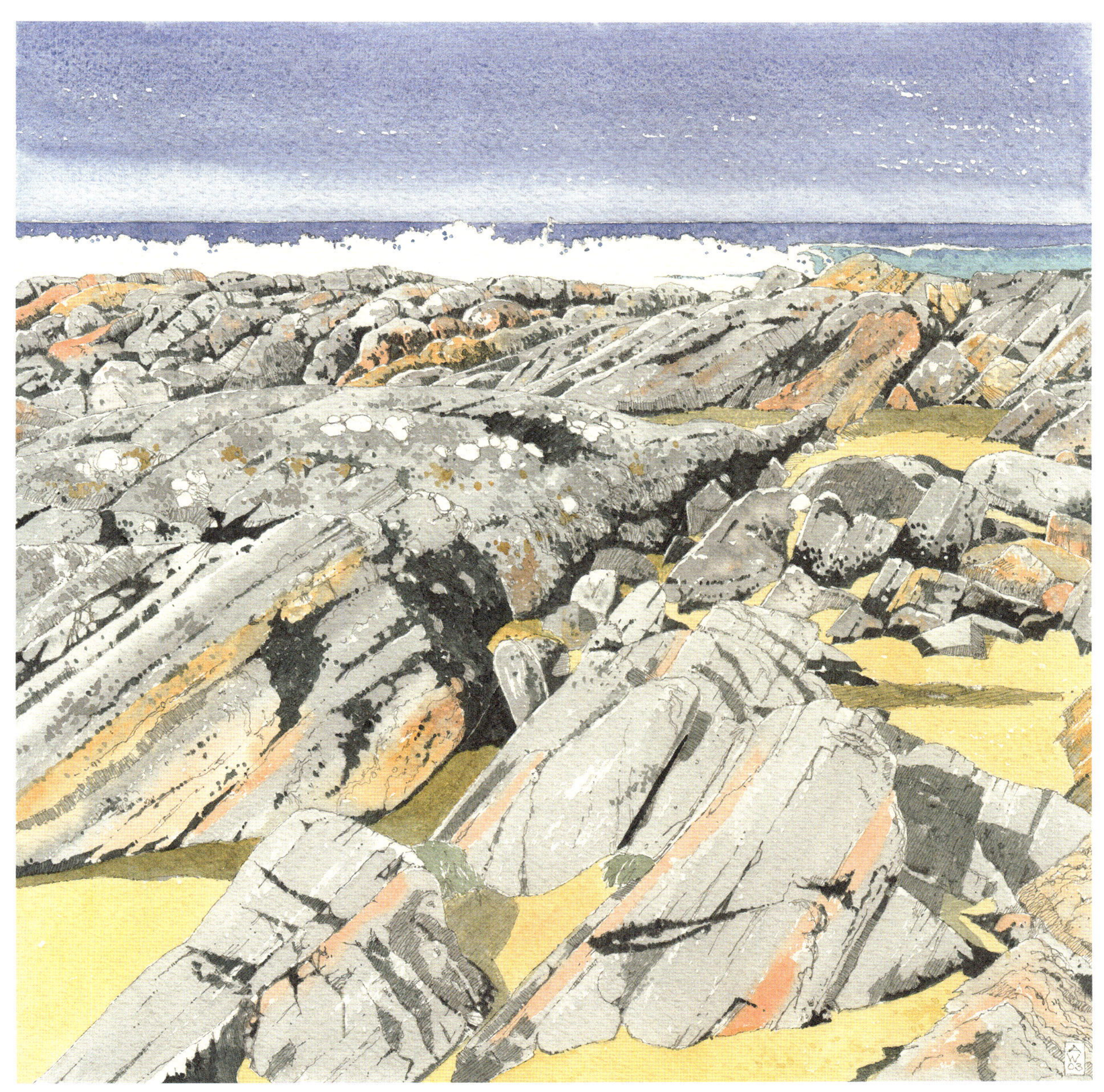

TRAIGH BHUIRGH II, WEST HARRIS:  ALISDAIR WISEMAN  :TRÀIGH BHUIRGH II, AN TAOBH SIAR

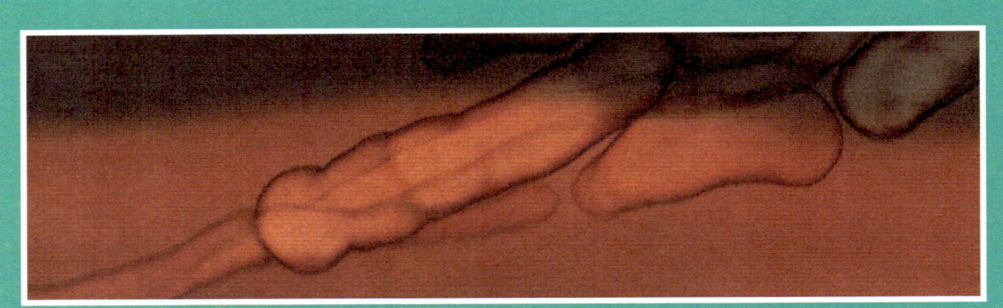

THERE ARE AUTUMN DAYS WHEN THE HILLS SEEM TO BE ON FIRE. EVERYTHING THAT WAS GREEN IN MAY, AND PURPLE IN AUGUST AND SEPTEMBER TURNS TO EVERY CONCEIVABLE SHADE OF ORANGE, RUST, RED AND BROWN IN OCTOBER AND NOVEMBER. WITH A LOW SUN AND CLEAR AIR THE HUES OF THE LAND CAN BE TOO INTENSE TO LOOK AT FOR MORE THAN A FEW MINUTES AT A TIME.

CANAIDH TU AIG AMANNAN AS T-FHOGHAR GU BHEIL NA BEANNTAN NAN TEINE LE RUITHEAN NA GRÈINE AGUS GLAINEAD AN ÀILE. THA NA DATHAN GORM AGUS PURPAIDH A BHA RIM FAICINN SA CHÈITEAN AGUS SAN LÙNASTAL AG ATHARRACHADH GU DEARG-RUADH SAN DÀMHAIR AGUS SAN T-SAMHAIN. AIG ÀM DOL FODHA NA GRÈINE CHAN FHUILING AN T-SÙIL AN SEALLADH ACH AIRSON DHÀ NO THRÌ MHIONAIDEAN.

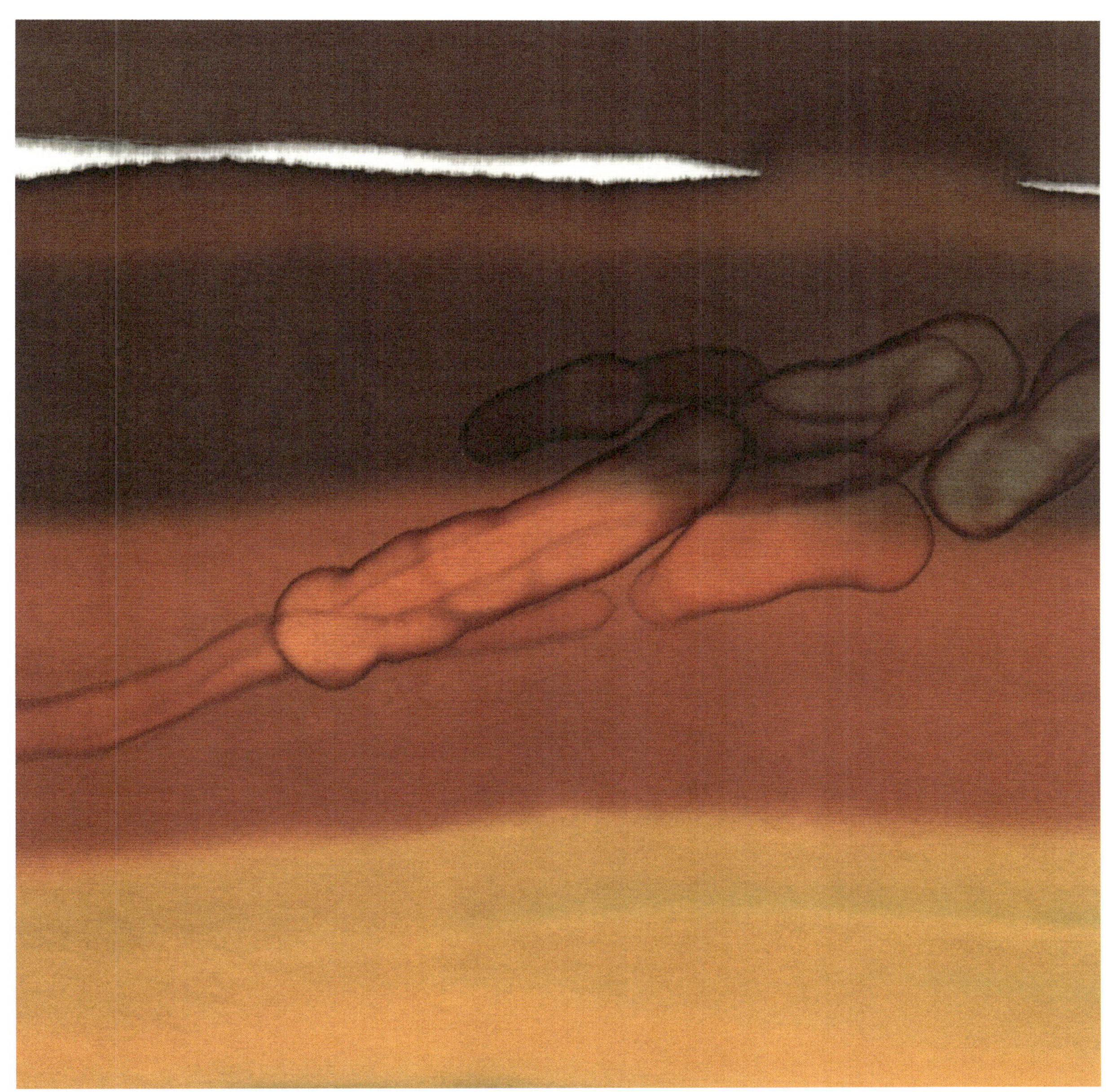

AUTUMN V:  LESLEY WISEMAN  :FOGHAR V

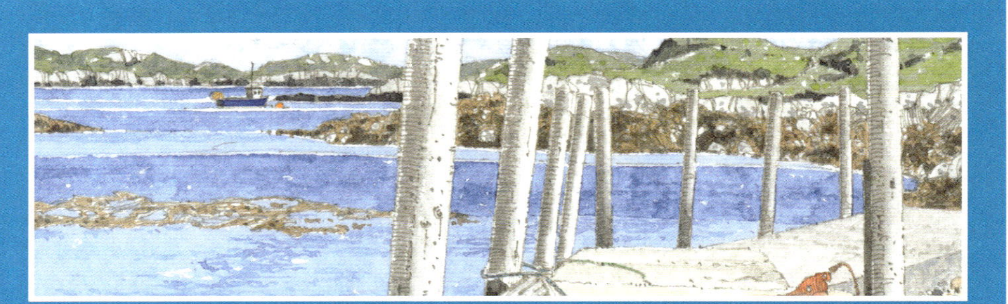

THIS LITTLE JETTY NEXT TO THE 'MAIN' EAST COAST ROAD IS THE DEPARTURE POINT FOR A BOAT RIDE WITH HAMISH - YOU CAN SEE HIS BOAT IN THE DISTANCE.  HE HAS SPENT MOST OF HIS LIFE IN THIS PART OF HARRIS AND IS EMINENTLY KNOWLEDGEABLE.  HE IS ALSO AN ENTRANCING STORYTELLER AND A WILDLIFE EXPERT. ASK ANY QUESTION AND HE WILL PROVIDE A COMPREHENSIVE ANSWER.


AIG A' CHIDHE ANN AM FLEÒIDEABHAGH, CHÌ THU BHUAT BÀTA HAMISH. THA HAMISH, A TH' AIR A' CHUID MHÒR DHE BHEATHA A CHUR SEACHAD SA CHEÀRNAIDH SEO DHE NA HEARADH, AIR LETH FIOSRACH MU MHUIR IS TÌR IS MU FHIADH-BHEATHAICHEAN. GE B' E DÈ A' CHEIST A CHUIREAS TU AIR, BHEIR E DHUT FREAGAIRT CHOILEANTA.

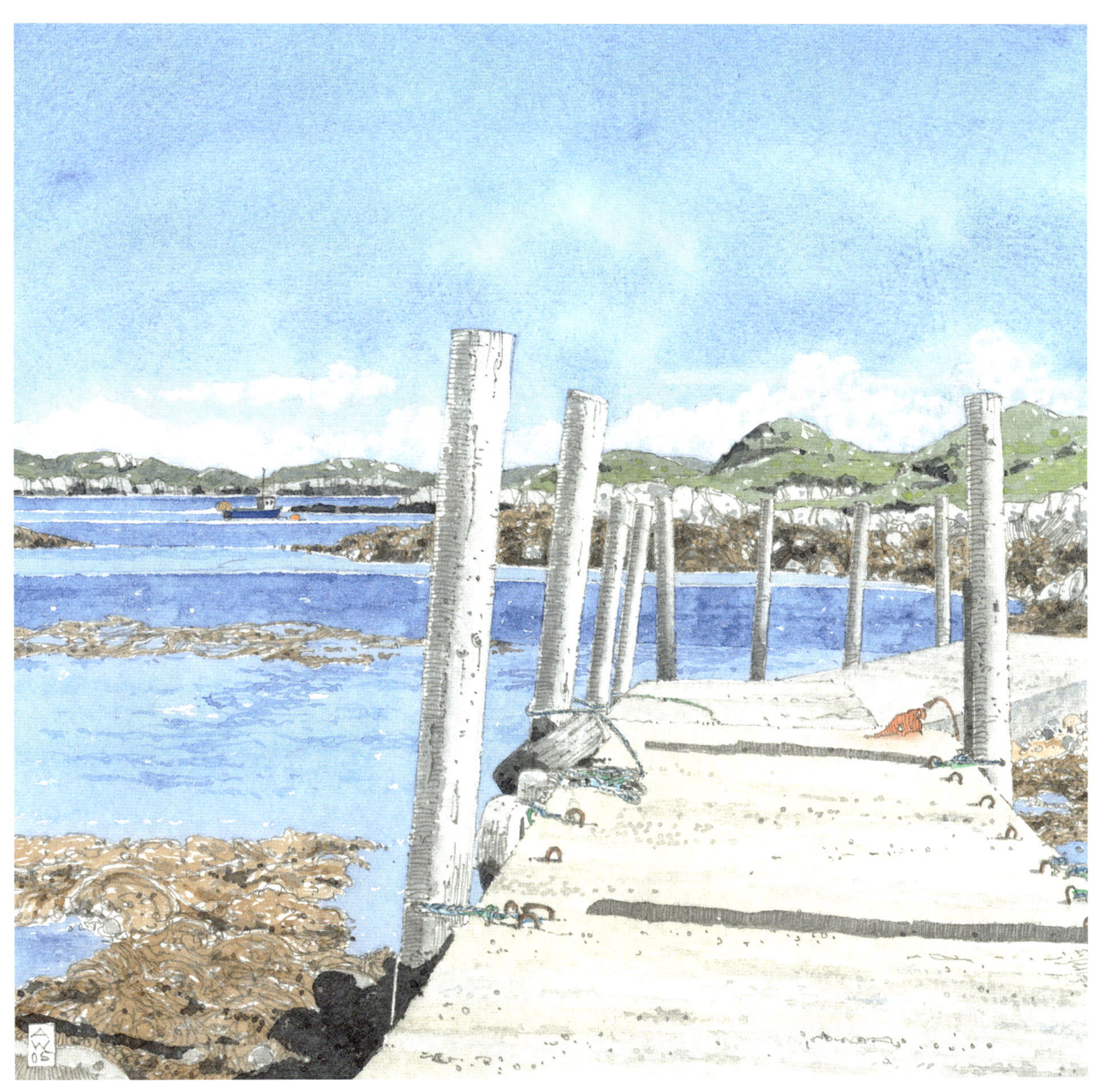

FLODABAY, EAST HARRIS: ALISDAIR WISEMAN :FLEÒIDEABHAGH, AN TAOBH SEAR

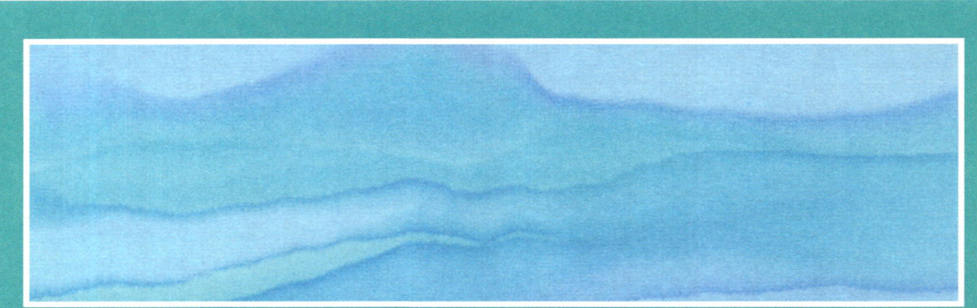

HARRIS IS, ON AVERAGE, ONE AND A HALF TIMES WINDIER THAN MAINLAND BRITAIN. IT IS A LITTLE UNUSUAL TO HAVE A DAY WHERE THERE IS BARELY A BREATH OF WIND AND, AS A RESULT, HARDLY A RIPPLE ON THE SEA. YOU KNOW THE TIDE IS ON THE MOVE FROM THE DARKER COLOUR IN THE MARGIN – BUT YOUR EYES AND EARS WOULD HAVE YOU BELIEVE DIFFERENT.  THIS IS TRUE CALM.

FAIRIDH TU A' GHAOTH, MAR AS TRICE, SNA HEARADH, ACH 'S E LATHA FÈATHACH GUN DEÒ GAOITHE A BHA SEO, GUN GHLUASAD AIR MUIR. GED A THA FHIOS NACH BI AN TÌDE-MHARA NA TÀMH AGUS GUR DÒCHA GUN ATHARRAICH CÙISEAN, GABH RIS AN T-SEALLADH FHAD 'S A MHAIREAS E AIR LATHA TLACHDMHOR, TLÀTH.

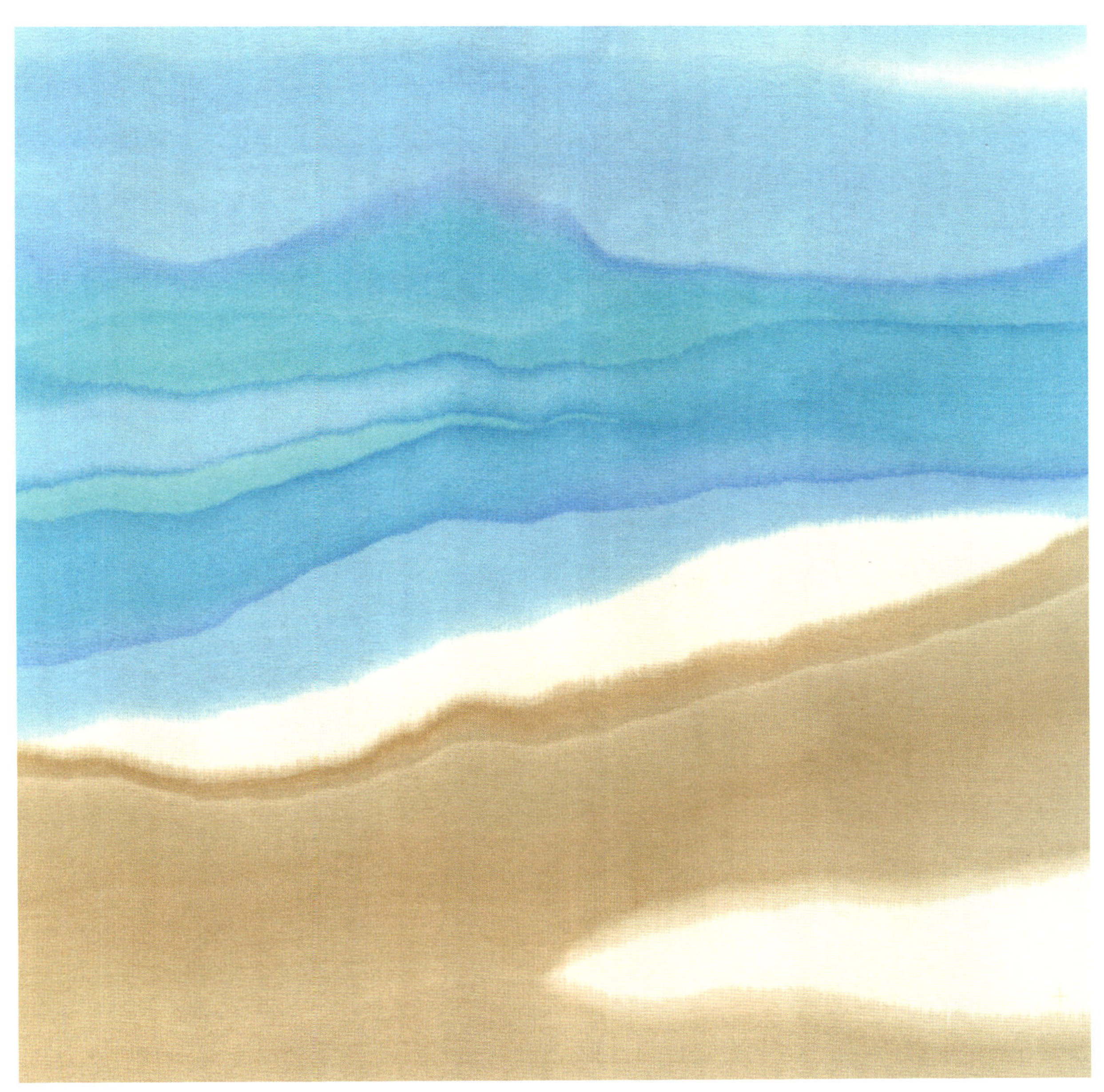

CALM SEAS II: LESLEY WISEMAN :MUIR CHIÙIN II

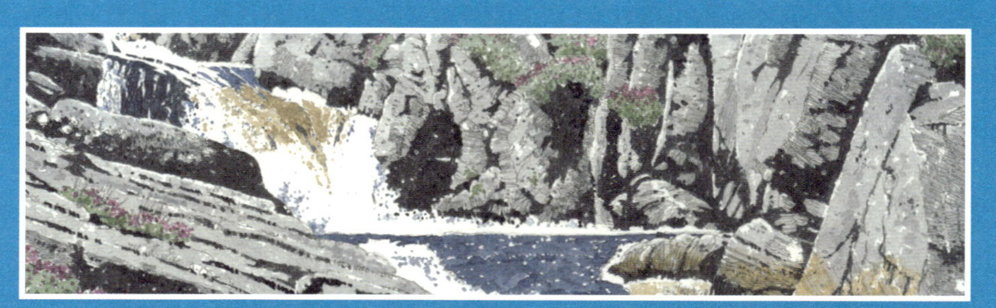

WHEN THE RAIN COMES IN HARRIS, IT CAN BE SUDDEN AND HEAVY. IT CAN END JUST AS QUICKLY.  THE SUN COMES OUT AND THE WORLD MOVES ON. HOWEVER, ALL THAT WATER HAS TO FIND ITS WAY TO THE SEA. WITH SO LITTLE SOIL COVERING THE ANCIENT ROCK, IT RUNS OFF QUICKLY AND SURGES DOWN THE BURNS, TURNING THE WATER A DEEP BROWN AND CARRYING WITH IT EVERYTHING IN ITS PATH.

THIG IS FALBHAIDH STOIRM UISGE MAR A THÀINIG E. LEUMAIDH NA H-UILLT NAN DEANN THAIRIS AIR NA CREAGAN AOSMHOR, A' TIONNDADH AN UISGE GU BHITH RUADH AGUS A' SIABADH LEIS CÀIL SAM BITH A BHIOS SAN RATHAD. NOCHDAIDH A' GHRIAN AGUS CUMAIDH AN SAOGHAL A' CUR NAN CARAN.

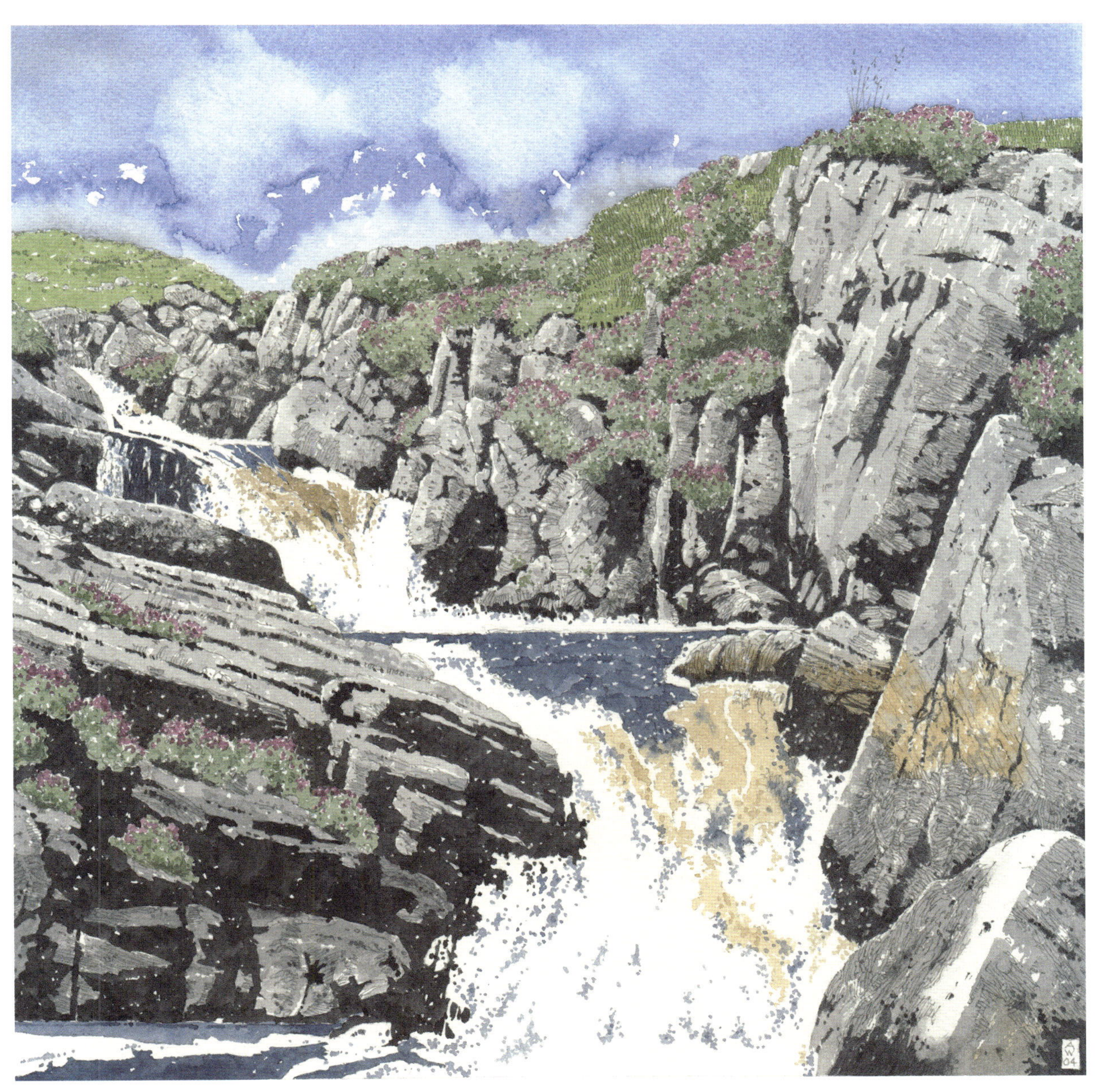

ABHAINN GIL AN TÀILLEIR I. SEILEBOST: ALISDAIR WISEMAN :ABHAINN GIL AN TÀILLEIR I. SEILEABOST

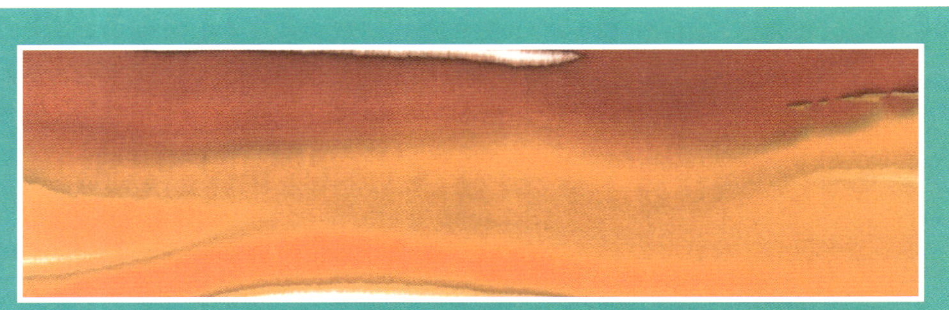

THE HARRIS MOORS ARE FULL OF INTEREST. THE EYE CAN ONLY TRAVEL TO THE NEXT RISE.  IN ORDER TO SEE WHAT LIES BEYOND, YOU NEED TO FOLLOW YOUR EYES TO THE SKYLINE.  WHAT YOU SEE WILL HAVE YOU SUMMON THE ENERGY TO CARRY ON.

THA A' MHÒINTEACH MHÒR AIR LETH TARRAINGEACH AGUS IS MATH AS FHIACH I A COISEACHD AIRSON ÙRACHADH AGUS FIOSRACHADH NÀDAIR. CHÌ THU SEALLADH ÀS ÙR AIR AN ÀRAINNEACHD BHO GACH MULLACH A DHÌREAS TU.

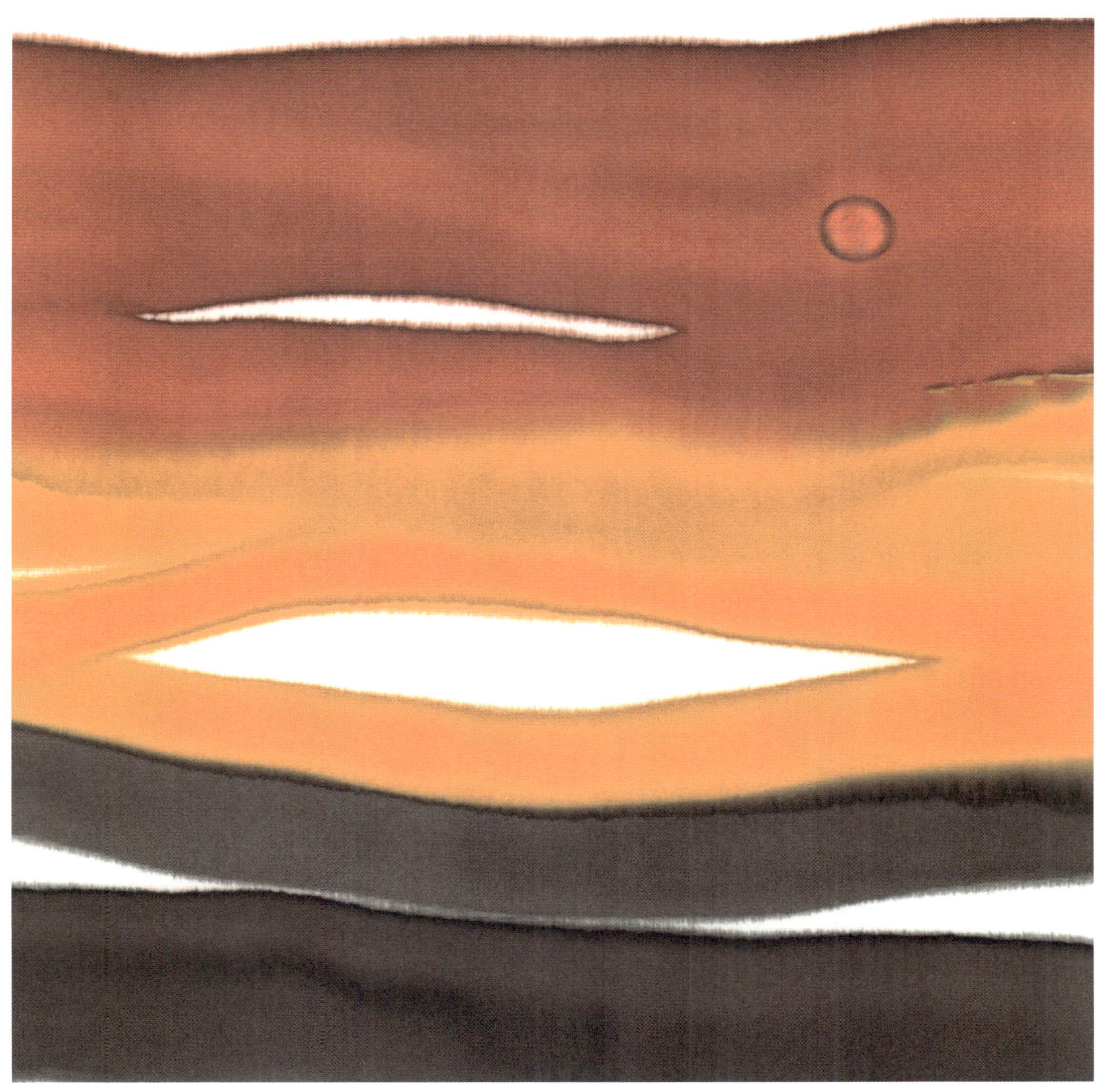

OVER THE MOOR I: LESLEY WISEMAN :A' MHÒINTEACH I

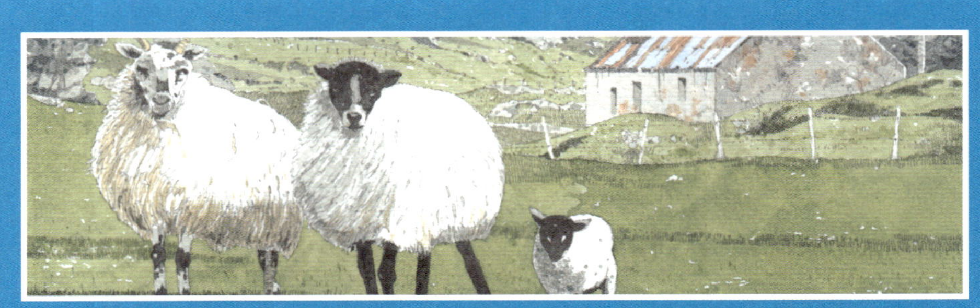

IT DOESN'T MATTER WHERE YOU LOOK IN HARRIS IN APRIL OR MAY, THERE ARE LAMBS. THEY WILL EXERCISE THEIR CURIOSITY FROM THE SAFETY OF MOTHER'S SIDE. THIS ONE WAS DIFFERENT - MORE INQUISITIVE - AND, LIKE A PUPPY, LICKED MY HAND THROUHGH THE FENCE. EVEN ALTHOUGH HIS MOTHER SHOOED HIM AWAY HE CAME BACK FOR MORE.

THA UAIN AN-CÒMHNAIDH SNA HEARADH SA GHIBLEAN AGUS ANNS A' CHÈITEAN. THA IAD GU MATH CÀIRDEIL FHAD 'S A THA IAD AN COIS AM MÀTHAR. THÀINIG AM FEAR BEAG SEO THUGAM UAIR IS UAIR, AG IMLEACH MO LÀIMHE, EADHON GED A BHA A MHÀTHAIR GA SGIÙRSADH!

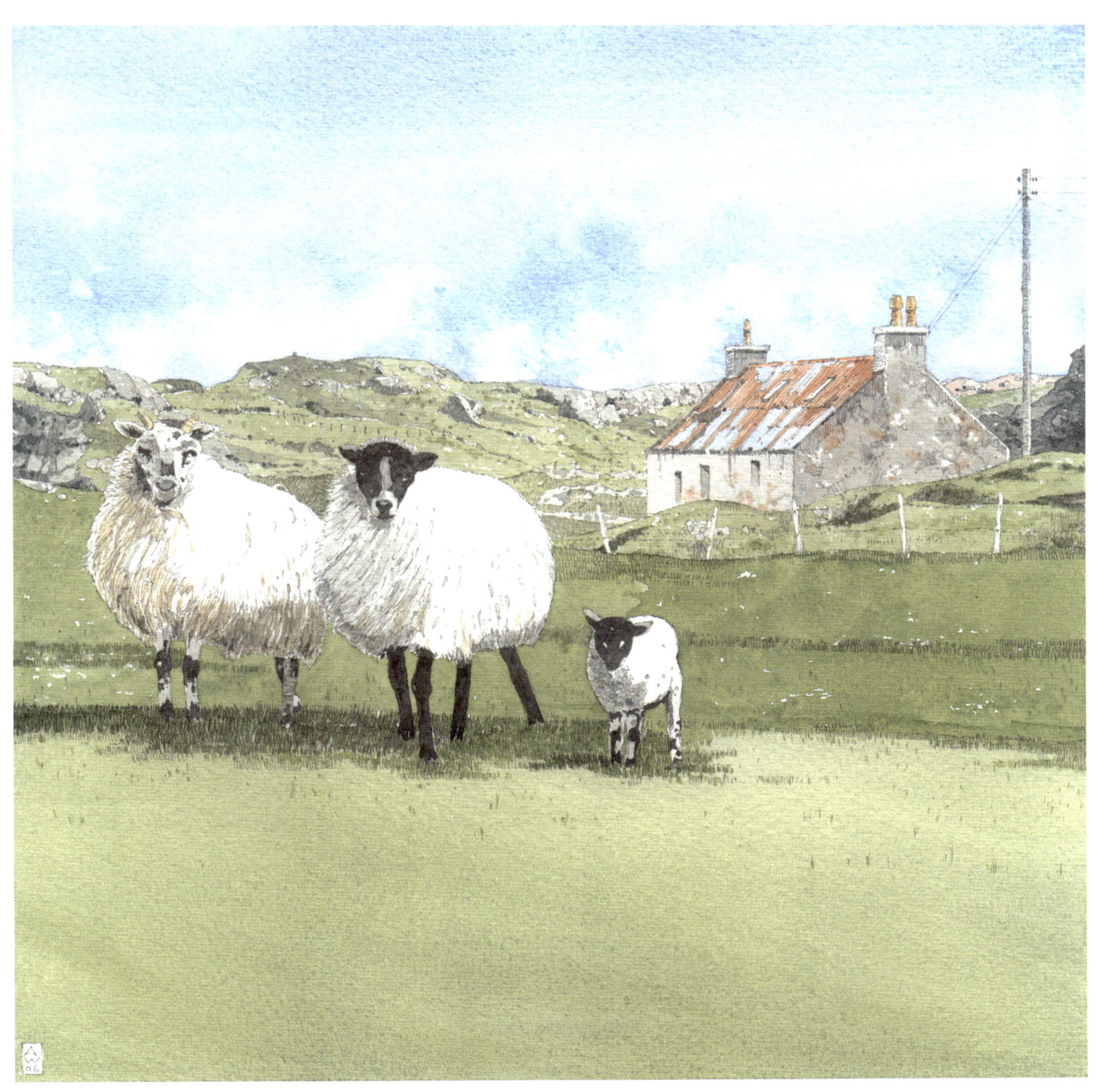

ANNA EOGHAINN'S COTTAGE, MANISH : ALISDAIR WISEMAN :TAIGH ANNA EÒGHAINN, MÀTHANAIS

THE WIND IS A FAIRLY CONSTANT FEATURE IN HARRIS AND KEEPS THE DREADED MIDGE UNDER MORE CONTROL THAN ON THE MAINLAND. HOWEVER, ON THE RARE OCCASIONS WHEN THE WIND DIES AND THE PEAT SMOKE REACHES INTO THE SKY, UNDISTURBED, THE COLOURS HANG MOTIONLESS. THERE IS AN ETHEREAL QUALITY TO EVERY PART OF A VIEW. THIS IS NEVER MORE SO THAN AT THE START OF THE DAY.


THA A' GHAOTH A' SÈIDEADH SNA HEARADH MAR AS TRICE AGUS THA I A' CUMAIL NAM MEANBH-CHUILEAGAN AIR FALBH. NUAIR A THÈID A' GHAOTH SÌOS 'S A BHIOS CEÒ NA MÒNADH AG ÈALADH SUAS DHAN ADHAR, THA NA DATHAN MAR GUM BITHEADH, NAN TÀMH, AGUS SÌTH AIR AN FHONN. THA BÒIDHCHEAD AN ÀILE GAD CHOINNEACHADH ANN AN DÒIGH SPIORADAIL, GU H-ÀRAIDH AIG TOISEACH AN LATHA.

DAYBREAK II: LESLEY WISEMAN :A' CHAMHANAICH II

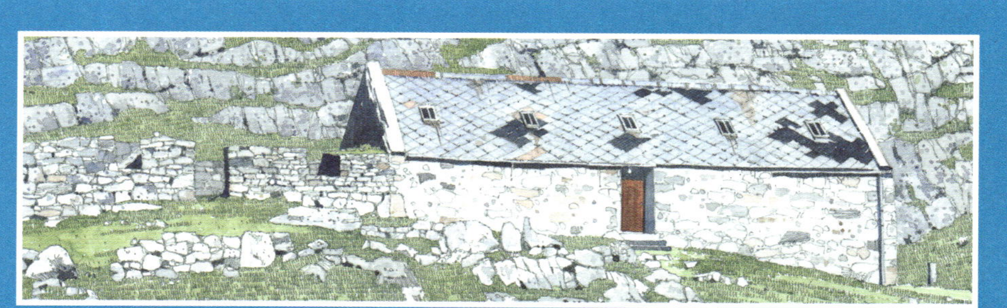

ALONG THE GOLDEN ROAD, THERE ARE MANY OPPORTUNITIES TO DETOUR AND EXPLORE, SUCH AS THE ROAD AT GEOCRAB. THE OLD MISSION HOUSE IS A PLACE OF WORSHIP FOR THE LOCAL COMMUNITY : THE ROOF HAD BEEN DAMAGED IN A STORM. THE WHITE HOUSE ON THE HILL JUST BEYOND IS THE SKOON ART CAFE WHERE YOU WILL FIND THE BEST PECAN TART IN THE UNIVERSE. A PATH WINDS UP THE HILL BEYOND, WHICH IS WELL WORTH A VISIT!

MA THÈID THU SÌOS NA CÙL-SHRÀIDEAN AN GEODHA CRAB 'S IOMADH NÌ A GHLACAS DO SHÙIL. MAR AN SEANN TAIGH-LEUGHAIDH SEO. BHA NA SIANTAN AIR FALBH LE BEAGAN DHEN MHULLACH. OS A CHIONN CHÌ THU SKOON ART CAFE FAR AM FAIGH THU PAIDH PEUCAIN NACH EIL A LEITHID SAN T-SAOGHAL. THA CEUM SUAS A' BHEINN AS MATH AS FHIACH A GHABHAIL.

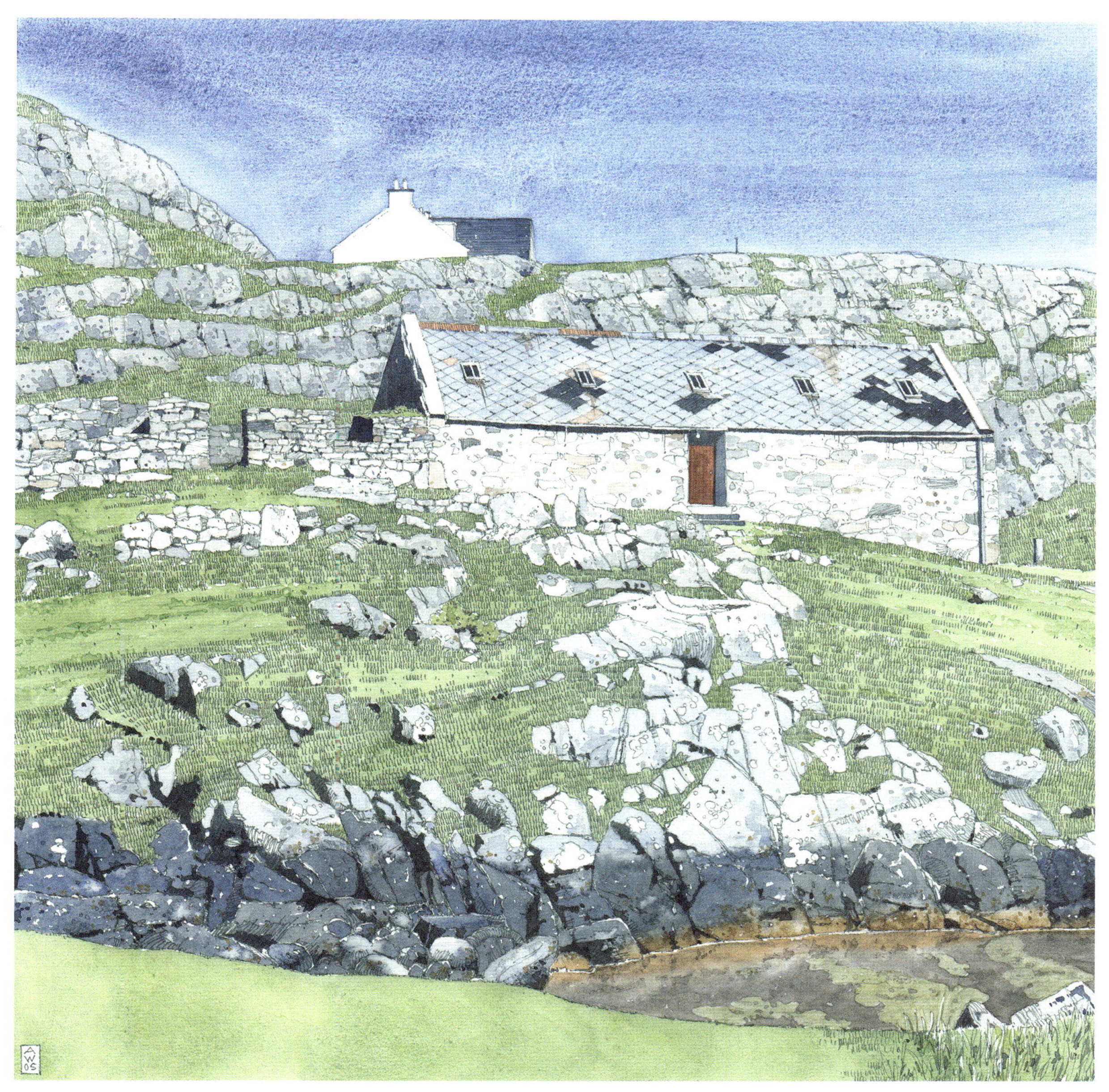

THE OLD MISSION HOUSE, GEOCRAB: ALISDAIR WISEMAN :AN SEANN TAIGH-LEUGHAIDH, GEODHA CRAB

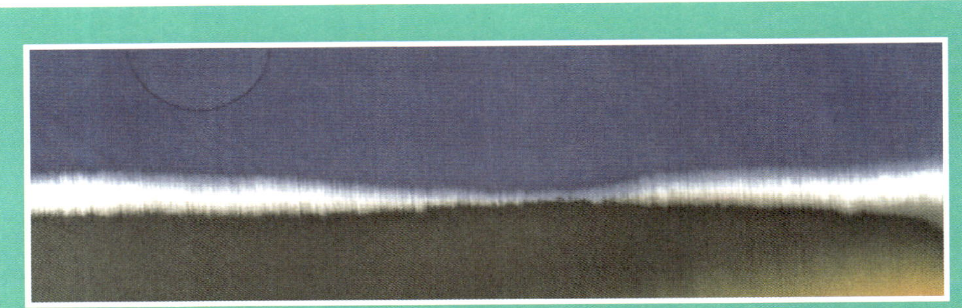

THE SALTINGS IS AN AREA OF LAND THAT IS REGULARLY FLOODED WHEN THE TIDE IS HIGH. THEY ARE A COMMON FEATURE ALONG MANY PARTS OF THE COAST ON BOTH THE EAST AND WEST COAST OF HARRIS. FROM A DISTANCE, THE GREEN SEEMS TO BE THAT OF GRASS. LOOK CLOSELY AND YOU WILL FIND A DAINTY LITTLE PLANT CALLED SEA THRIFT (ARMERIA MARITIMA) THAT FLOODS THE SALTINGS WITH PINK IN THE SUMMER MONTHS. THE OTHER REGULAR FEATURE OF THE SALTINGS ARE THE GREYLAG GEESE, WHICH HONK AS THEY ARRIVE.

THA FIDICH SNA HEARADH AIR GACH TAOBH AGUS AS T-SAMHRADH THA IAD CÒMHDAICHTE LE NEÒINEIN-CLADAICH – SÌTHEAN BEAG AOTROM PINC A THA AIR FEADH NAM FIDEACH FAD MHÌOSAN AN T-SAMHRAIDH. CLUINNIDH TU AGUS CHÌ THU NA GEÒIDH AN SEO CUIDEACHD, AG ÈIGHEACHD FHAD 'S A THA IAD A' NOCHDADH AGUS A' LAIGHE.

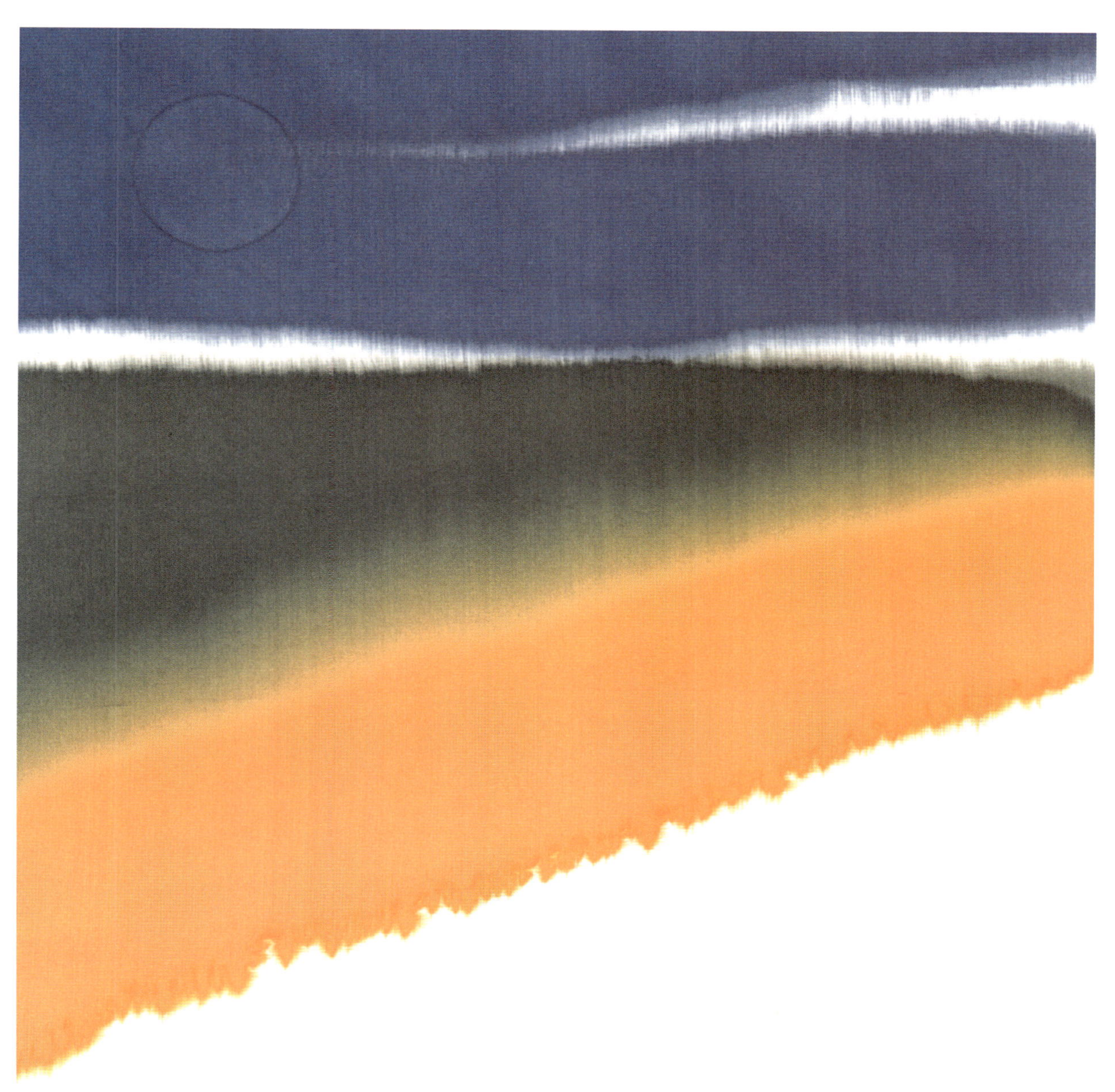

THE SALTINGS I: LESLEY WISEMAN :FIDEACH I

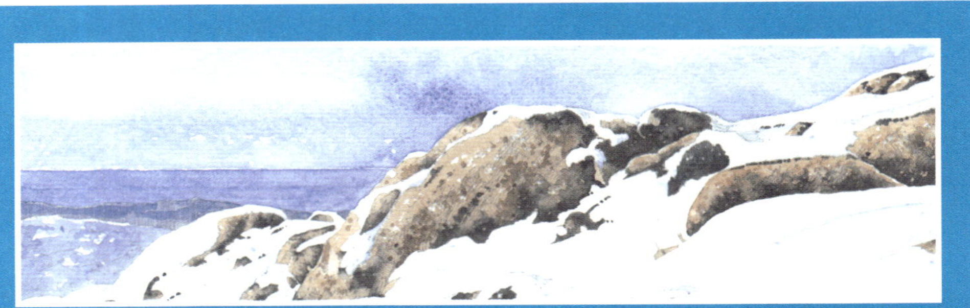

THE GULF STREAM ENSURES THAT HARRIS IS MUCH MILDER THAN ITS NORTHERLY LATITUDE WOULD SUGGEST. THE TEMPERATURE IN THE MIDDLE OF WINTER IS OFTEN A FEW DEGREES WARMER THAN PLACES 400 MILES TO THE SOUTH. HOWEVER, WHEN A NORTHERLY WIND GRIPS THE ISLAND, THE TEMPERATURES DROP LIKE A STONE AND SNOW OFTEN FOLLOWS. THIS IS A MAGICAL TIME IN HARRIS. WALK UP ANY HILL ONCE THE SNOW HAS STOPPED FALLING AND YOU WILL BE RICHLY REWARDED.

SA GHEAMHRADH 'S URRAINN DHA NA HEARADH A BHITH NAS BLÀITHE NA ÀITEACHAN A THA 400 MÌLE NAS FHAIDE A DEAS. NUAIR A GHABHAS A' GHAOTH A TUATH A-NULL, THA AN SNEACHDA DUALTACH GUN A BHITH FAD'-ÀS. 'S E ÀM MÌORBHAILEACH A THA SEO SNA HEARADH. THA NA SEALLAIDHEAN A CHITHEAR AS T-SAMHRADH A CHEART CHO IONGANTACH LE CRAITEACHAN SNEACHD SA GHEAMHRADH.

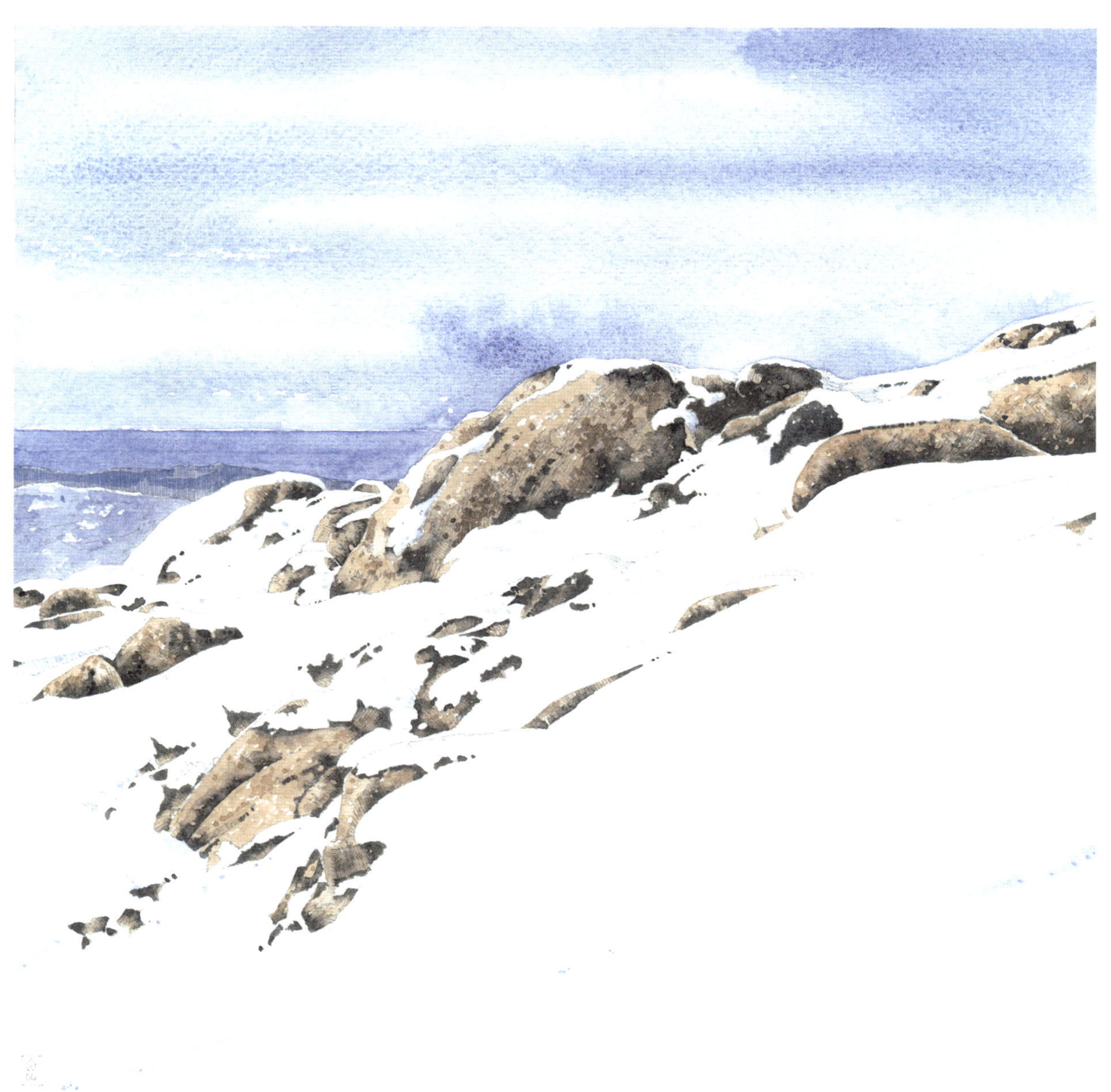

SNOW ON THE CARRAN I: ALISDAIR WISEMAN :SNEACHD AIR A' CHARRAN I

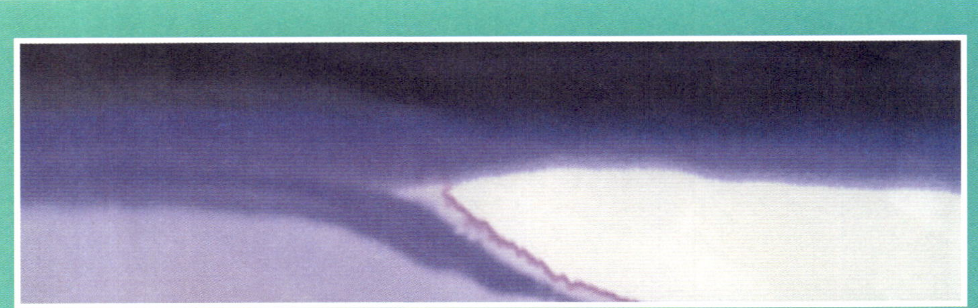

LOOK TOWARDS THE SETTING SUN AT DUSK IN HARRIS AND THE SKY IS FULL OF MANY SHADES AND COMBINATIONS OF RED, ORANGE AND YELLOW. LOOK IN THE OPPOSITE DIRECTION AND THE SKY IS DRENCHED IN DEEPER, DARKER COLOURS THAT PRESAGE THE IMMINENT NIGHT-FALL. YOU CAN WATCH THE SHADES AND SHAPES IN THE CLOUDS CHANGE BY THE SECOND. THIS IS AN EXTRAORDINARY EXPERIENCE THAT IS NEVER THE SAME ON ANY TWO CONSECUTIVE NIGHTS. IT IS HARRIS AT ITS BEST.

AN CIARADH AN FHEASGAIR SNA HEARADH THA AN T-ADHAR A' CUR THAIRIS LE DATHAN MEASGAICHTE EADAR DEARG, ORAINS AGUS BUIDHE AIR AON TAOBH, AGUS DATHAN NAS DUIRCHE A THA AN COIS AN EADAR-SHOLAIS AIR AN TAOBH EILE. THA IAD AG ATHARRACHADH FA CHOMHAIR DO SHÙLA GACH DIOG AGUS GACH OIDHCHE FA-LETH LE FOSGLAIDHEAN BEAGA SOILLEIR FHAD 'S A THA NA SGÒTHAN A' GLUASAD. IS E SEO NA HEARADH AIG ÀIRD A MHAISE.

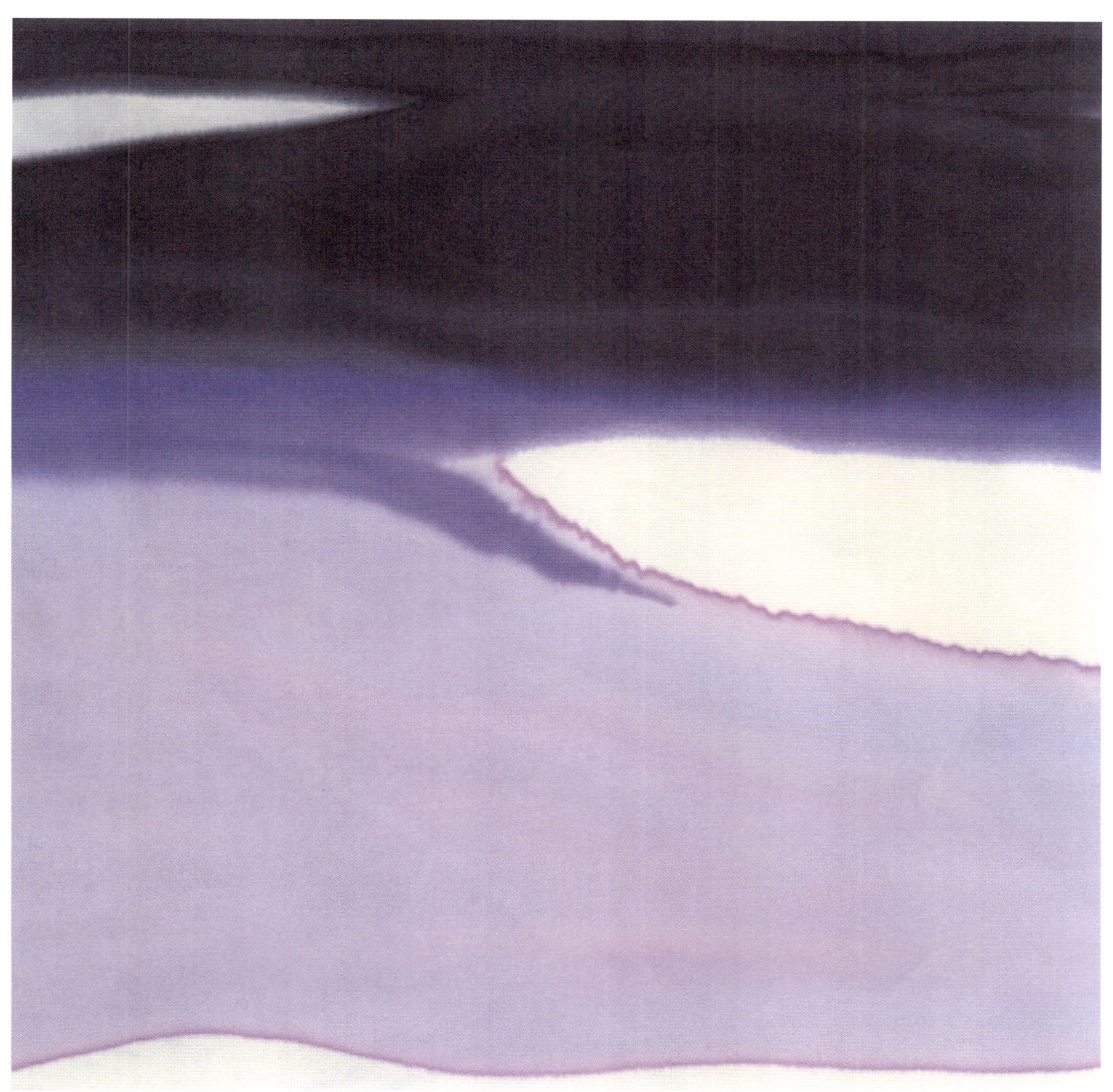

DUSK II: LESLEY WISEMAN :CIARADH II

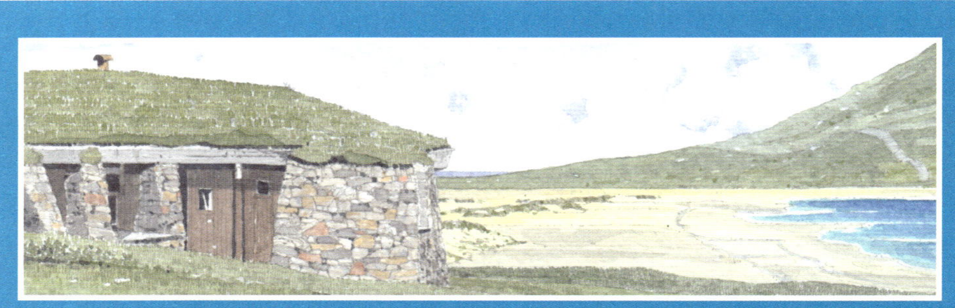

DRIVE SOUTH TOWARDS SCARISTA. TO YOUR LEFT JUST BEFORE YOU REACH THE GOLF COURSE ARE TWO SOD-ROOFED COTTAGES THAT SEEM TO GROW OUT OF THE HILLSIDE. THEY WERE BUILT MORE RECENTLY THAN YOU MIGHT THINK AND SERVE AS HOLIDAY COTTAGES. SPECTACULAR VIEWS ACROSS THE SOUND OF TARANSAY, AND GREAT HOSPITALITY FROM NEIL & RHODA, ENSURE THAT THEY ARE BOOKED THROUGHOUT THE YEAR.

THA ÀITEACHAN-FUIRICH ÙRA FAISG AIR SGARASTADH A THA A RÈIR AN LATHA. SAOILIDH TU BHON TAOBH A-MUIGH GUN ROBH IAD ANN BHO RIAMH! MA GHABHAS TU ROMHAD GU DEAS MAR GUM BIODH TU A' DOL A SGARASTADH, CHÌ THU IAD RI CLIATHAICH A' CHNUIC MUS RUIG THU AN RAON GOILF. THA SEALLADH BRÈAGHA BHUAPA A-NULL A THARASAIGH, AGUS DEAGH FHÀILTE ROMHAD BHO NIALL AGUS RHODA.

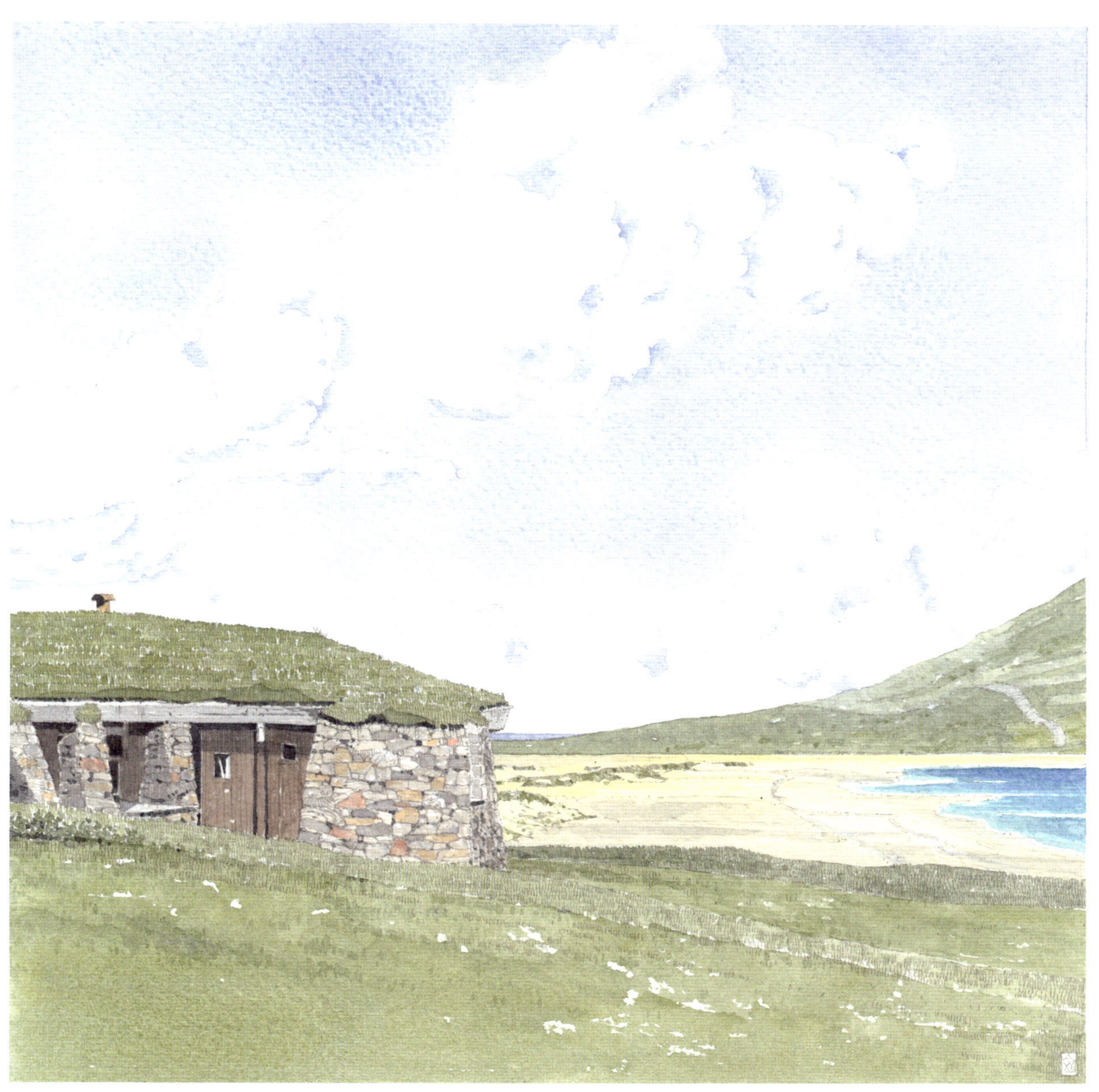

BLUE REEF COTTAGES I: ALISDAIR WISEMAN :TAIGHEAN BLUE REEF I

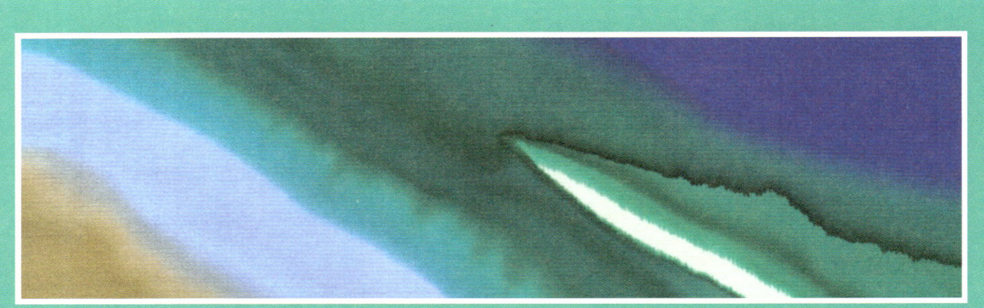

AT THE NORTHERLY END OF THE BEACH AT LUSKENTYRE, THERE IS AN OUTCROP OF ROCK THAT JUST BEGS TO BE CLIMBED. IT'S AN EASY SCRAMBLE. THE STRANGE THING IS THAT YOU NEED TO TILT YOUR HEAD AT A SLIGHT ANGLE TO PROPERLY TAKE IN THE FULL PANORAMA. IT WAS THIS PHENOMENON THAT LED TO THE RATHER UNUSUAL PERSPECTIVE CAPTURED IN THIS IMAGE.

MA DHÌREAS TU A' CHREAG AIG CEANN A TUATH TRÀIGH LOSGAINTIR CHÌ THU SEALLAIDHEAN ÀGHMHOR FA CHOMHAIR DO SHÙLA. FEUMAIDH TU DO CHEANN A CHUMAIL GU AON TAOBH GUS AM FAIC THU AN T-ÀITE GU H-IOMLAN. 'S E SIN AS COIREACH GU BHEIL AN DEALBH SEO AIR A DHÈANAMH BHO SHEALLADH ANNASACH.

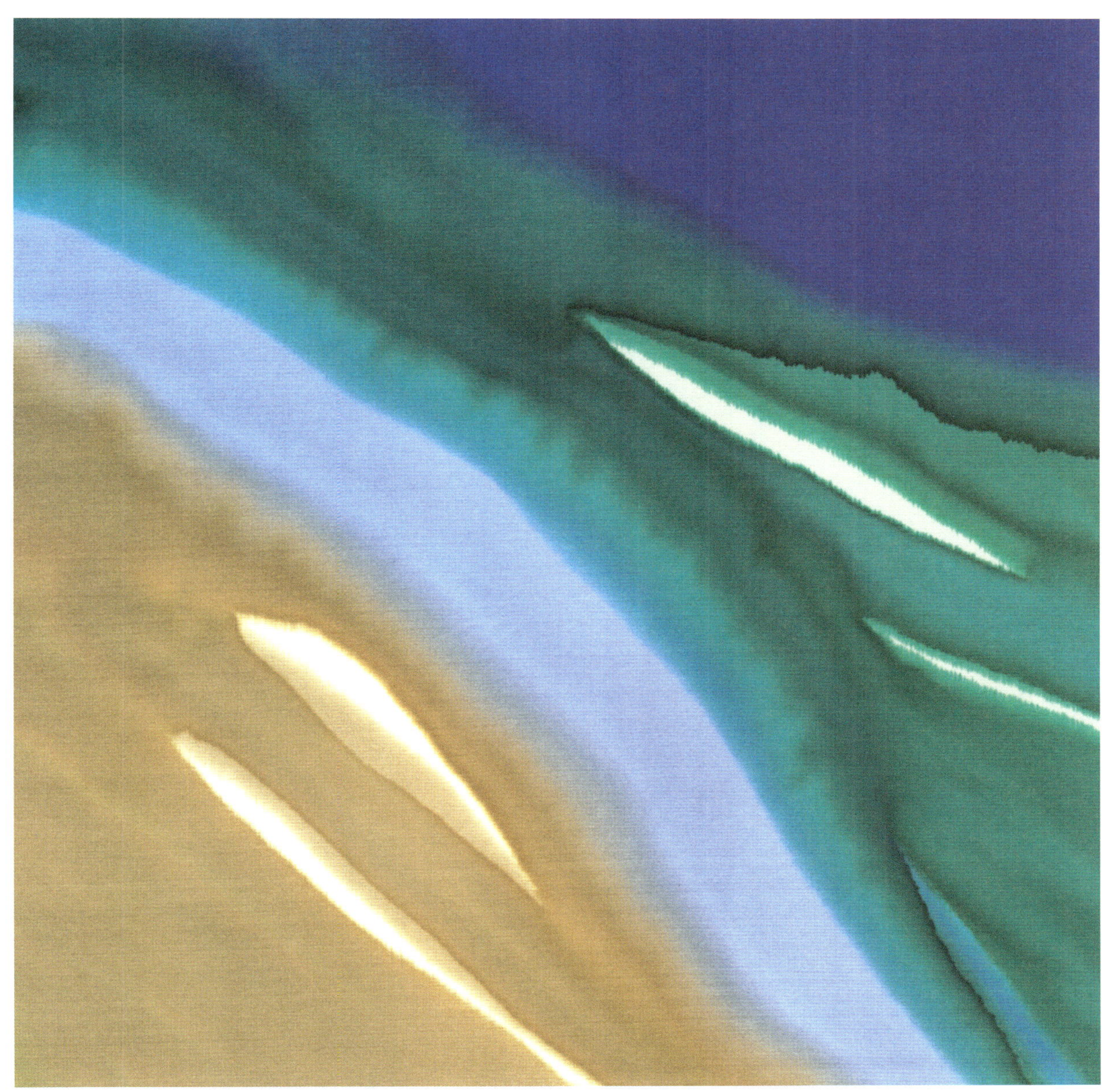

LUSKENTYRE II: LESLEY WISEMAN :LOSGAINTIR II

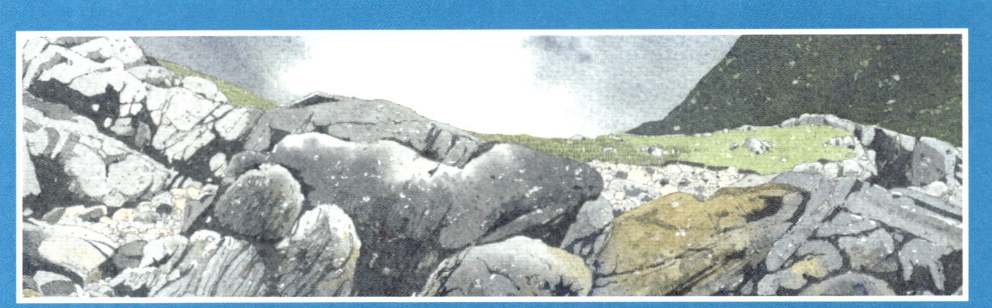

IF YOU WALK BEYOND THE END OF THE MAIN BEACH AT HUISINIS YOU WILL FIND A WONDERFUL WALK OVER A LOW HILL TO A NUMBER OF SMALLER, MORE INTIMATE BEACHES. EVEN ON THE BUSIEST OF DAYS, YOU WILL GENERALLY GET ONE OF THEM ALL TO YOURSELF. WATCH THE BIRDS IN THE BAY OR LOOK UP THE 1000 FEET OF THE HILL BEHIND: HUISEABHAL BEAG.

MA CHOISICHEAS TU SEACHAD AIR AN TRÀIGH AS MOTHA ANN A HÙISINIS, LORGAIDH TU CEUM MATH THAIRIS AIR BEINN BHEAG A BHEIR THU GU GRUNNAN THRÀIGHEAN EILE A THA NAS LUGHA. 'S DÒCHA GUM BI TÈ DHIUBH SIN FALAMH AGUS GUM BI I AGAD DHUT FHÈIN. À SIN FAODAIDH TU BHITH A' COIMHEAD NAN EUN SA BHÀGH NO BHITH AG AMHARC GU MULLACH HÙISEABHAL BHEAG.

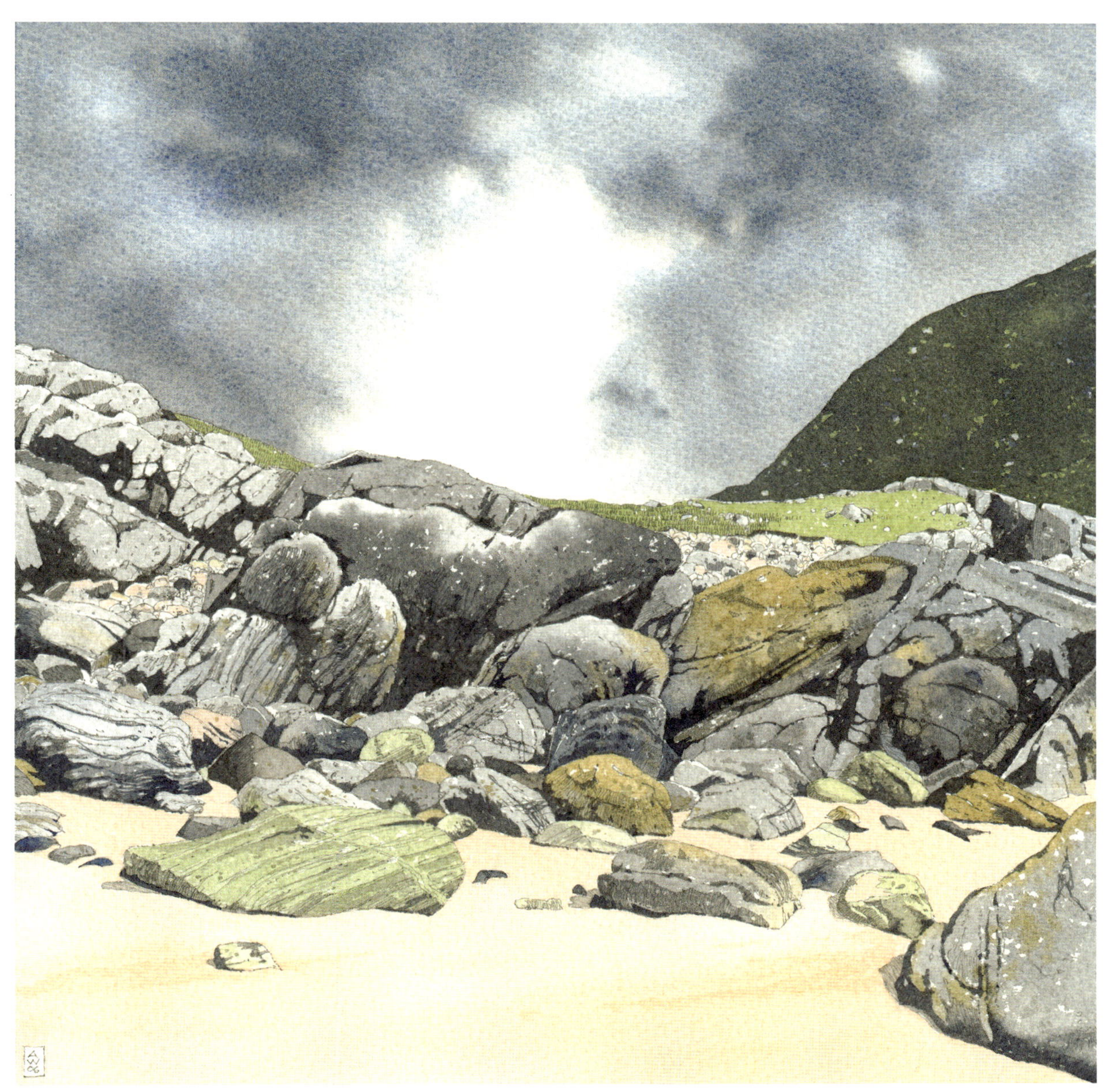

HUSHINISH III: ALISDAIR WISEMAN :HÙISINIS III

49

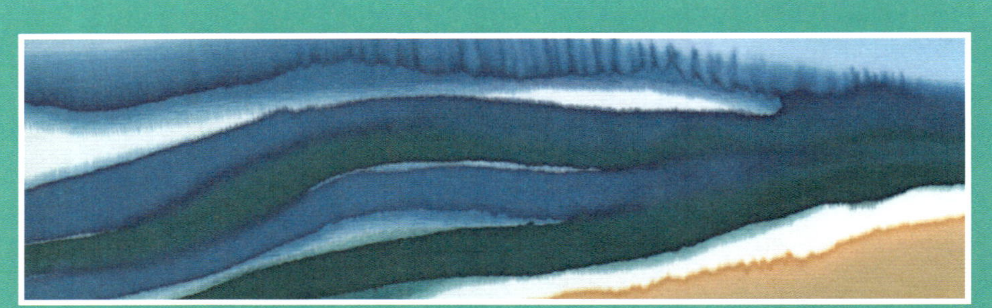

WATCHING THE ENORMOUS ENERGIES OF THE WAVES AS THEY CRASH ON TO THE BEACHES OF WEST HARRIS IS AN ALL-CONSUMING PASTIME. EVERY IMAGINABLE POINT ON THE SPECTRUM BETWEEN BLUE TO GREEN IS EVIDENT. INTRODUCE FOAM, BUBBLES AND NATURE'S SOUNDS INTO THE MIX AND IT BECOMES A REMARKABLE EXPERIENCE.

CHAN EIL DAD NAS FHEÀRR NA BHITH A' COIMHEAD NAN TONNAN A' BRISEADH AIR CLADAICHEAN TAOBH AN IAR NA HEARADH, A' GLUASAD 'S A' LÌONADH 'S A' TRÀGHADH. CHÌ THU A H-UILE DATH SA SPEACTRAM BHO GHORM GU UAINE. EADAR SIN AGUS FUAIMEAN NÀDAIR AGUS COP NA MARA, CHA TÈID AN SEALLADH ÀS DO CHUIMHNE.

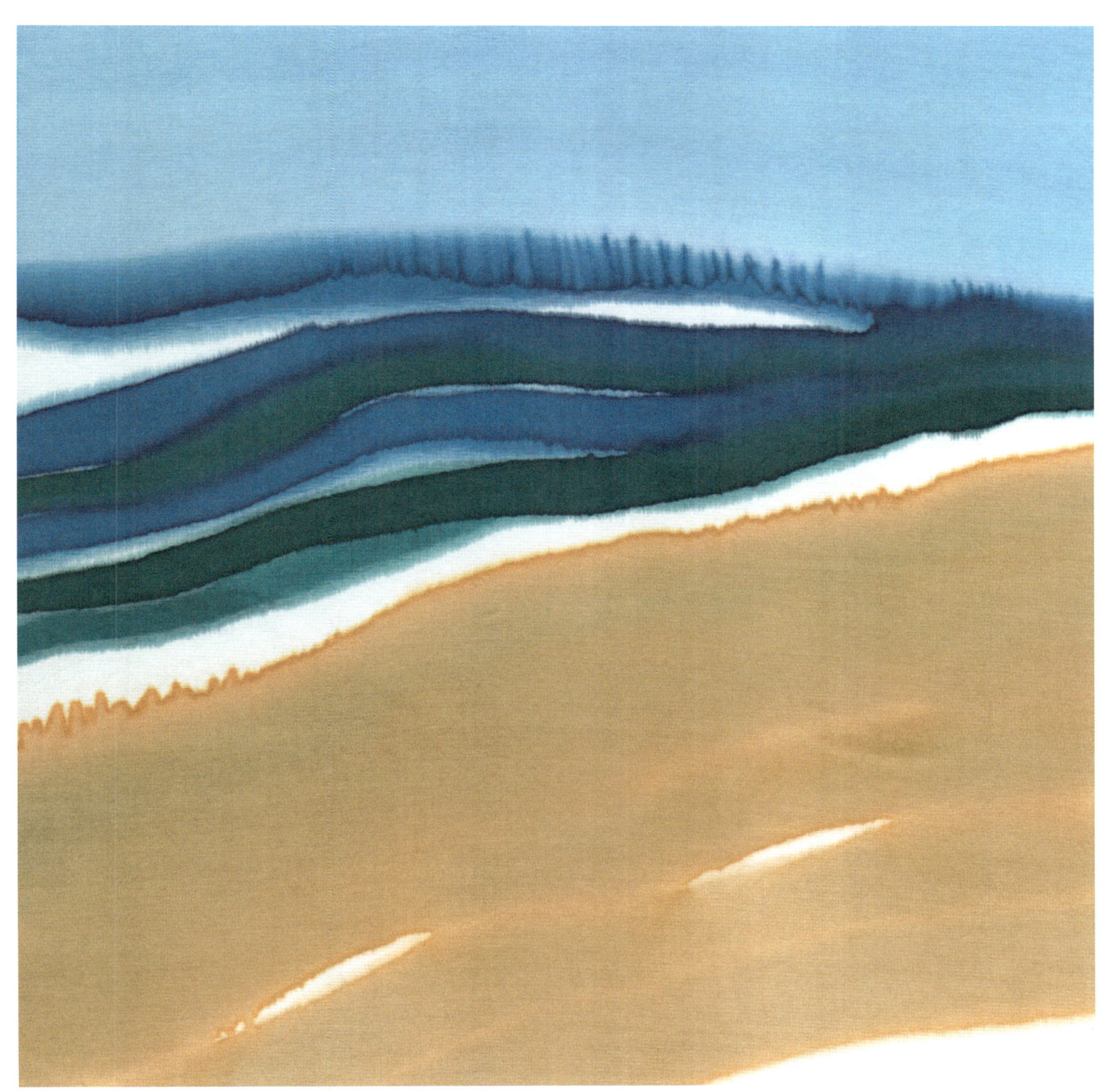

BREAKERS I: LESLEY WISEMAN :STUAGHAN I

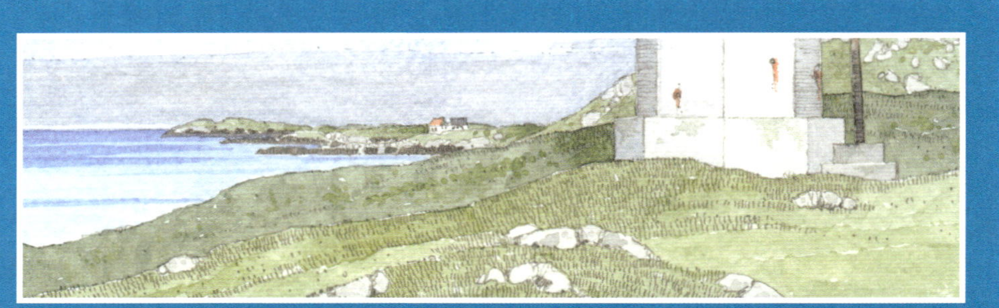

UNLESS YOU ARE SOMEONE WHO SCOURS MAPS, YOU WOULD NEVER KNOW OF THE LIGHTHOUSE AT LEVERBURGH. THERE IS NEITHER SIGN NOR PATH TO HINT AT ITS EXISTENCE. PARK UP JUST AFTER THE TREES AS YOU HEAD TOWARDS LEVERBURGH FROM NORTHTON AND THEN WALK SOUTH-WEST OVER THE HILL. YOU WILL BE REWARDED WITH WONDERFUL VIEWS ACROSS THE SOUND OF HARRIS TOWARDS ENSAY, KILLEGRAY AND NORTH UIST BEYOND. THE AREA AROUND THE NOW DISUSED LIGHTHOUSE IS A GREAT PLACE TO EXPLORE, WITH CARE.

THIG THU AIR AN T-SEANN TAIGH-SOLAIS SEO CHA MHÒR GUN FHIOSTA MA THA THU AIR A' CHOIS A-MUIGH FAISG AIR AN T-ÒB. CHA BHIODH FIOS AIG DUINE GU BHEIL A LEITHID DE RUD ANN ACH NEACH A BHIODH DAONNAN A' SGRÙDADH MHAPAICHEAN. MA PHÀIRCICHEAS TU SEACHAD AIR NA CRAOBHAN MAR GUM BIODH TU A' DOL DHAN T-ÒB BHON TAOBH TUATH, AGUS GUN GABH THU CHUN IAR-DHEAS TARSAINN NA BEINNE, CHÌ THU EITHEASAIGH, CEILLEAGRAIGH AGUS UIBHIST A TUATH. BI FAICEALLACH!

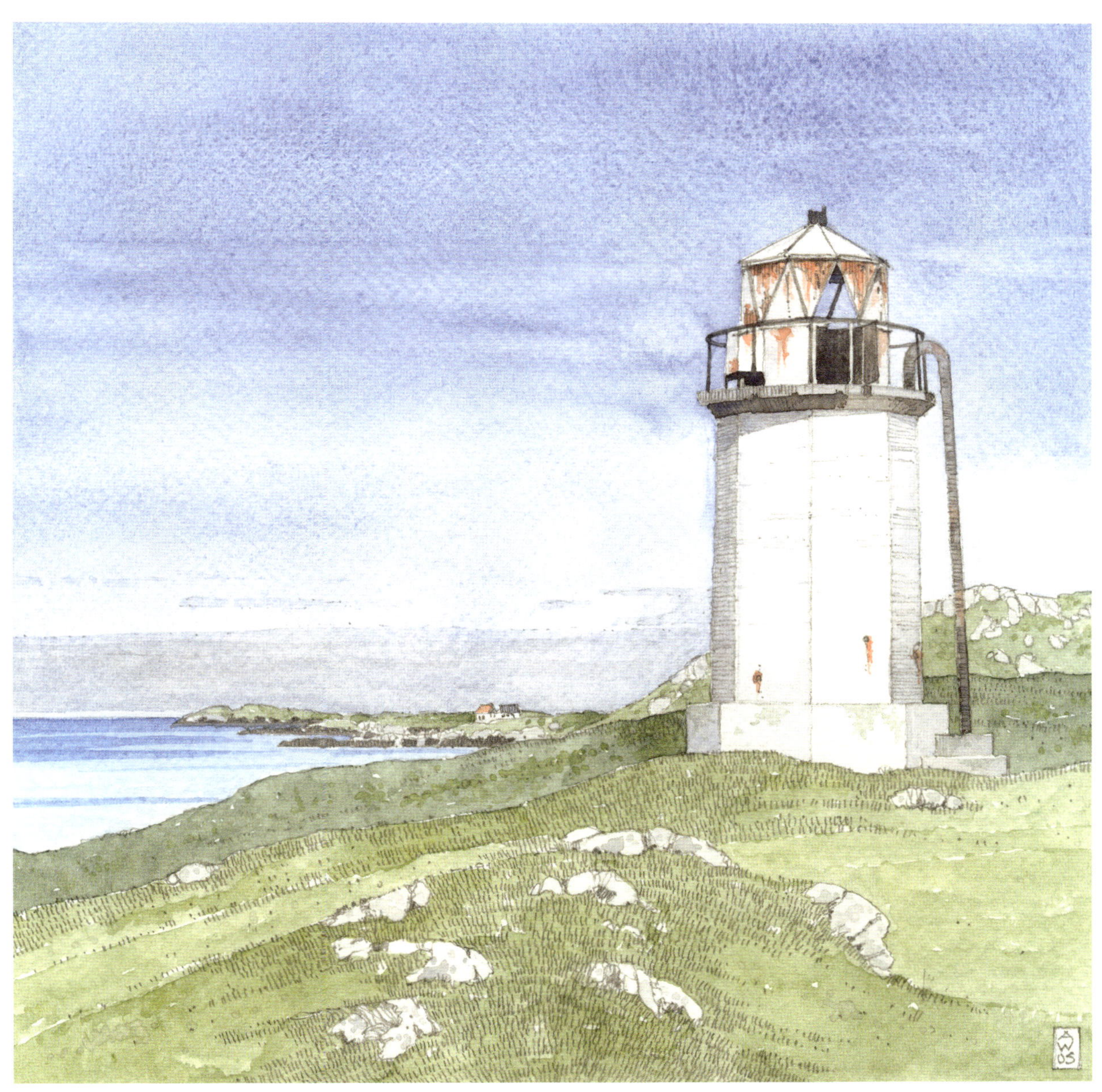

THE LIGHTHOUSE, LEVERBURGH: ALISDAIR WISEMAN :AN TAIGH-SOLAIS, AN T-ÒB

53

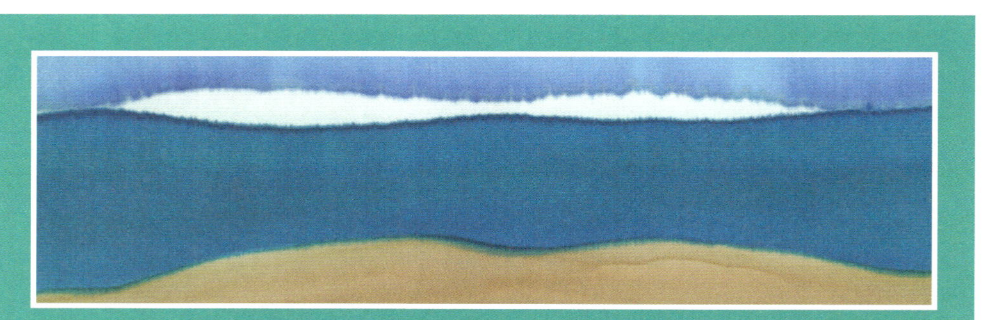

WHEN THE SPRING TIDES COINCIDE WITH CALM WEATHER, YOU GET A CHANCE TO SEE JUST HOW EXPANSIVE THE BEACHES OF WEST HARRIS REALLY ARE. AS THE TIDE RECEDES, THE BEACH SEEMS TO FOLLOW, EXTENDING TOWARDS INFINITY. A STILLNESS DESCENDS AND YOU BECOME AT ONE WITH THE WORLD.

MAR AS FHAIDE A THÈID AN LÀN A-MACH AIG ÀM REOTHAIRT, 'S ANN A CHÌ THU FÌOR MHEUDACHD NAN TRÀIGHEAN AN CEANN AN IAR NA HEARADH, AGUS CHO SÌTHEIL, SOCAIR 'S A THA AN ÀRAINNEACHD MUN CUAIRT.

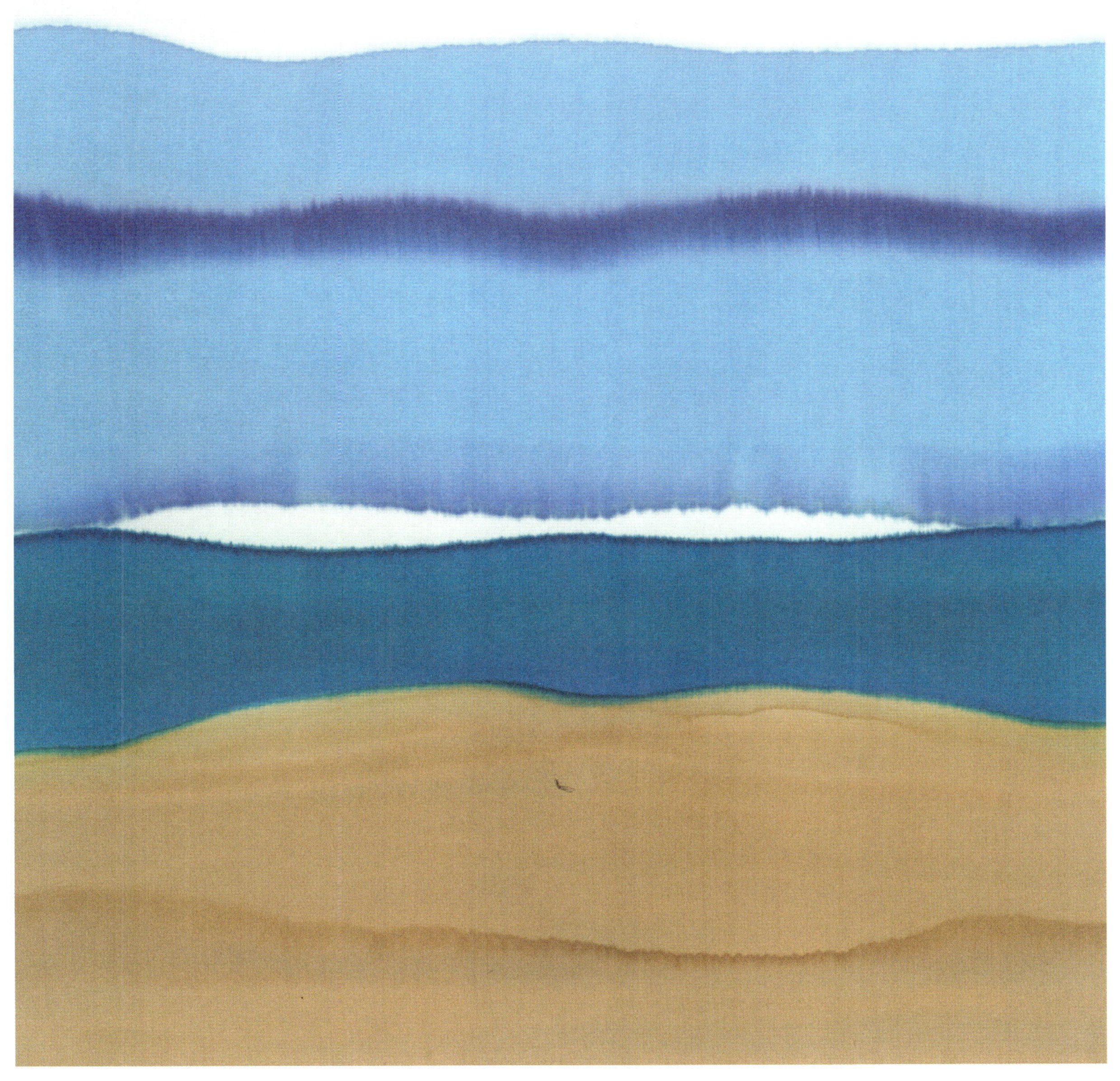

LOW TIDE I: LESLEY WISEMAN :MUIR-TRÀIGH I

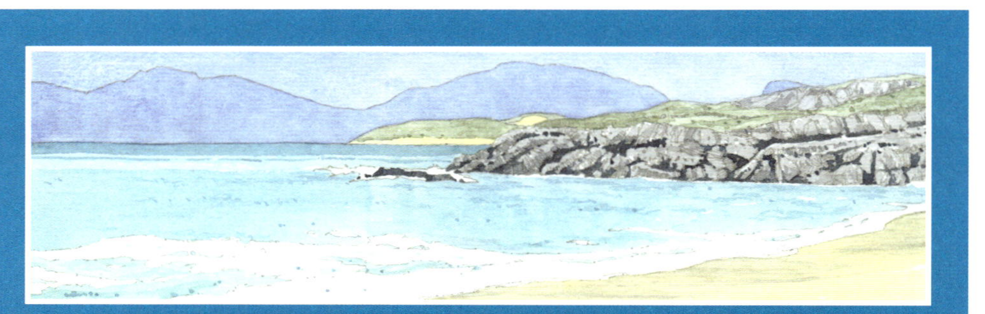

IT IS LITTLE SURPRISE THAT THE BIG BEACHES OF HARRIS TEND TO DRAW VISITORS LIKE IRON TO A MAGNET. TRÀIGH SEILEBOST IS ONE OF THE BIG THREE ON THE WEST COAST. IF YOU GO TO THE SOUTHERN END OF THE LARGE BEACH AND WALK OVER THE LITTLE HILL YOU WILL COME UPON AN ENCHANTING LITTLE COVE, BOUNDED ON BOTH SIDES BY ROCKS, WHERE THE SAND SEEMS A DEEPER SHADE OF YELLOW.


'S E TRÀIGH SHEILEABOIST TÈ DHE NA TRÀIGHEAN MÒRA AN CEANN AN IAR NA HEARADH. MA CHOISICHEAS TU ASTAR BEAG GU DEAS THAIRIS AIR A' CHNOC CHÌ THU BÀGH CÀILEAR IS CLACHAN MÒRA AIR GACH TAOBH DHETH. AN SEO SAOILIDH TU GU BHEIL DATH NAS DOIMHNE DE BHUIDHE AIR A' GHAINMHICH.

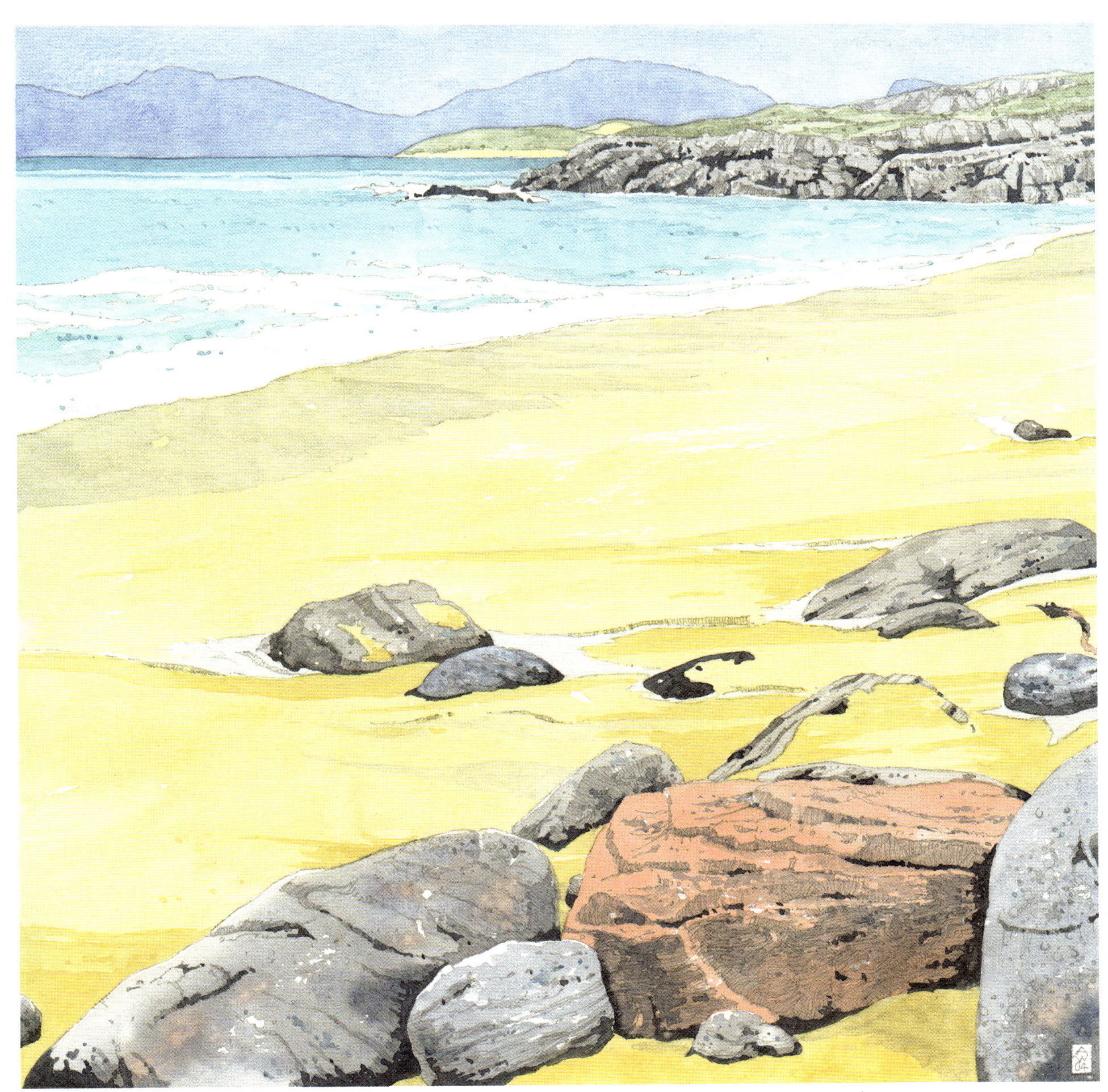

TRAIGH SEILEBOST I: ALISDAIR WISEMAN :TRÀIGH SHEILEABOIST I

THERE ARE OCCASIONS WHEN THE WEATHER IN HARRIS CAN BE EXTRAORDINARILY HOT. THIS JULY DAY WAS ONE OF THOSE DAYS. THE THERMOMETER READ AN INCREDIBLE 29° CENTIGRADE. THE SUN BURNED RELENTLESSLY, MAKING THE ENTIRE SKY SEEM AS THOUGH IT HAD CAUGHT FIRE. THANKFULLY, RELIEF CAME AT THE END OF THE DAY.


AIG AMANNAN BIDH AN AIMSIR GU MATH NAS TEOTHA NA SHAOILEADH TU ANN AN ÀIRD AN T-SAMHRAIDH. AN LATHA SEO BHA E 29° C. 'S ANN A SHAOILEADH TU GUN ROBH AN T-ADHAR NA THEINE LE TEAS NA GRÈINE. BU MHATH GUN TÀINIG FAOCHADH AIG DEIREADH AN FHEASGAIR.

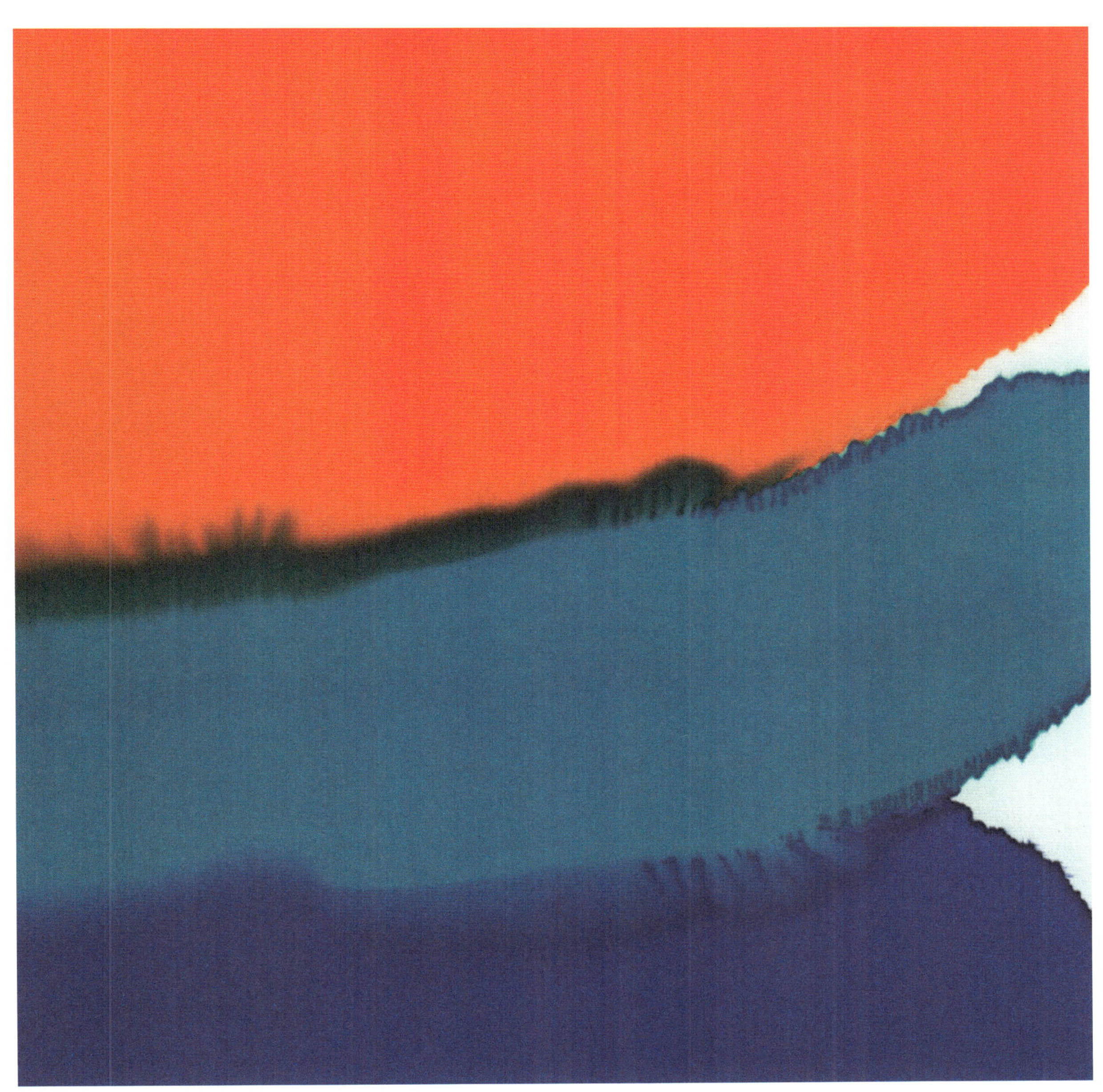

SUNSET II: LESLEY WISEMAN :DOL FODHA NA GRÈINE II

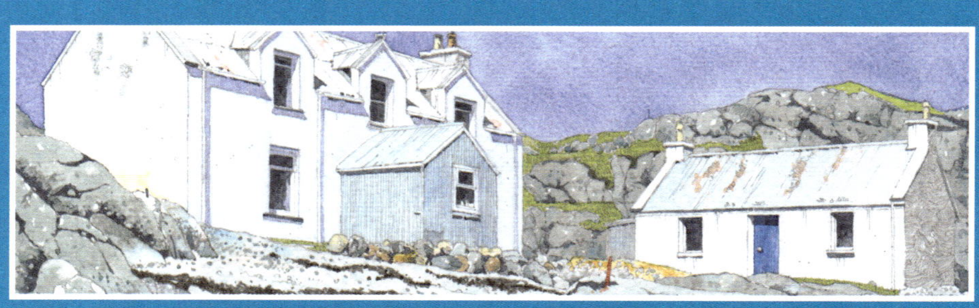

IT WAS INDEED AN INSPIRED DECISION TO MAKE THE SHORT WALK TO MOL BAN.  ON THE MAP, IT IS LITTLE MORE THAN AN UNASSUMING SINGLE DOTTED LINE THAT PASSES BY LOCH NA CRAOIBHE (THE LOCH OF THE TREE). THESE TWO BEAUTIFUL COTTAGES REMAIN HIDDEN FROM VIEW UNTIL THE LAST FEW HUNDRED METRES. THEY SIT AT THE TOP OF A SECLUDED STONE BEACH FROM WHICH THERE ARE GREAT VIEWS OVER THE SEA TOWARDS THE ISLE OF SKYE.

THA AN DÀ THAIGH SEO AN CEANN AN EAR NA HEARADH ANN AN ÀITE RIS AN CANAR MOL BÀN.  SEALL MAR A THA DATH NAN CLACHAN AGUS DATH NAN TAIGHEAN A' FIGHE A-STEACH NA CHÈILE NAN DEALBH COTHROMACH. THA IAD OS CIONN CLADACH LE MOL FAR AM FAIC THU SEALLAIDHEAN ÀLAINN A-NULL CHUN AN EILEIN SGITHEANAICH.

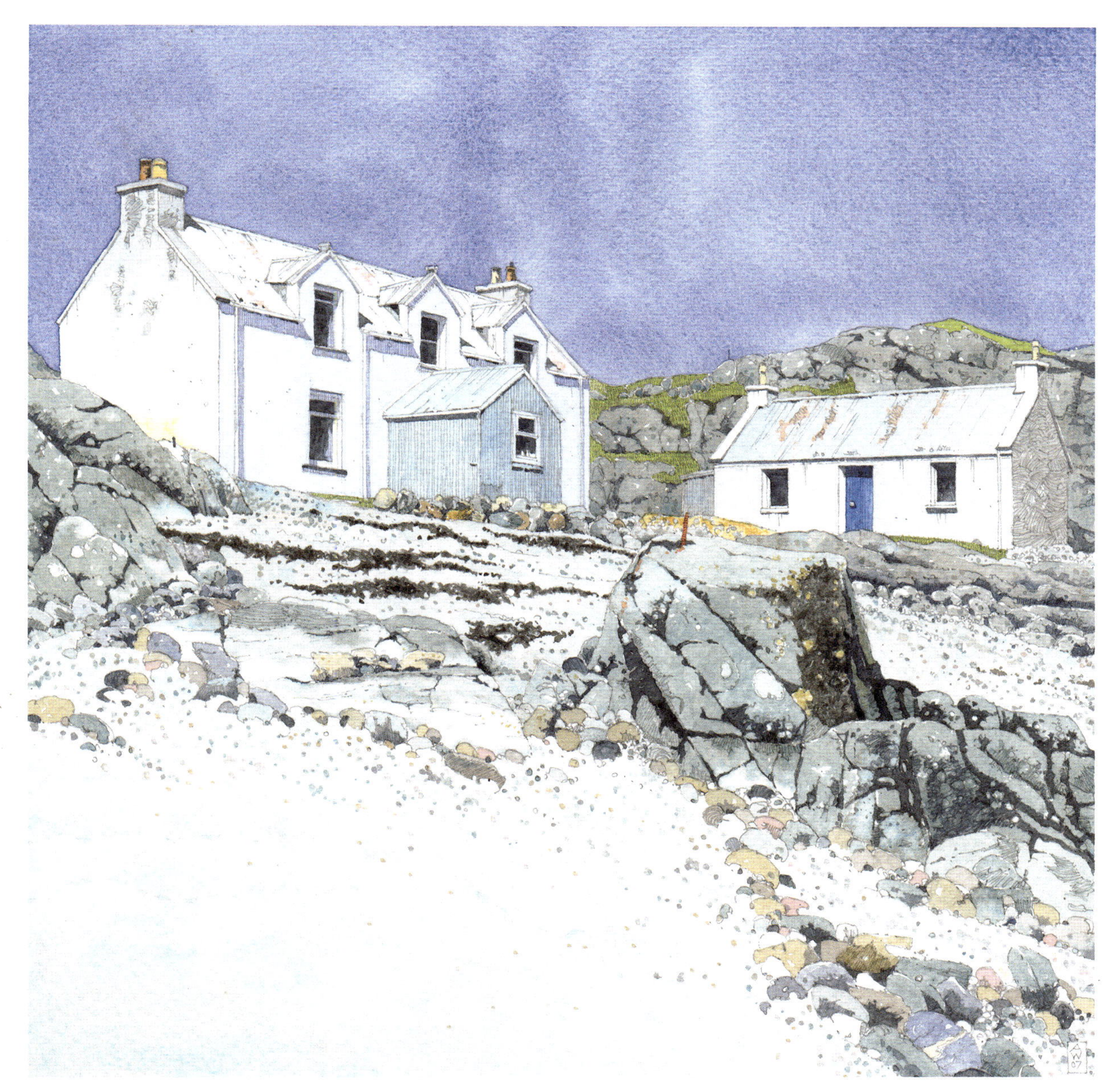

MOL BAN, EAST HARRIS I:  ALISDAIR WISEMAN  :MOL BÀN, TAOBH SEAR I

61

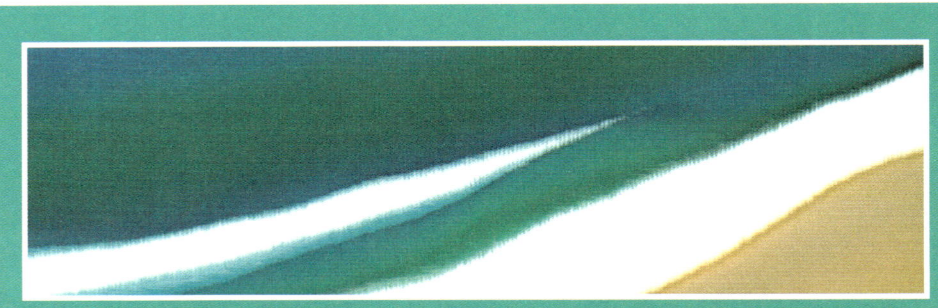

IN MANY WAYS, THE BEACHES OF WEST HARRIS DEFINE THE ISLAND AS
A WHOLE. THIS IS, HOWEVER, ONLY A SMALL PART OF A MUCH RICHER
STORY. WHERE THE BEACH ENDS, THE SEA BEGINS, AND IT IS THE INTER-
ACTION OF THE TWO THAT DELIVERS A FASCINATION THAT NEVER TIRES.
THIS WAS A CALM DAY ON THE SAND AT LUSKENTYRE WHEN THE SEA
SEEMED UNABLE TO SUMMON UP ENOUGH ENERGY TO MAKE REAL
WAVES.

CHA SGÌTHICH NEACH DE THRÀIGHEAN IONGANTACH THAOBH AN IAR
NA HEARADH FAR A BHEIL A' MHUIR AG ÈALADH A-NULL 'S A-NALL AIR A
SOCAIR. 'S E LATHA TLÀTH A BHA SEO LE SÌTH AIR AN FHEARANN AGUS
A' MHUIR AIG FOIS.

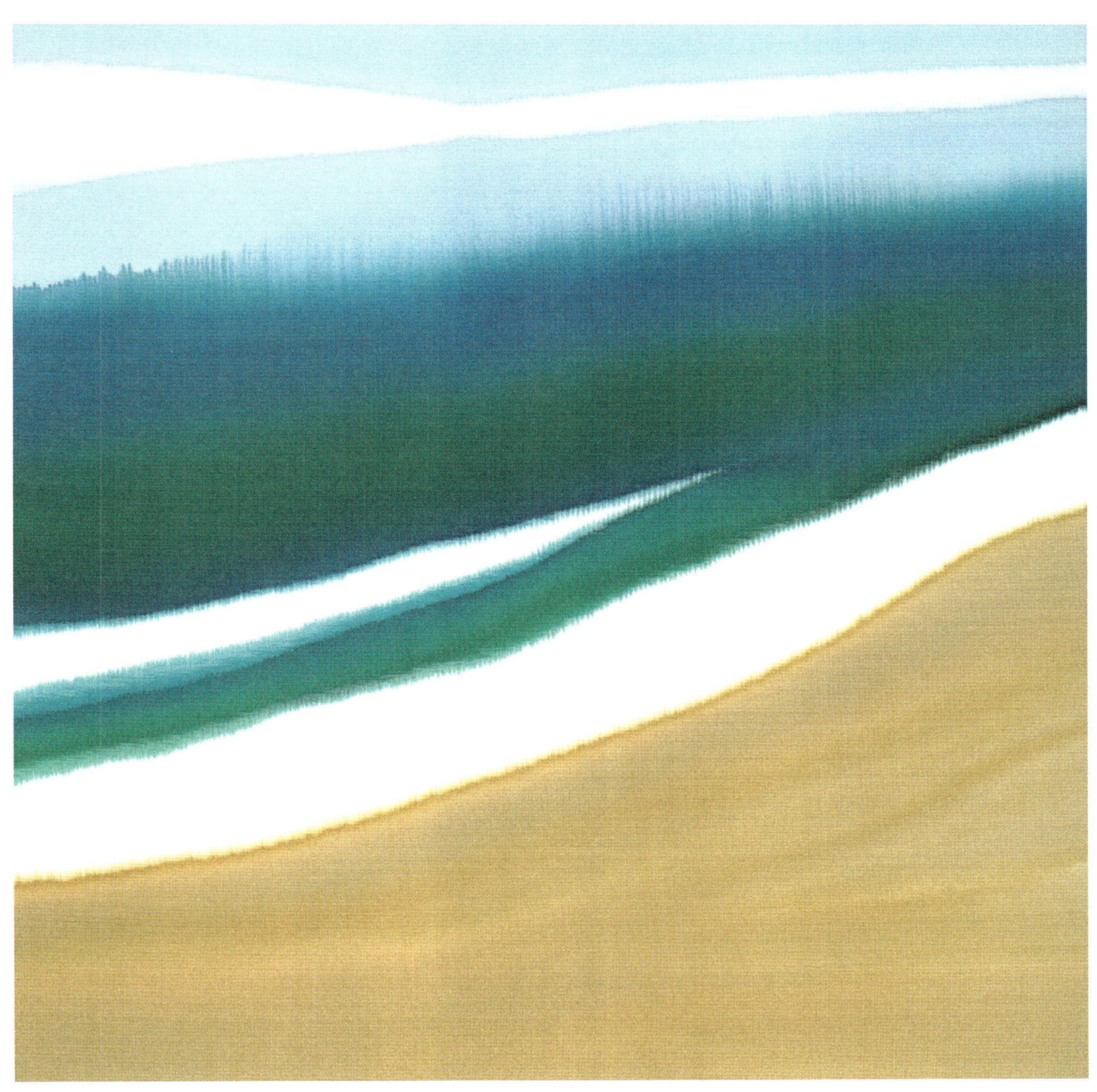

THE BEACH II: LESLEY WISEMAN :AN TRÀIGH II

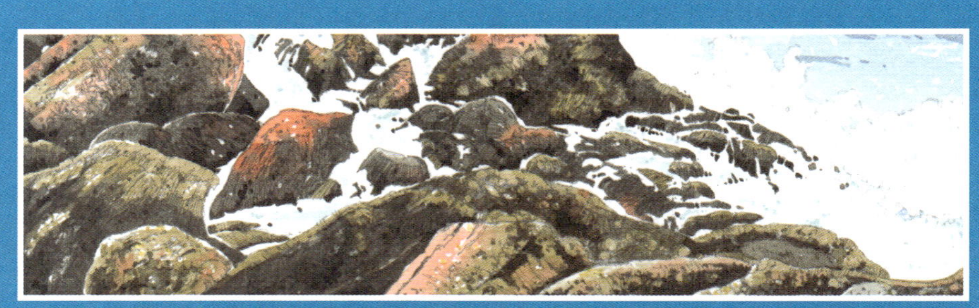

THE RAW ENERGY IN THE WAVES THAT COLLIDE WITH THE WEST COAST OF HARRIS IS A WONDERFUL SIGHT, A SOUND TO CREATE A SENSE OF AWE AND A FEELING TO REACH INTO THE CORE OF YOUR BEING. IN THE BLINK OF AN EYE, THE WAVES RETREAT, LEAVING A MYRIAD OF CASCADING WATERFALLS AMONGST THE CRACKS AND CREVICES. A REAL EXPERIENCE AT ANY TIME OF THE YEAR.

'S E ADHBHAR-SMAOINICH A THA SAN T-SEALLADH SEO AIG ÀM SAM BITH, LE TONNAN A' BEUCAIL 'S A' FÀGAIL COP AGUS AN-FHOIS NAN LÀRACH. BEIRIDH E AIR D' AIGNE, GAD GHLACADH A-STEACH DO DH'OBAIR NÀDAIR, A' COIMHEAD NAN EAS A' SRUTHADH SÌOS GACH CÙIL AGUS BRISEADH SNA CREAGAN.

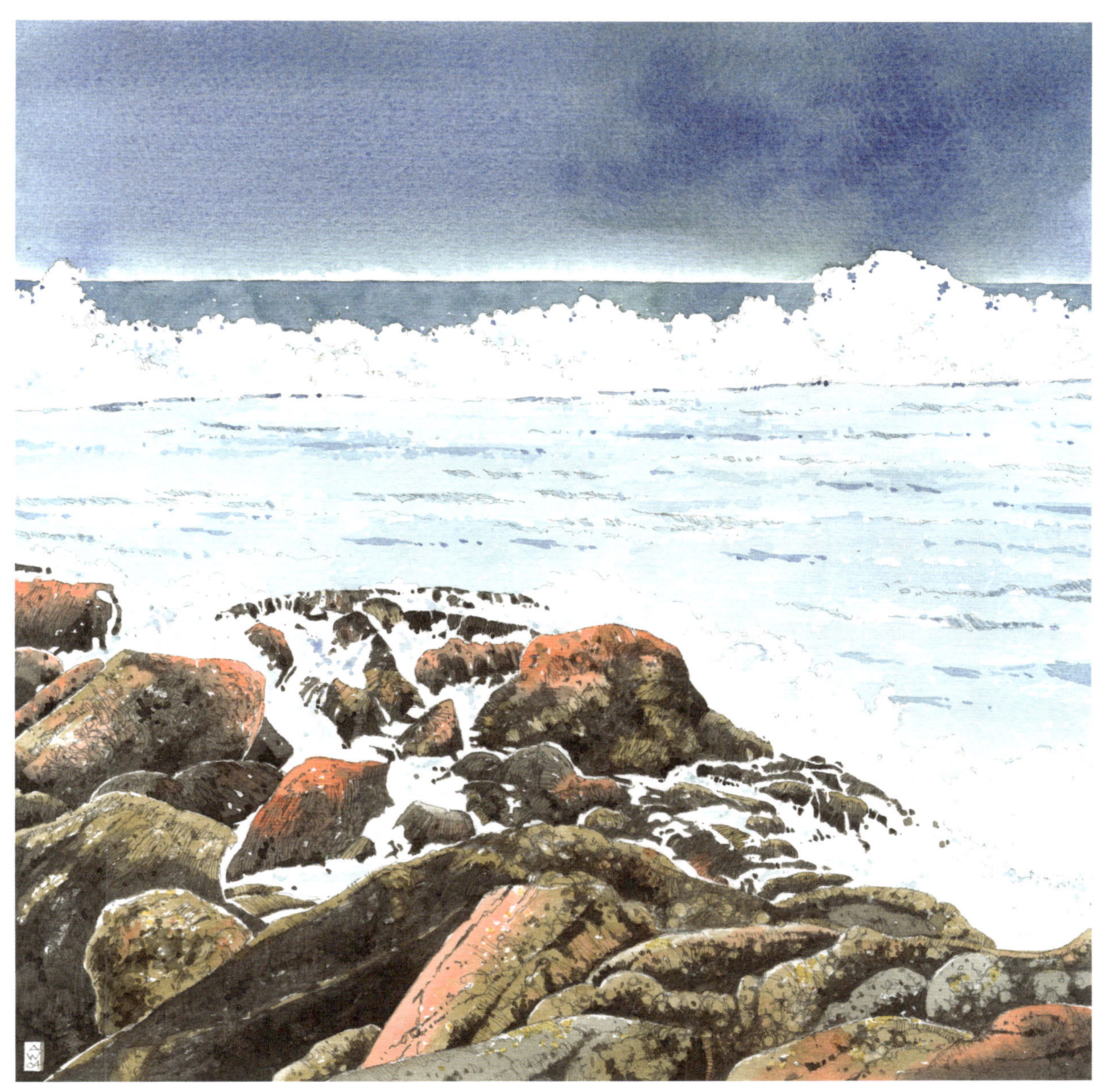

TRAIGH BHUIRGH III: ALISDAIR WISEMAN :TRÀIGH BHUIRGH III

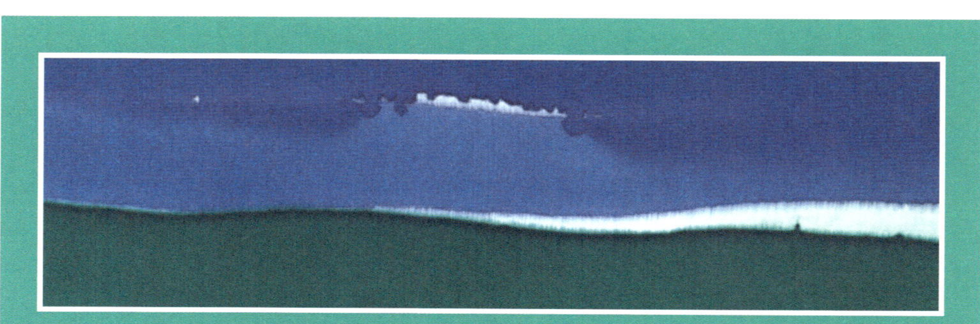

THIS DAY, IT HAD BEEN RAINING CONTINUOUSLY. THE FIRST SIGN THAT IT MIGHT RELENT WAS THE MEREST CHINK IN THE HEAVY CLOUDS. THE CLEAR, BRIGHT LIGHT THAT GRADUALLY POURED THROUGH CONFIRMED THAT THE CLINGY, WET RAIN WAS EASING, AND THAT BETTER WEATHER WAS ON ITS WAY.

AN LATHA SEO NOCHD SOLAS SOILLEIR SNA NEÒIL AGUS BHA E FOLLAISEACH GUN ROBH GEALLTANAS ANN GUN ROBH AN LATHA A' DOL A THOGAIL AIR AGUS GUN TIGEADH TURADH BHO DHEIREADH THALL ÀS DÈIDH NA DÌLE A BH' AIR A BHITH ANN FAD AN LATHA.

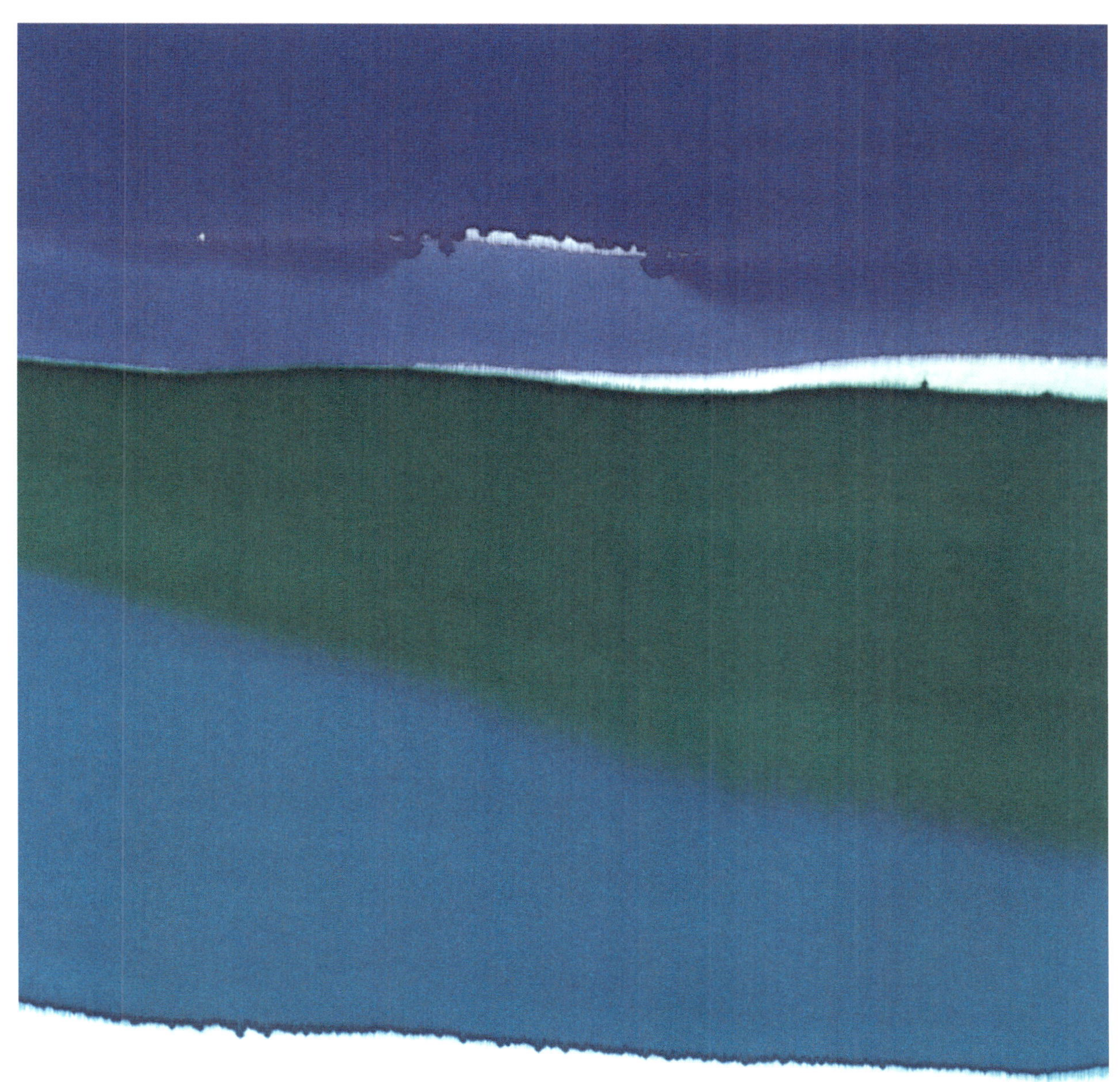

CLOUDBREAK I:   LESLEY WISEMAN   :TURADH I

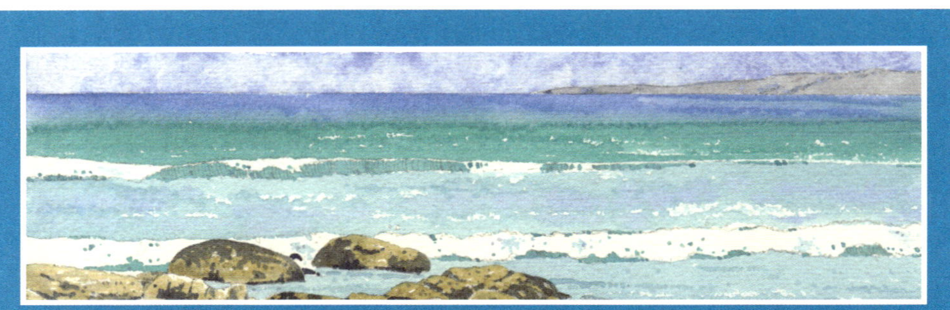

THE BAY BEYOND THE BEACH AT TRAIGH IAR SHELVES VERY GENTLY
INTO THE SOUND OF TARANSAY.  UNLESS THERE IS A REALLY STRONG
ONSHORE WIND, THE WAVES GATHER QUIETLY OUT TO SEA AND THEN
ROLL IN AT A LEISURELY PACE. WHEN THE TIDE GOES ALL THE WAY
OUT, THE BEACH IS A PROCESSION OF TINY FURROWS. YOU CAN WANDER
FOR HOURS, SCOURING THE THOUSANDS OF TINY POOLS FOR FLOTSAM,
JETSAM AND SIGNS OF LIFE.

MURA BI GAOTH LÀIDIR ANN THA NA STUAGHAN AN SEO NAS SOCRAICHE,
A' GABHAIL ROMHPA GUN CHABHAIG AGUS A' BUALADH NA TRÀIGH LE
FOIS. NUAIR A BHIOS AN LÀN A-MUIGH CHAN EIL DEIREADH AIR NA LORGAS
TU SNA LÒNAIN DE BHEÒ NA MARA AGUS IOMADH RUD EILE A BHIOS
A' TIGHINN AIR TÌR AIR NA CLADAICHEAN..

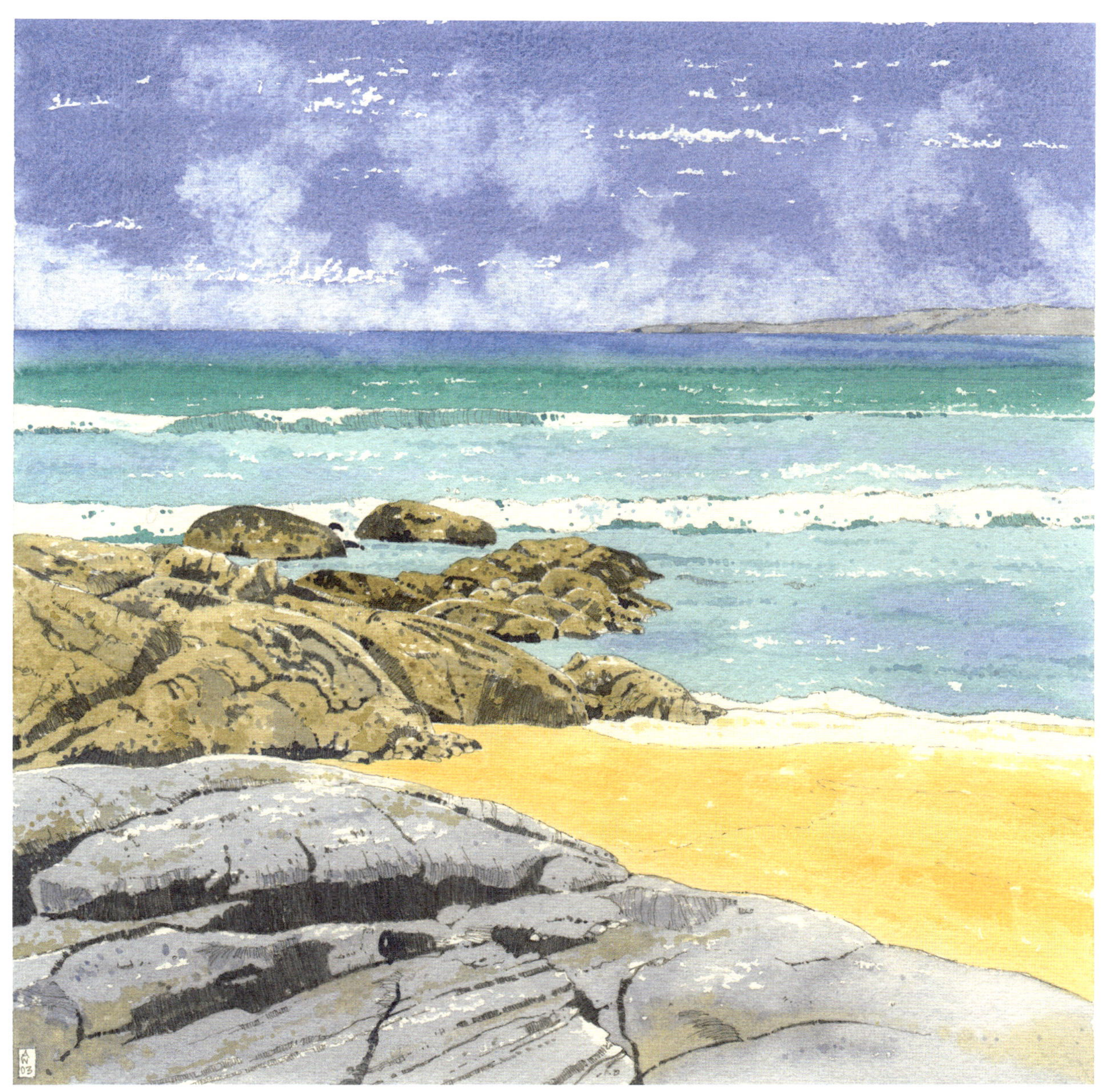

TRAIGH IAR I: ALISDAIR WISEMAN :TRÀIGH AN IAR I

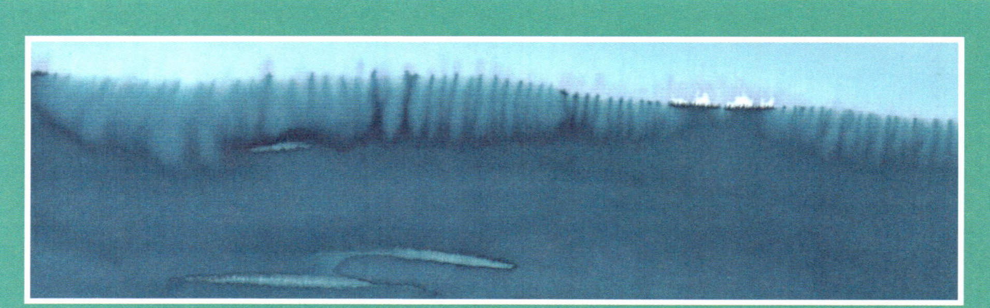

USUALLY IN HARRIS YOU GET ADVANCE WARNING OF ANY CHANGE IN THE WEATHER. WE WERE COLLECTING COWRIE SHELLS IN SCARISTA. LOOKING OUT BEYOND TOE HEAD, IT WAS CLEARLY POURING WITH RAIN ON THE HORIZON. IT WAS ONLY MINUTES AFTERWARDS BEFORE THE HEAVENS OPENED. LUCKILY, WE MADE IT TO SHELTER.

MAR AS TRICE SNA HEARADH AITHNICHIDH TU, MA CHUMAS TU DO SHÙIL AIR AN NEUL, NUAIR NACH EIL FRAS THROM FAD' ÀS, A DHRÙIDHEAS ORT MURA GABH THU FASGADH. B' ANN A' CRUINNEACHADH MHAIGHDEALAGAN A BHA SINN NUAIR A THÀINIG AN DÒRTADH. GU FORTANACH, RINN SINN A' CHÙIS AIR FASGADH A RUIGHINN.

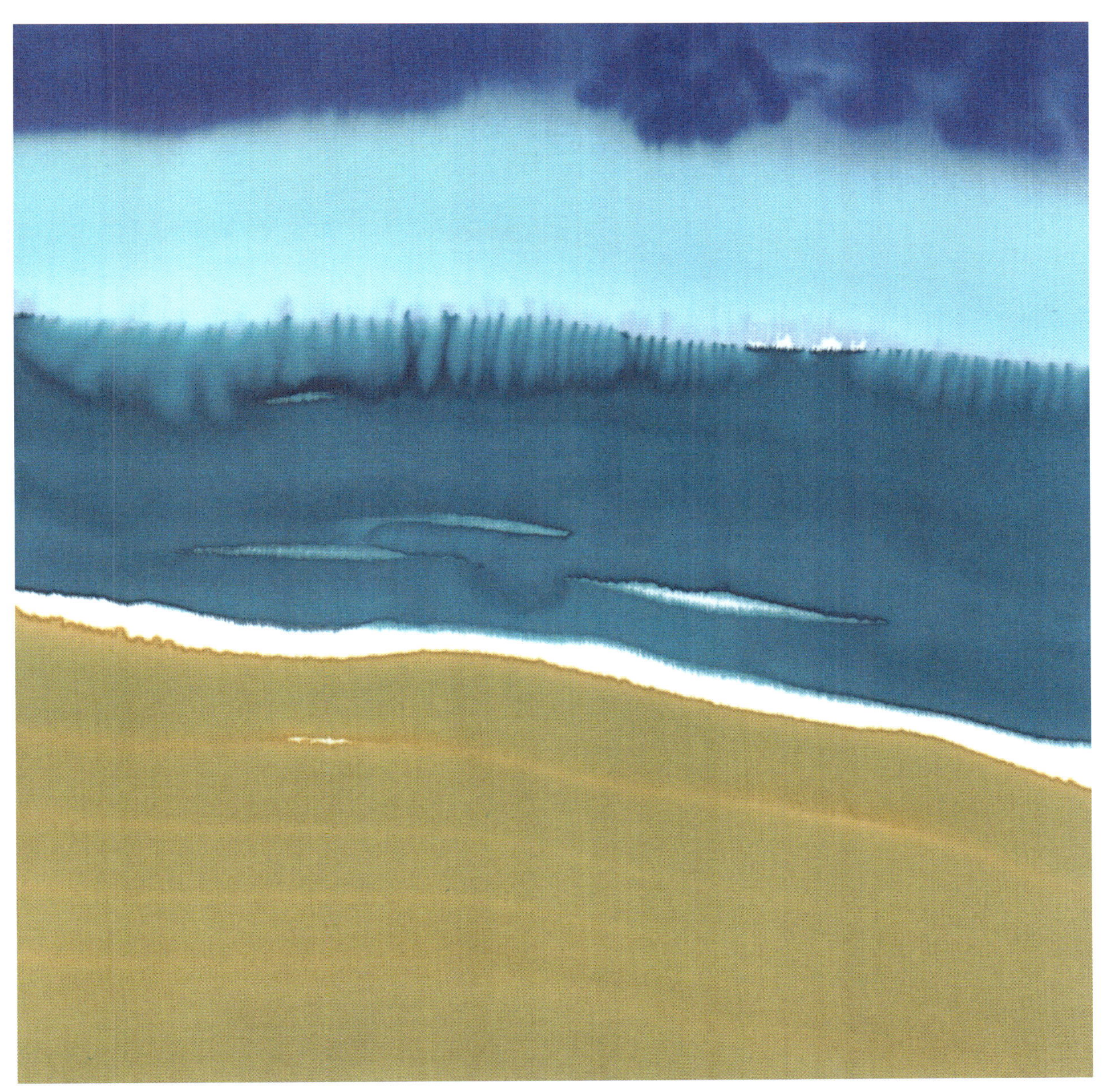

WEST HARRIS I: LESLEY WISEMAN :AN TAOBH SIAR I

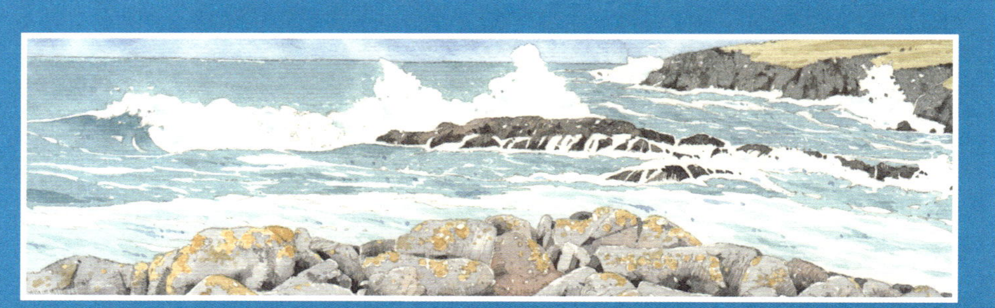

MOST OF HARRIS IS MADE FROM LEWISIAN GNEISS. THIS IS SOME OF THE OLDEST ROCK ON THE PLANET, DATING BACK 3,000 MILLION YEARS. SPEND ANY AMOUNT OF TIME ON THE EAST COAST AND YOU IMMEDIATELY GET A FEEL FOR THE ANCIENT HISTORY WRAPPED UP IN THE BONES OF THE ISLAND. THE LANDSCAPE HAS BEEN PICKED CLEAN BY GLACIAL ACTIVITY. YOU GET THE SAME SORT OF FEELING RIGHT NEXT TO THE SEA ON THE WEST COAST. A THICK CARPET OF BRIGHTLY COLOURED LICHEN COVERS THE STONE, GIVING EVERYTHING A PRIMEVAL FEEL.

'S E LEWISIAN GNEISS THA ANN AN CREAGAN NA HEARADH AGUS LEÒDHAIS - A' CHREAG AS SINE SAN T-SAOGHAL. MAR SIN, FAIRIDH TU SAN ÀITE SEO GU BHEIL NA HEARADH AOSMHOR, EADAR NA CLACHAN GLASA AGUS AN CROTAL. FAIRIDH TU GU BHEIL AN EACHDRAIDH ANN AN SMIOR AN EILEIN GAD IATHADH. THA AN CROTAL A' CUR RIS AN T-SEALLADH 'S GAD THÀLADH AIR AIS GU AMANNAN CÈINE.

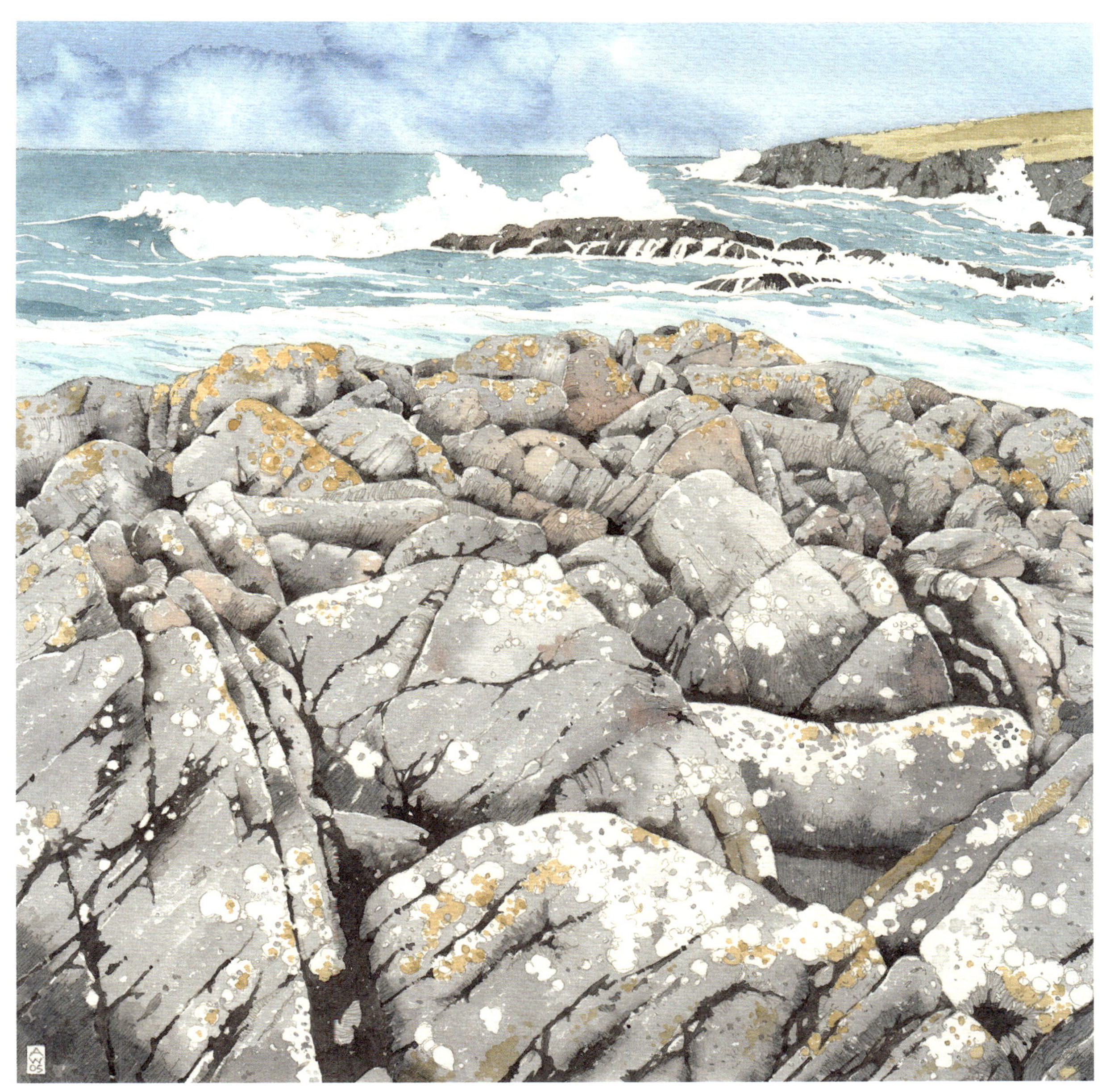

WEST HARRIS I: ALISDAIR WISEMAN :TAOBH SIAR I

73

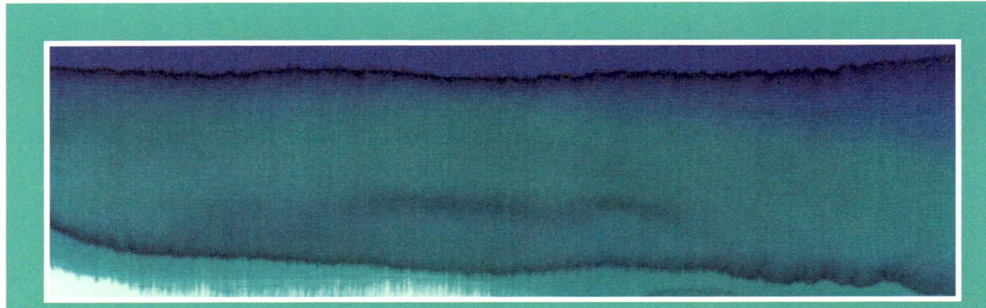

IF YOU SIT QUIETLY AND WATCH THE WATER ON A CALM DAY AS THE TIDE MOVES IN AROUND BOTH ENDS OF THE ISLE OF TARANSAY, THE FLAT SURFACE OF THE SEA BELIES THE FIERCE CONTEST THAT IS BEING FOUGHT BELOW BY THE OPPOSING CURRENTS.

THA TONNAN NA MARA DAONNAN A' GLUASAD NAN DÒIGH FHÈIN, IOMA-SHRUTHACH FON UACHDAR GED A BHIODH SÌTH GAN GIÙLAIN GU CLADACH.

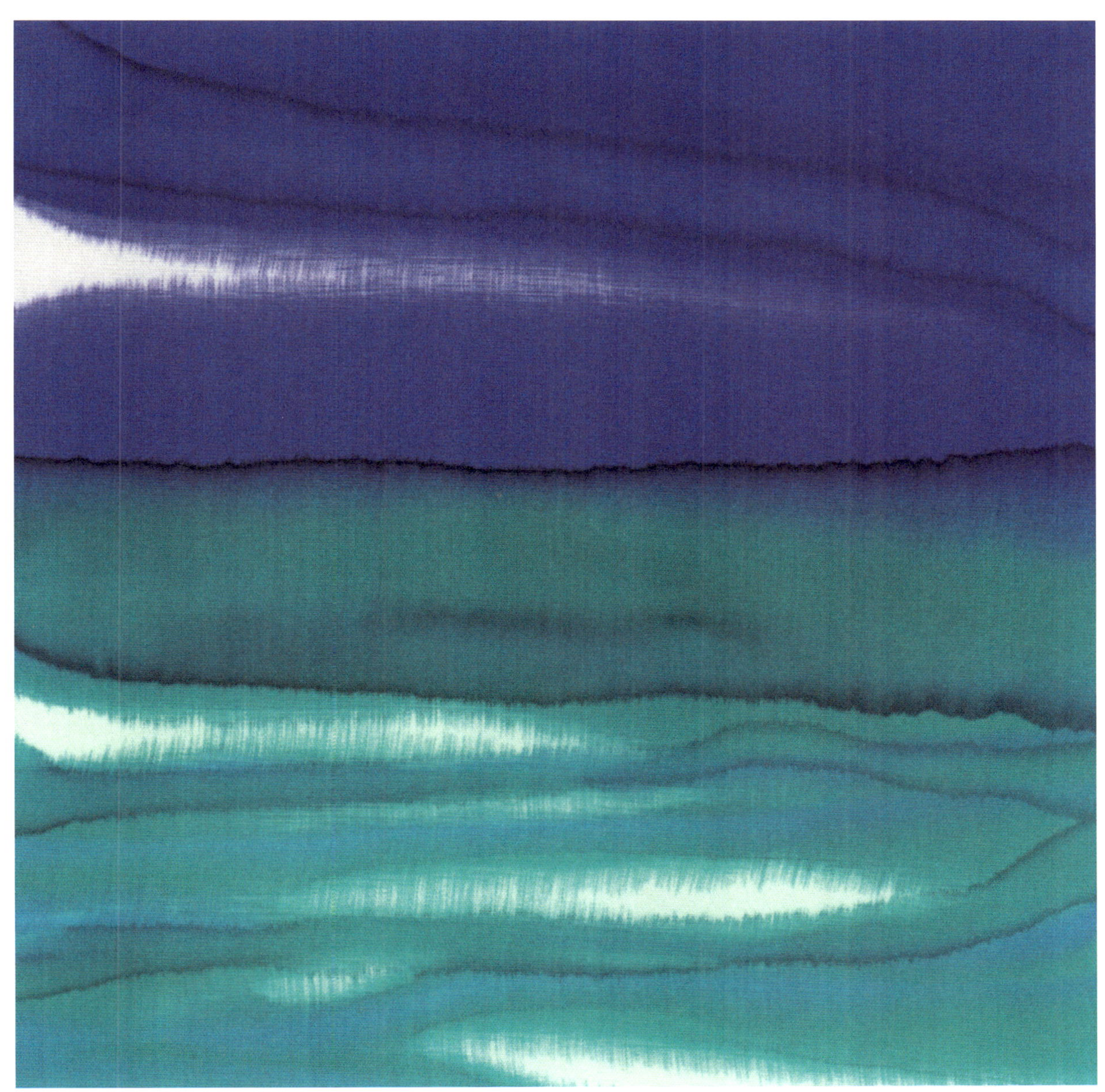

WAVES I: LESLEY WISEMAN :TONNAN I

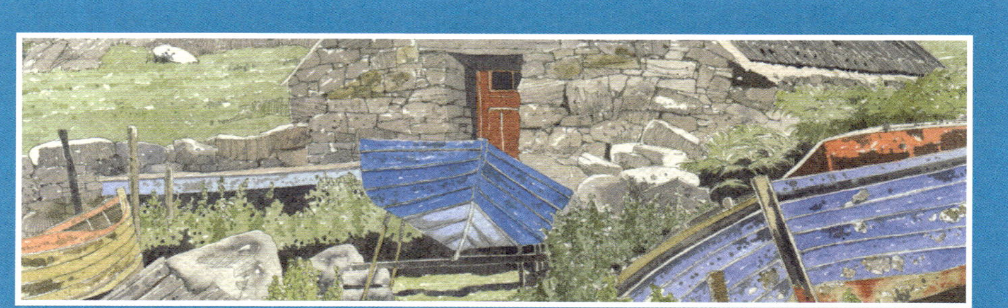

AT FIRST SITE, THIS IS A STRANGE PLACE FOR A BOATYARD. IT SITS ON THE
LANDWARD SIDE OF THE ROAD ABOVE THE HARBOUR AT STOCKINISH.
IT IS CERTAINLY MORE THAN A STONE'S THROW TILL YOU GET TO CLEAR
WATER. IT REMINDED ME OF MY GRANDFATHER'S BOATYARD IN A METAL
SHED BEHIND A CHURCH IN THE WEST HIGHLANDS, SOME DISTANCE
FROM THE COAST. ALONG THE COAST AT FLODABAY THERE'S ANOTHER
BOATYARD AND IT TOO IS NEXT TO THE ROAD AND NOT THE SEA.


THA NA GEÒLAICHEAN DATHACH SEO A' CUR AN DREACH FHÈIN AIR
A' CHLACHAIREACHD AGUS AIR AN FHEARANN MUN CUAIRT OS CIONN
A' CHIDHE ANN AN STOCAINIS. THUG SEO NAM CHUIMHNE MAR A BHIODH
MO SHEANAIR FHÌN AIR A' GHÀIDHEALTACHD A' CUMAIL A CHUID
GHEÒLAICHEAN ANN AN SEADA AIR CÙL EAGLAIS NACH ROBH IDIR RI
OIR NA MARA.

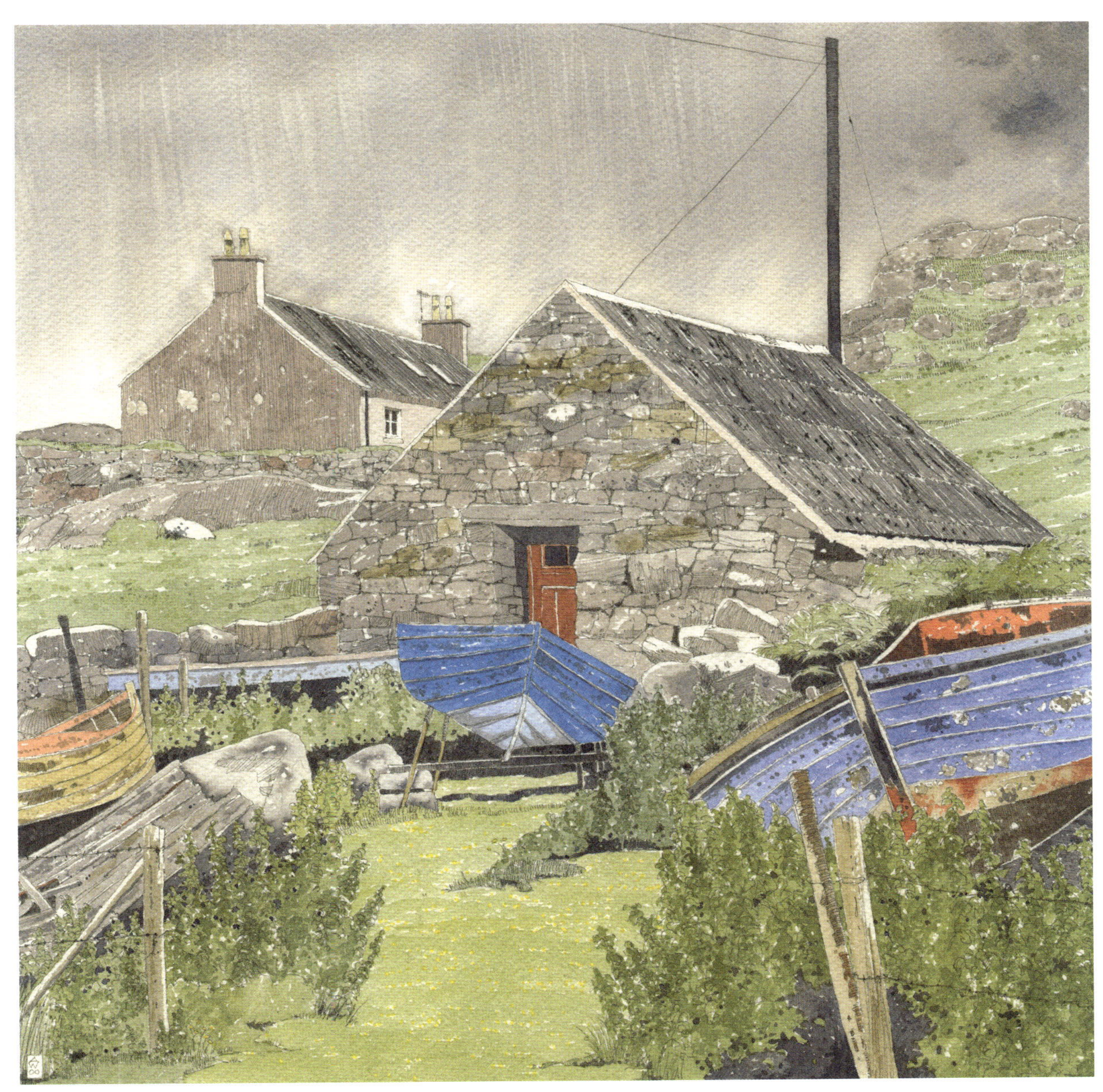

BOATYARD, STOCKINISH I: ALISDAIR WISEMAN :BÀTAICHEAN, STOCAINIS I

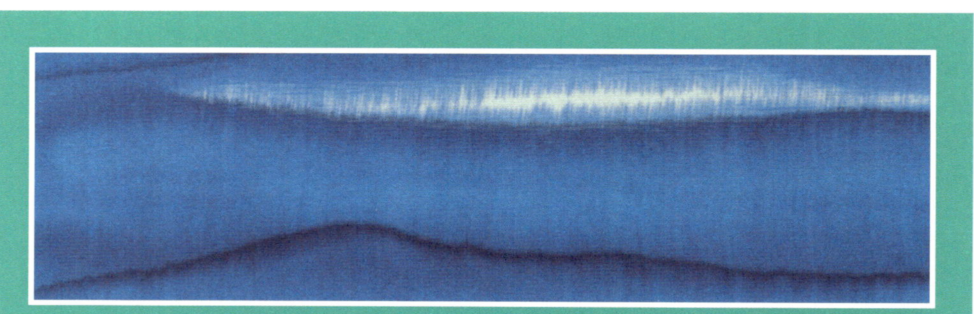

THERE IS A STRANGE, HAUNTING QUALITY TO THE LIGHT BETWEEN HARRIS AND THE ISLE OF SKYE. IT CAN BE CLEAR AND HAZY AT THE SAME TIME.  SKYE LOOKS SIMULTANEOUSLY CLOSE AT HAND AND YET VERY DISTANT. THERE ARE COUNTLESS PLACES ALONG THE GOLDEN ROAD, AND FROM THE TOPS BETWEEN MEAVAIG AND TARBERT, WHERE YOU CAN STOP FOR A FEW MOMENTS AND ABSORB THE VIEW.

CHÌ THU SOLAS A THA EADAR A BHITH CEÒTHACH AGUS SOILLEIR EADAR NA HEARADH AGUS AN T-EILEAN SGITHEANACH, GAD THÀLADH THUIGE ACH AIG AN AON ÀM GA CHUMAIL BHUAT. CHÌ THU SEALLAIDHEAN MAR SEO ANN AN IOMADH ÀITE EADAR AN TAIRBEART AGUS MIABHAG AGUS IS MATH AS FHIACH STAD GAN COIMHEAD.

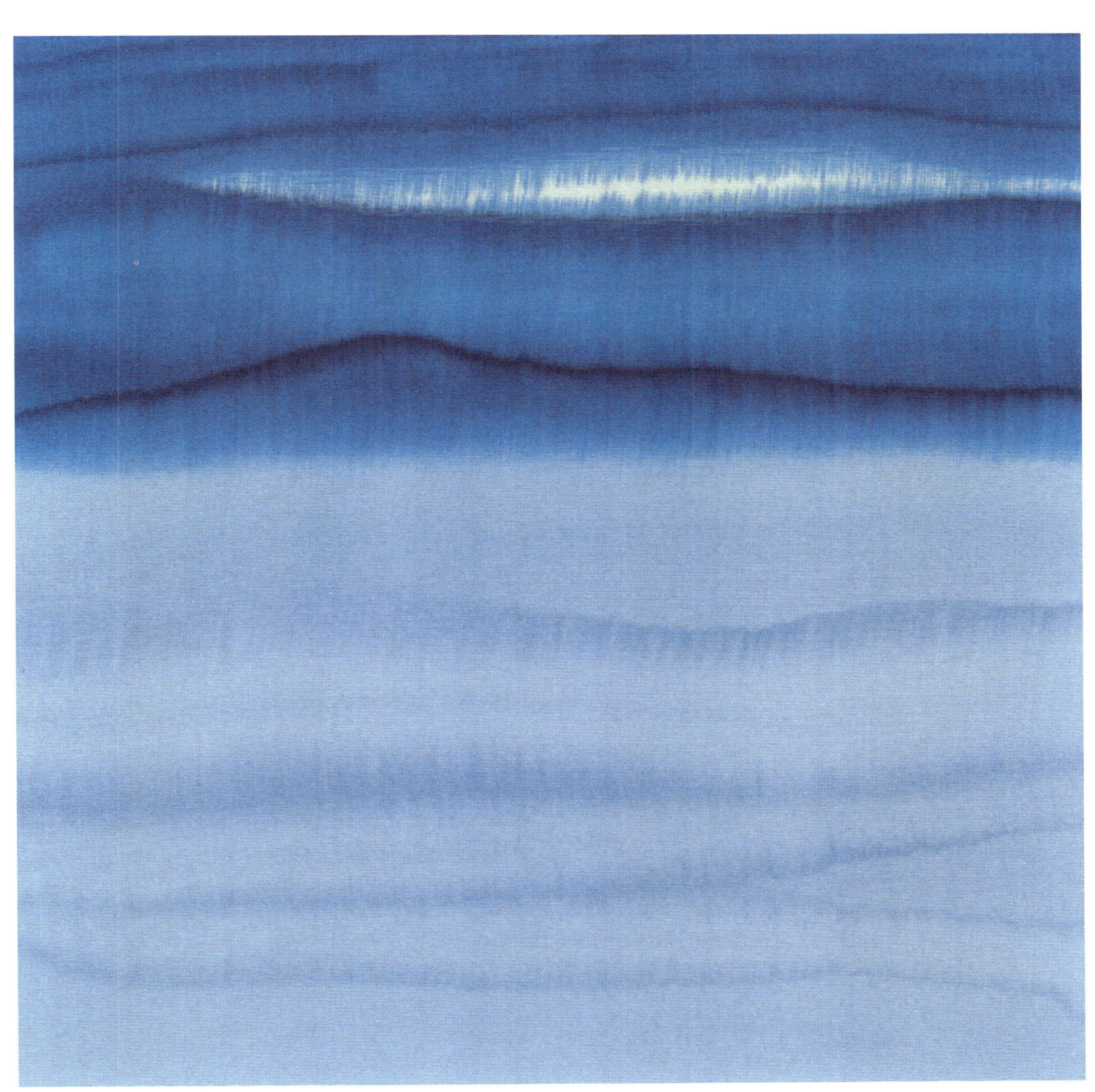

TOWARDS SKYE:  LESLEY WISEMAN  :CHUN AN EILEIN SGITHEANAICH

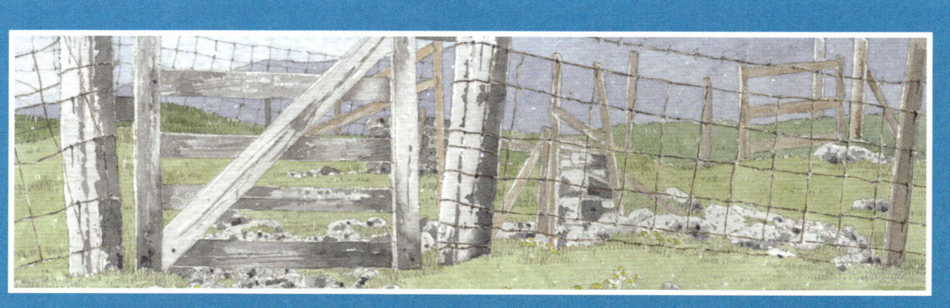

A FANK IS AN ENCLOSURE USED TO GATHER SHEEP TOGETHER FOR SHEARING. YOU WILL FIND THEM IN EVERY CONCEIVABLE CORNER OF HARRIS. MANY, SUCH AS THIS ONE, LOOK AS THOUGH THEY HAVE BEEN THERE FOR CENTURIES. ON ONE OCCASION I WATCHED A SHEEP THAT SEEMED TO BE PICKING ON ONE OF THE OTHERS IN THE FANK. IT CAME ALONGSIDE AND BUTTED IT HARD. I ASKED THE CROFTER WHY THIS WAS AND HE REPLIED, "THERE'S A QUESTION," AND WENT ABOUT HIS WORK.

THA FAINGEAN RIM FAIGHINN AIR FEADH NA HEARADH AGUS 'S ANN A CHANADH TU GUN ROBH IAD ANN BHO RIAMH. MAR A THA IAD A' FIGHE A-STEACH DHAN FHONN MUN CUAIRT. AON UAIR CHUNNAIC MI CAORA SAN FHAING A' BUALADH TÈILE LE A CEANN. NUAIR A DH'FHAIGHNICH MI DHAN CHROITEAR CARSON A BHA SIN, FHREAGAIR E, "SIN AGAD CEIST," AGUS CHÙM E AIR AG OBAIR.

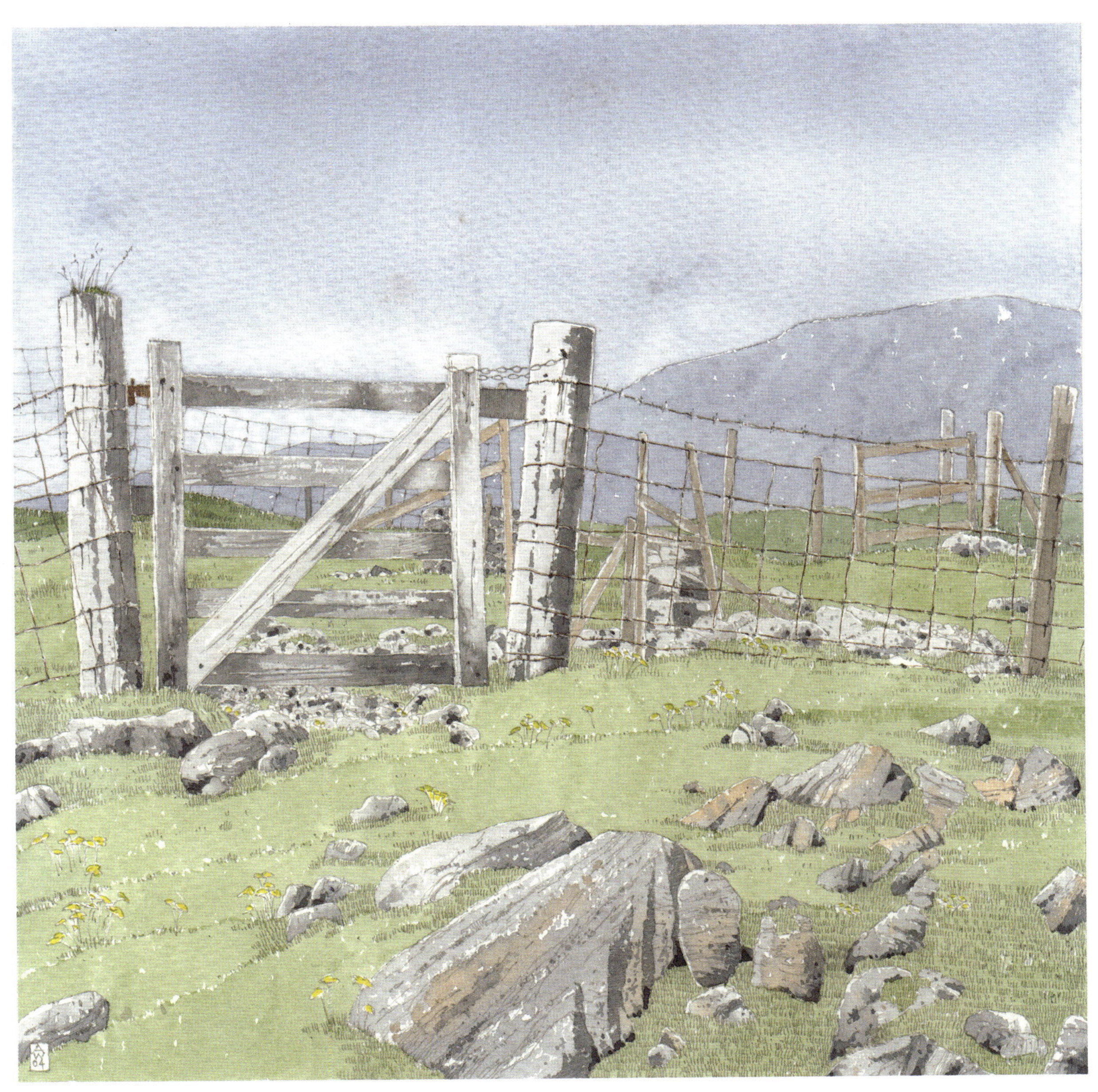

THE FANK, SEILEBOST: ALISDAIR WISEMAN :AN FHAING, SEILEABOST

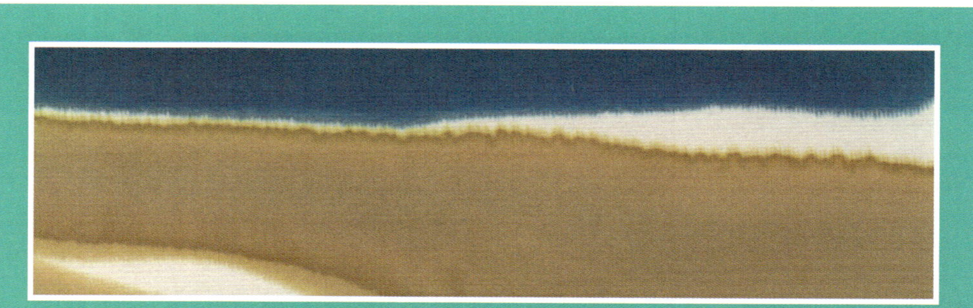

HARRIS IS A PLACE OF BIG VIEWS. THE MOUNTAINS LOOK AS IF THEY RISE STRAIGHT OUT OF THE SEA, WITH GREAT TRACTS OF LOCH-SPECKLED MOORLAND AND UNENDING BEACHES. THIS VIEW OF HARRIS IS NOWHERE IN PARTICULAR AND YET TRIES TO CAPTURE EVERYWHERE IN GENERAL.

THA AN DEALBH SEO A' COMHARRACHADH NA HEARADH NA UILE GHLÒIR, MAR GUM BIODH BEANNTAN AG ÈIRIGH ÀS A' MHUIR AGUS GAD CHUMAIL ANN AN GLAIC AN LÀIMHE. CHAN EIL AN DEALBH DE DH'ÀITE SÒNRAICHTE ACH THA E AN DÈIDH SIN A' FEUCHAINN RI OIDHIRP A DHÈANAMH AIR BLAS A THOIRT AIR NA HEARADH GU H-IOMLAN.

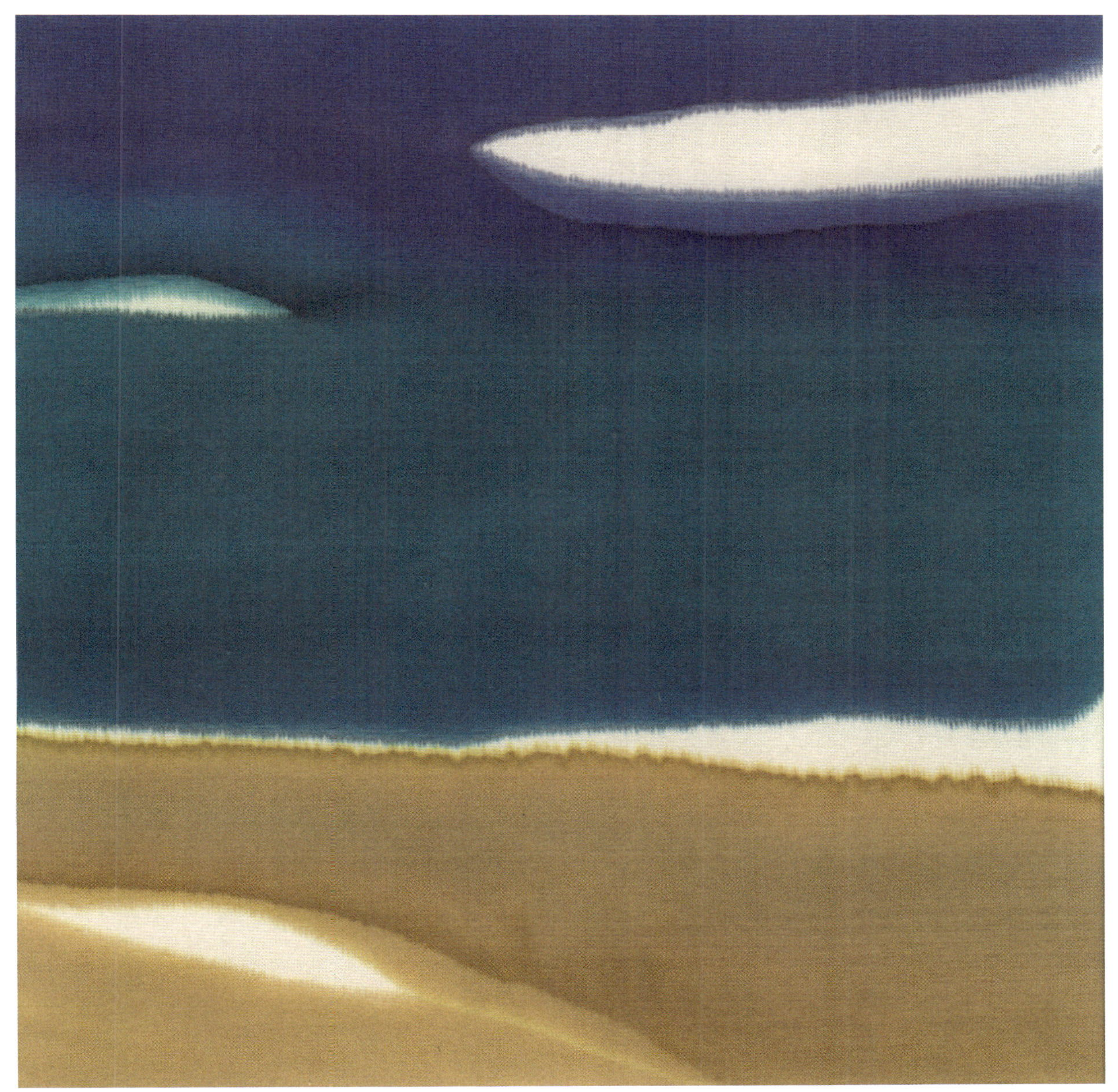

HARRIS III:  LESLEY WISEMAN  :NA HEARADH III

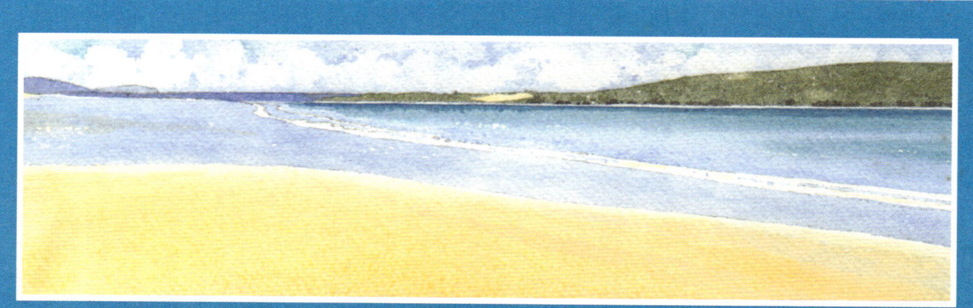

THE BEACH AT LUSKENTYRE HAS FREQUENTLY APPEARED ON LISTS OF
THE TOP BEACHES IN THE WORLD. IT IS NOT HARD TO UNDERSTAND WHY.
THE FIRST VIEW GIVES THE IMPRESSION THAT THE BEACH MUST STRETCH
ALL THE WAY TO THE HORIZON.  EVEN IN THE HEIGHT OF SUMMER
LUSKENTYRE IS NEVER BUSY. ON ONE DAY IN JULY, WE COUNTED FORTY
VEHICLES IN THE CAR PARK AND YET THERE WAS PLENTY ROOM FOR
US ALL.


THA TRÀIGH LOSGAINTÌR AIR TÈ CHO EIREACHDAIL 'S A CHITHEADH TU,
SAOILIDH TU NACH EIL CRÌOCH OIRRE. THA AN TRÀIGH SEO TRIC AIR A
COMHARRACHADH MAR THÈ DHE NA TRÀIGHEAN AS BÒIDHCHE AIR AN
T-SAOGHAL. THA E FURASTA FHAICINN CARSON. GED A BHIOS BARRACHD
DHAOINE GA TADHAL AS T-SAMHRADH, THA PAILTEAS RÙIM OIRRE DHAN
H-UILE DUINE.

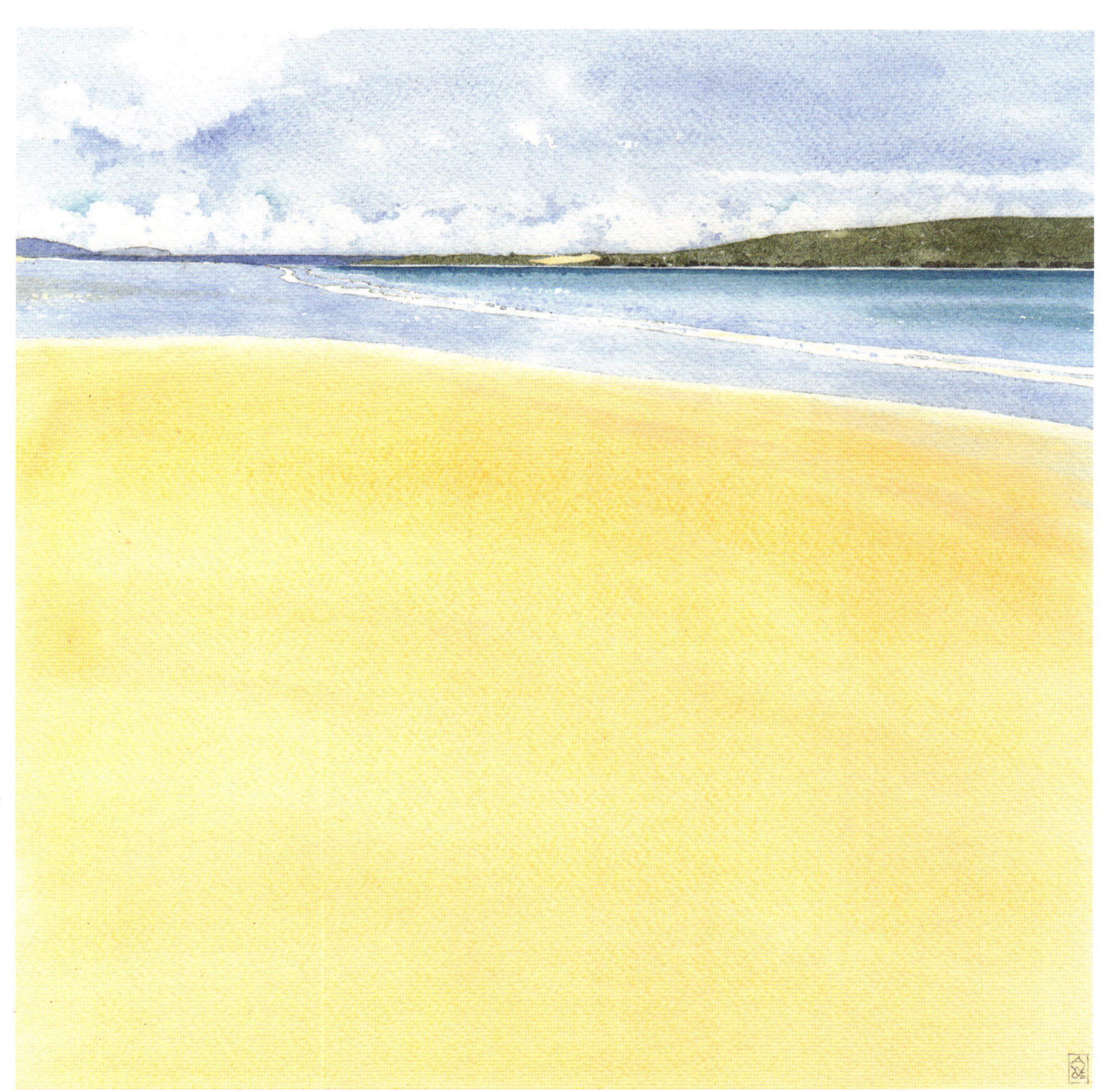

LUSKENTYRE 1: ALISDAIR WISEMAN  :TRÀIGH LOSGAINTÌR 1

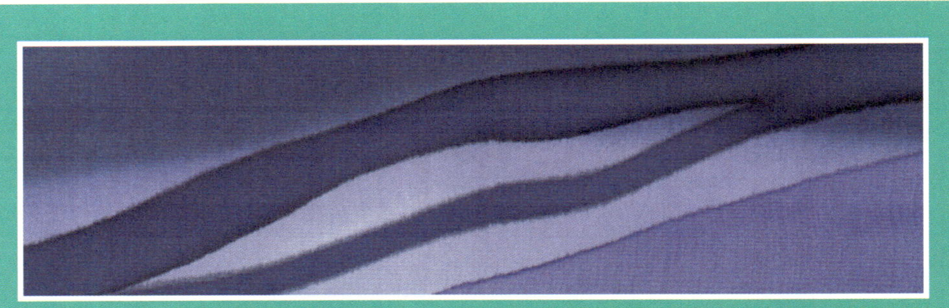

THERE IS A CALM BEFORE MANY OF THE STORMS IN HARRIS, FOR WHICH THERE MUST BE SOME METEOROLOGICAL REASON. THE NOISE OF THE WIND DISAPPEARS, THE WATER STANDS TO ATTENTION, THE AIR FEELS CHARGED AND THEN THE HEAVENS OPEN. IT IS A TRULY AMAZING EXPERIENCE TO BE OUTSIDE AT THIS TIME.

AITHNICHIDH TU GU BHEIL STOIRM AN IMPIS TIGHINN LE MAR A THA NA NEÒIL GAN ULLACHADH FHÈIN AIRSON FOSGLADH AGUS A' GHAOTH MAR GUM B' ANN A' FEITHEAMH RI ÈIRIGH. THA E IONGANTACH A BHITH AIR A' CHOIS A-MUIGH AIG A LEITHID DE DH'ÀM.

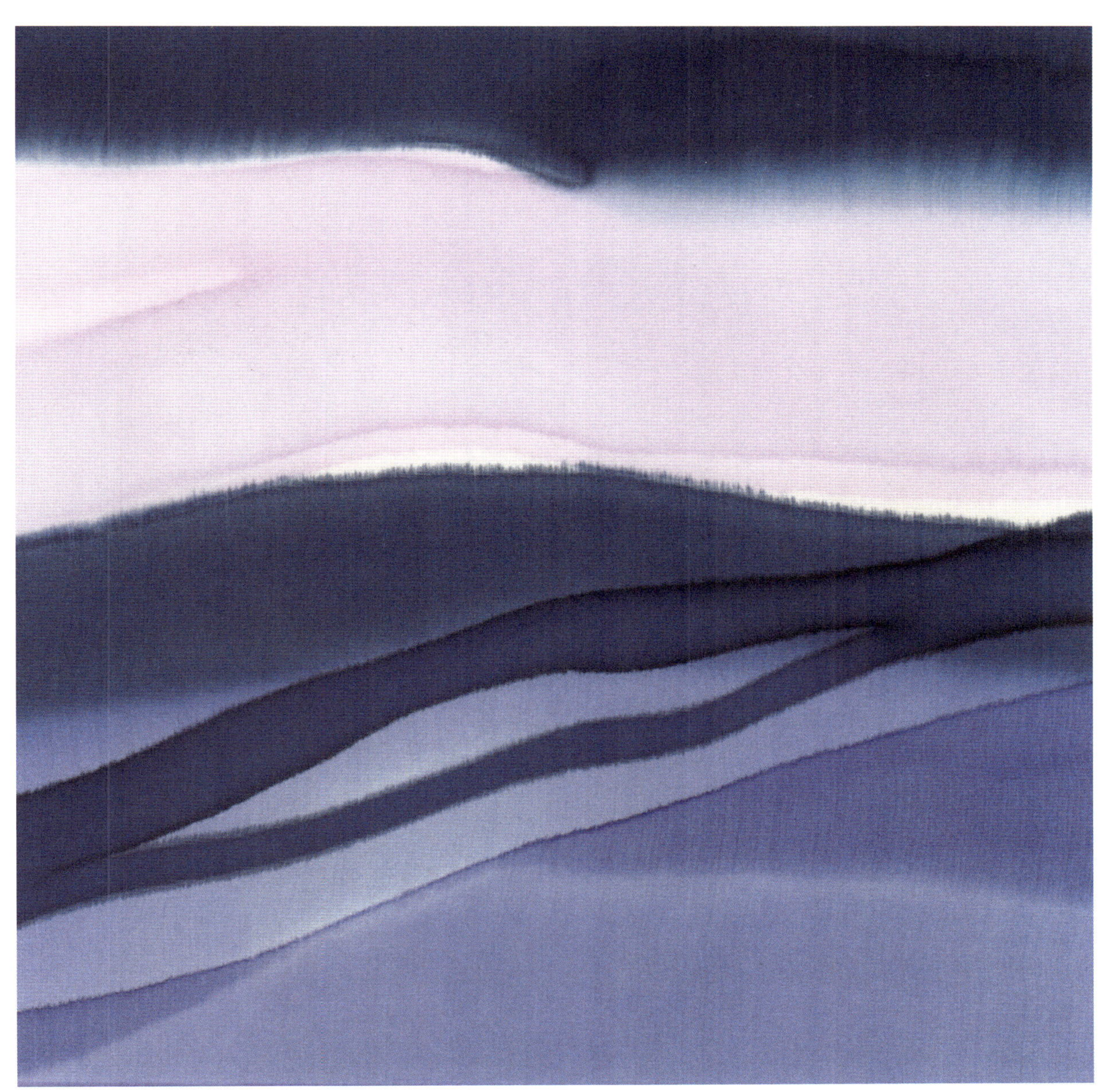

CALM BEFORE THE STORM: LESLEY WISEMAN :DÙIL RI STOIRM

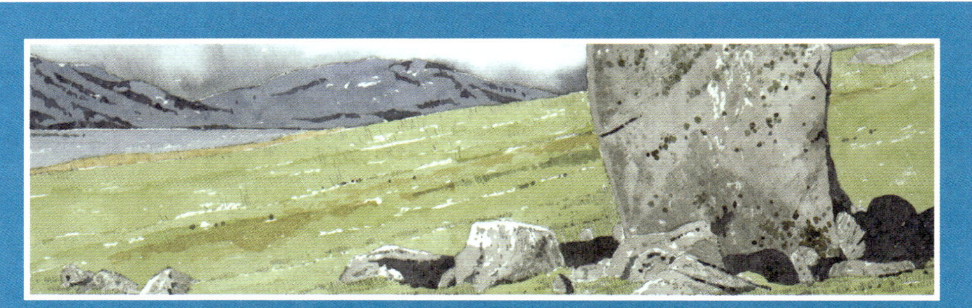

MACLEOD'S STONE STANDS LIKE A SENTINEL ON A HEADLAND ABOVE TRAIGH IAR AT HORGABOST, SOMETHING IT IS RECKONED TO HAVE DONE FOR 5,000 YEARS OR MORE. WHO KNOWS WHAT IT HAS SEEN OVER THIS IMMENSE PERIOD OF TIME? IT IS ONE OF THE MANY PLACES ON THE ISLAND WHERE YOU GET A REAL SENSE OF HISTORY.

CLACH MHICLEÒID, AOSMHOR LE CÒINNEACH THAR NAN LINNTEAN – SÌN DO LÀMH AGUS FAIRICH A MAISE. NACH IOMADH ATHARRACHADH A CHUNNAIC I! 'S E ÀITE EILE THA SEO FAR AM FAIRICH THU CHO FÌOR AOSMHOR 'S A THA EILEAN NA HEARADH.

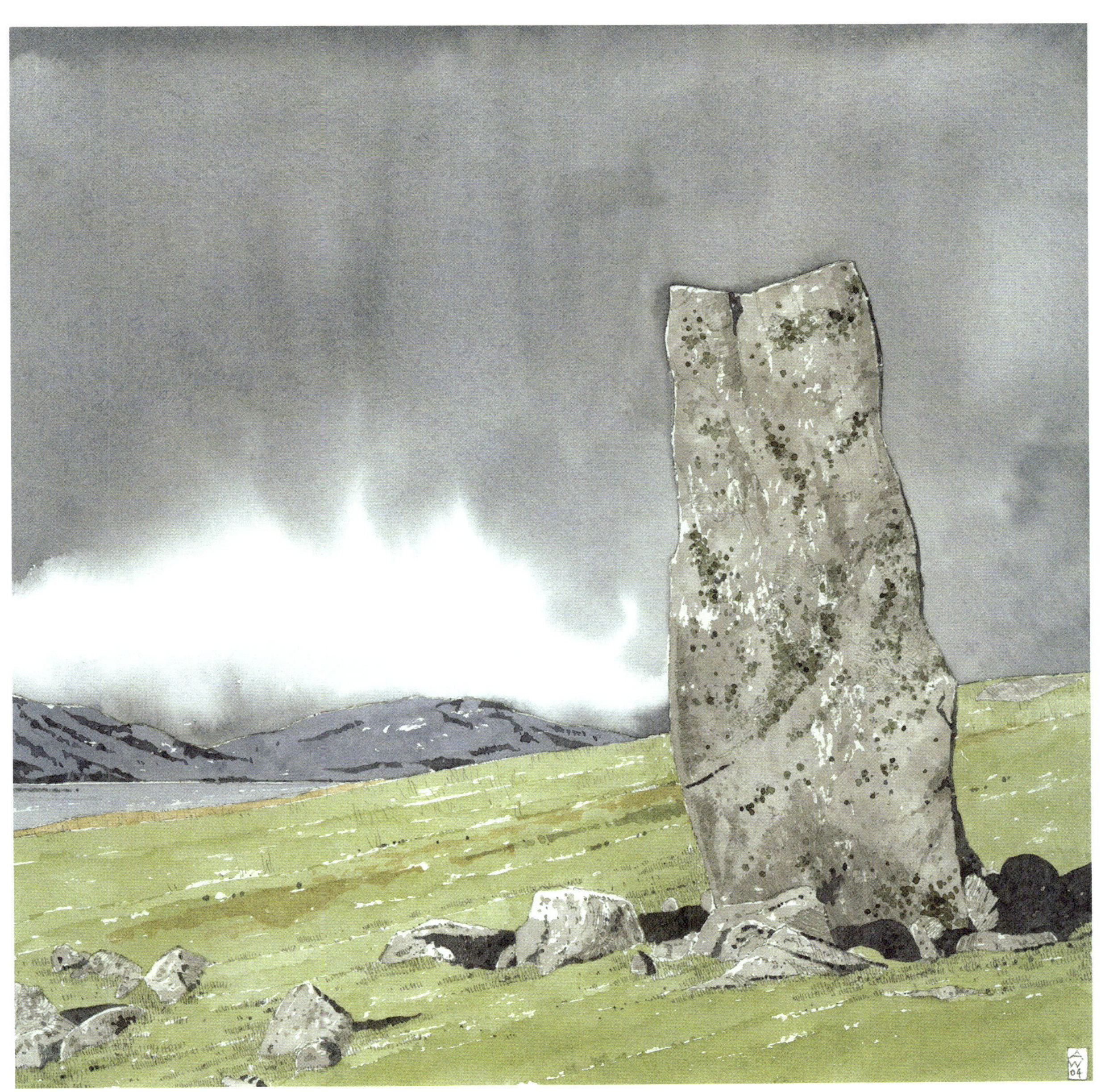

MACLEOD'S STONE I:  ALISDAIR WISEMAN  :CLACH MHICLEÒID I

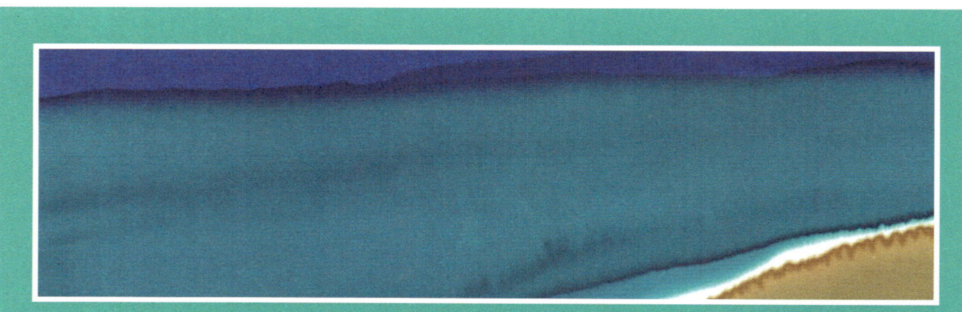

THE ISLAND OF TARANSAY FORMS PART OF THE VIEW FROM MOST VANTAGE POINTS ON THE WEST COAST, AND IT LOOKS SO DIFFERENT FROM EACH ONE. IT IS HARRIS IN MINIATURE – A PLACE THAT CALLS OUT TO BE VISITED. EACH SUMMER, FIDDLERS FROM AROUND THE WORLD GATHER TO PLAY AND TO EXCHANGE STORIES.

THA EILEAN THARASAIGH A' TOIRT SEALLADH ÀS ÙR DHUT A RÈIR 'S DÈ AN TAOBH BHOM FAIC THU E. THA E MAR GUM BIODH NA HEARADH GU H-IOMLAN AN GLAIC DO LÀIMHE. SAOILIDH TU GUR ANN A THA E A' CUR FURAN ORT GA IONNSAIGH. A H-UILE SAMHRADH BIDH FÌDHLEIREAN BHO AIR FEADH AN T-SAOGHAIL A' CRUINNEACHADH AN SEO, A CHLUICH AGUS A MHEASGACHADH.

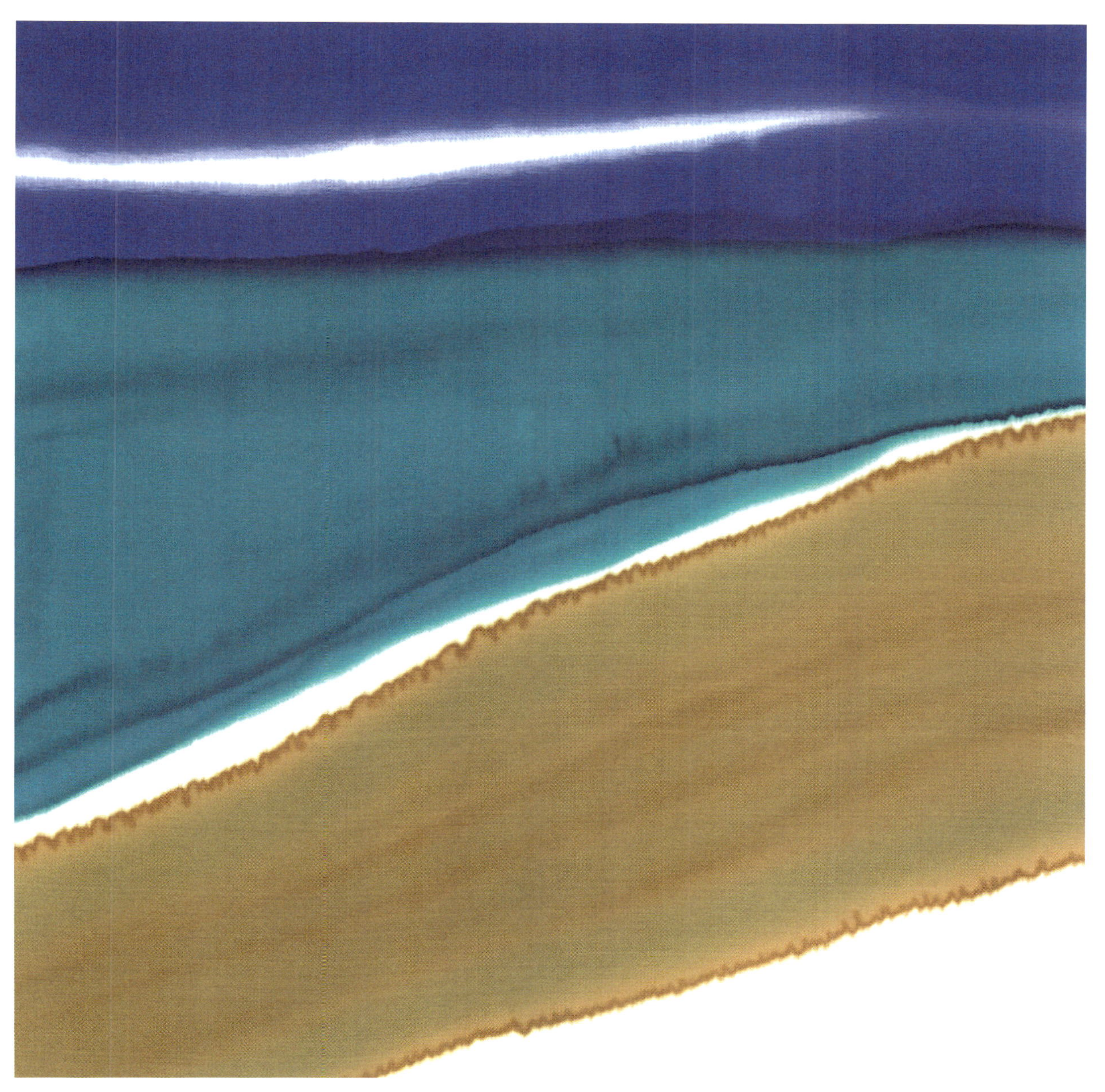

TARANSAY I: LESLEY WISEMAN :TARASAIGH I

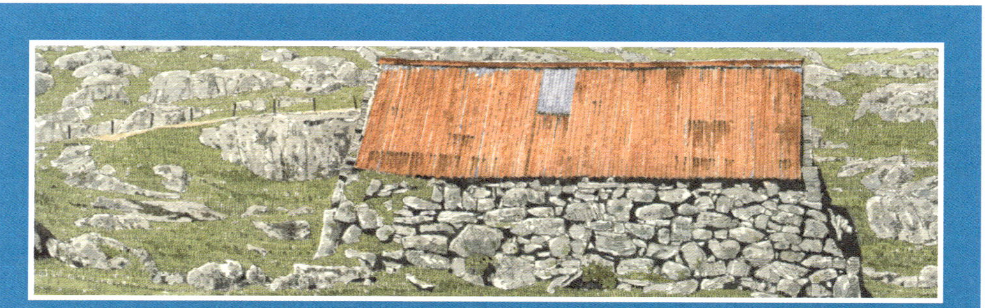

THIS BEAUTIFUL BYRE IS JUST DOWN THE HILL FROM THE MAIN ROAD AT MANISH.  IT HAS CLEARLY BEEN THERE FOR A LONG TIME - MUCH LONGER THAN THE RUSTY OLD CORRUGATED IRON ROOF, WHICH WAS PROBABLY A RECENT ADDITION SOME 60 OR MORE YEARS AGO. THE CHEERFUL BRIGHT RED DRAWS THE EYE.

THA MAC AN DUINE, MAR AS DUAL, AIR A DHREACH FHÈIN A THOIRT AIR AN ÀRAINNEACHD SEO SÌOS AN LEATHAD BHON RATHAD MHÒR A' DOL SEACHAD AIR MÀTHANAIS. THA A' BHOTHAG FHÈIN GU MATH NAS SINE NA AM MULLACH DATHACH A THARRAINGEAS DO SHÙIL.

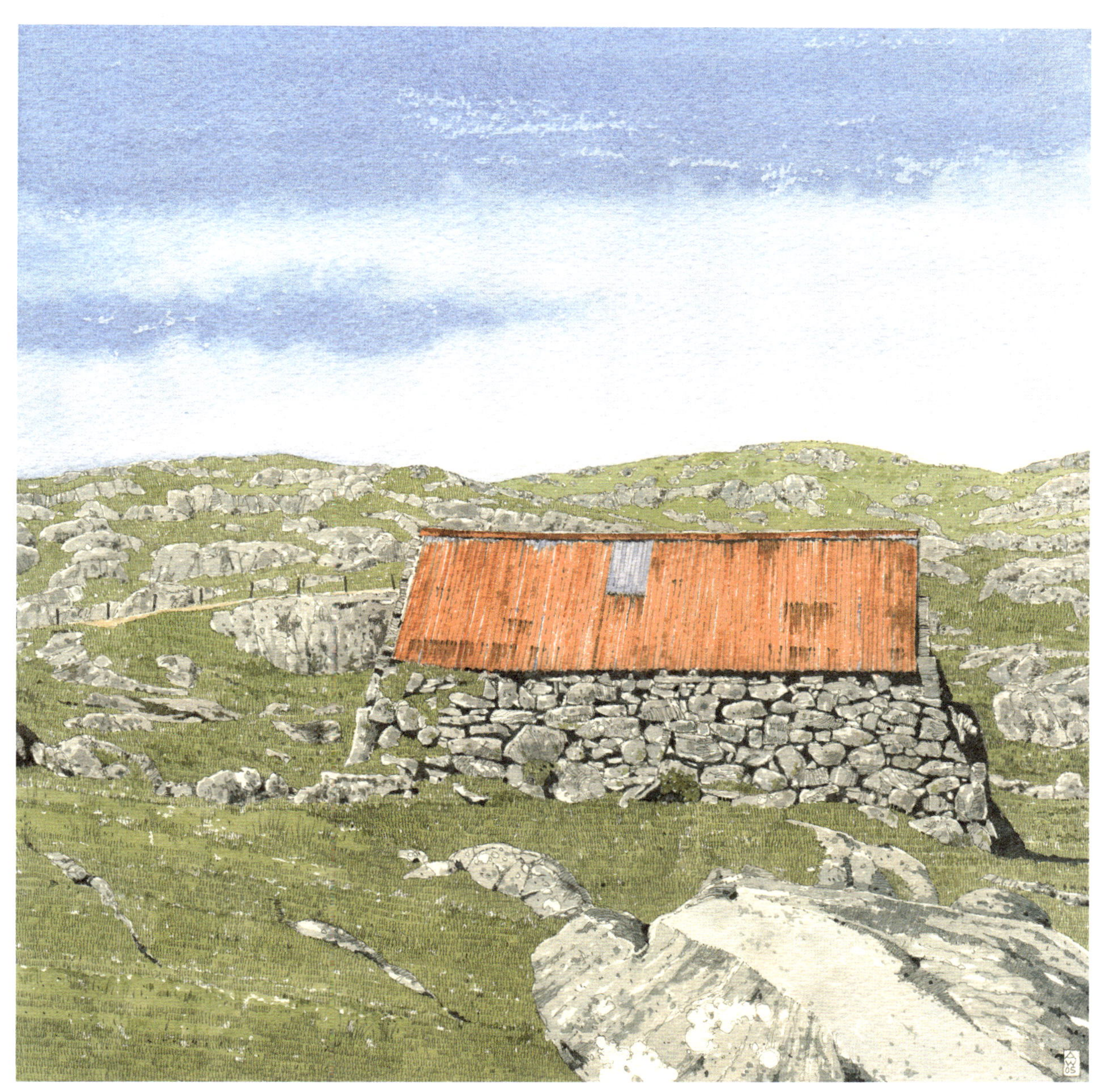

BYRE, EAST HARRIS: ALISDAIR WISEMAN :BÀTHACH, AN TAOBH SEAR

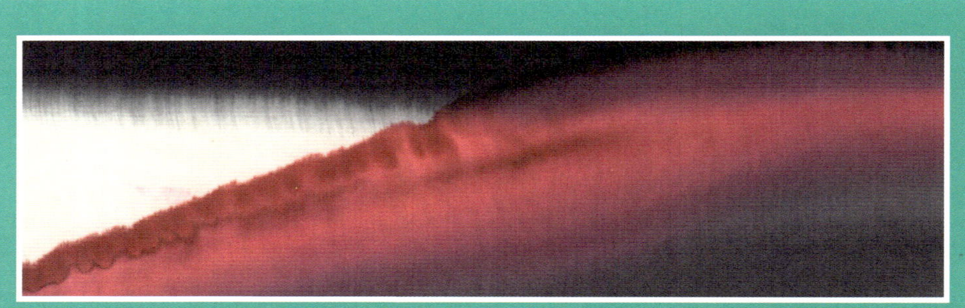

THE NOTION OF A RED SKY AT NIGHT BEING A SHEPHERD'S (SOME SAY SAILOR'S) DELIGHT ISN'T JUST AN OLD WIVES' TALE. IT HAS SOME BASIS IN SCIENCE AND IS A FAIRLY RELIABLE INDICATOR OF GOOD WEATHER, INDICATING HIGH AIR PRESSURE AND GOOD WEATHER COMING IN FROM THE WEST.

NAM BIODH AN T-ADHAR DEARG AIR AN FHEASGAR BHA AR N-ATHRAICHEAN GA FHAICINN MAR CHOMHARRA GUN ROBH AIMSIR MHATH A' TEACHD. BIDH NA H-EÒLAICHEAN AG RÀDH GU BHEIL BUN FÌRINN SA BHEACHD SIN OIR THÈID PREISIUR NA H-ÀILE AN-ÀIRDE AGUS NOCHDAIDH SÌDE MHATH BHON IAR.

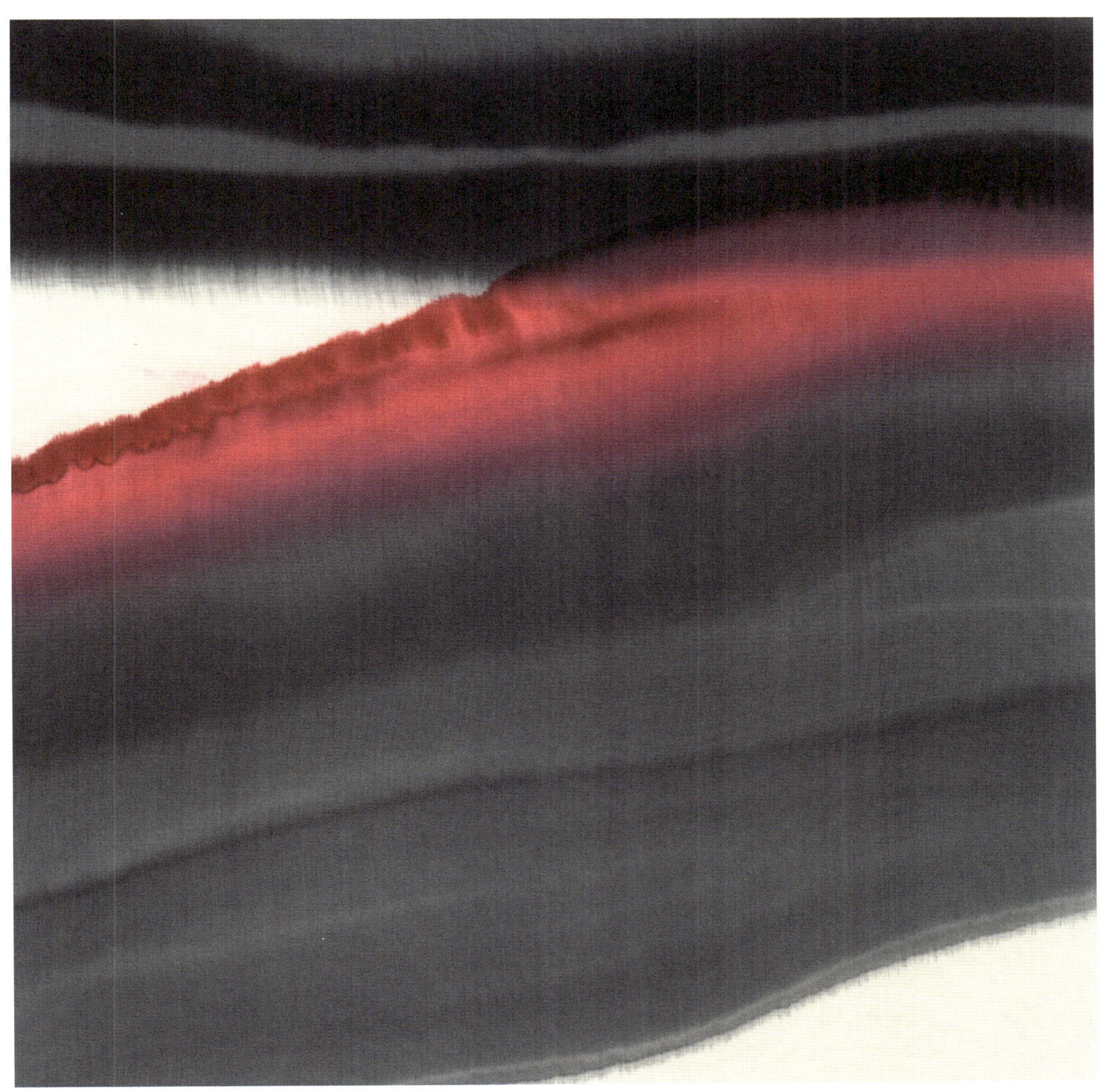

SHEPHERD'S DELIGHT II: LESLEY WISEMAN :DÙIL RI AIMSIR MHATH II

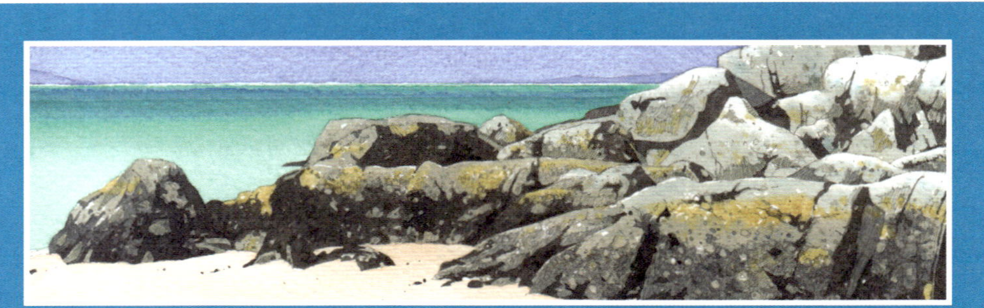

THE BEACH AT LUSKENTYRE IS ON EVERYONE'S LIST OF MUST-DOS WHEN THEY COME TO HARRIS. BUT DON'T RUSH PAST ALL THE WONDERFUL AREAS OF SAND AND ROCK THAT ARE BESIDE THE ROAD ALONG THE WAY. HERE, AS THE TIDE SLIDES QUIETLY IN, IT CONDUCTS THE WARMTH OF THE SAND CREATING AN ENORMOUS PADDLING POOL. SIT ON THE ROCKS AND ENJOY THE TROPICAL COLOURS!

THA CLADAICHEAN BEAGA CÀILEAR EILE TIMCHEALL LOSGAINTIR. LORGAIDH TU IAD MA GHABHAS TU AIR DO SHOCAIR AGUS MA CHUMAS TU SÙIL A-MACH. AN SEO, MAR A THA AN LÀN A' TIGHINN A-STEACH AIR A SHOCAIR THA E A' BLÀTHACHADH NA GAINMHICH AGUS A' CRUTHACHADH LÒN MÒR SAM FAOD THU DO CHASAN A BHOGADH.

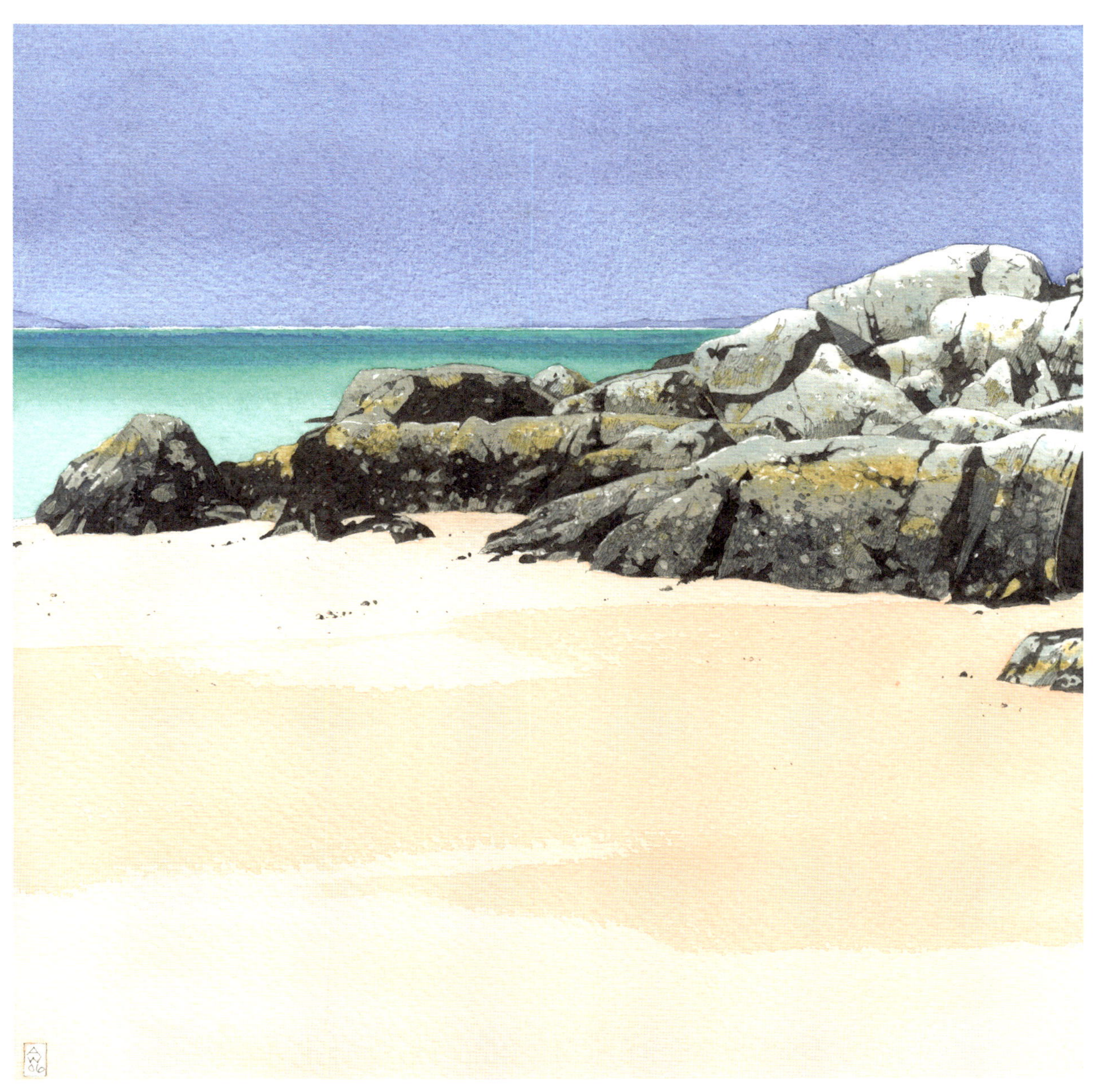

TOWARDS LUSKENTYRE I: ALISDAIR WISEMAN :A' TIGHINN GU LOSGAINTIR I

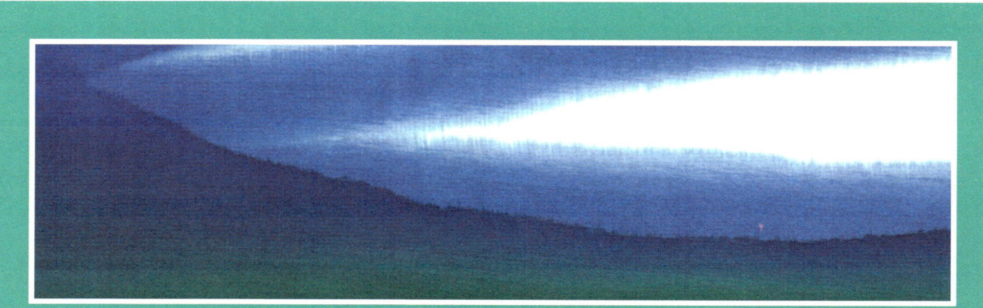

TOE HEAD IS AT THE ATLANTIC EDGE OF THE MASS OF LAND, DOMINATED BY CEAPABHAL (PRONOUNCED CAPE-A-VAL), WHICH RISES DIRECTLY OUT OF THE SAND BEYOND SCARISTA. THE MOUNTAIN CREATES ITS OWN LOCAL WEATHER SYSTEMS AND THE LIGHT PLAYS STRANGE TRICKS. SOMETIMES, THE MOUNTAIN SEEMS TO FLOAT.

'S MATH AS FHIACH GOB AN TOBHA FAISG AIR CEAPABHAL A THADHAL. THA A' BHEINN A' TOIRT BUAIDH AIR AN AIMSIR AGUS A' TOIRT DHUINN SOLAS ANNASACH AIR DHÒIGH 'S GU SAOIL THU GUR ANN A THA A' BHEINN A' SNÀMH.

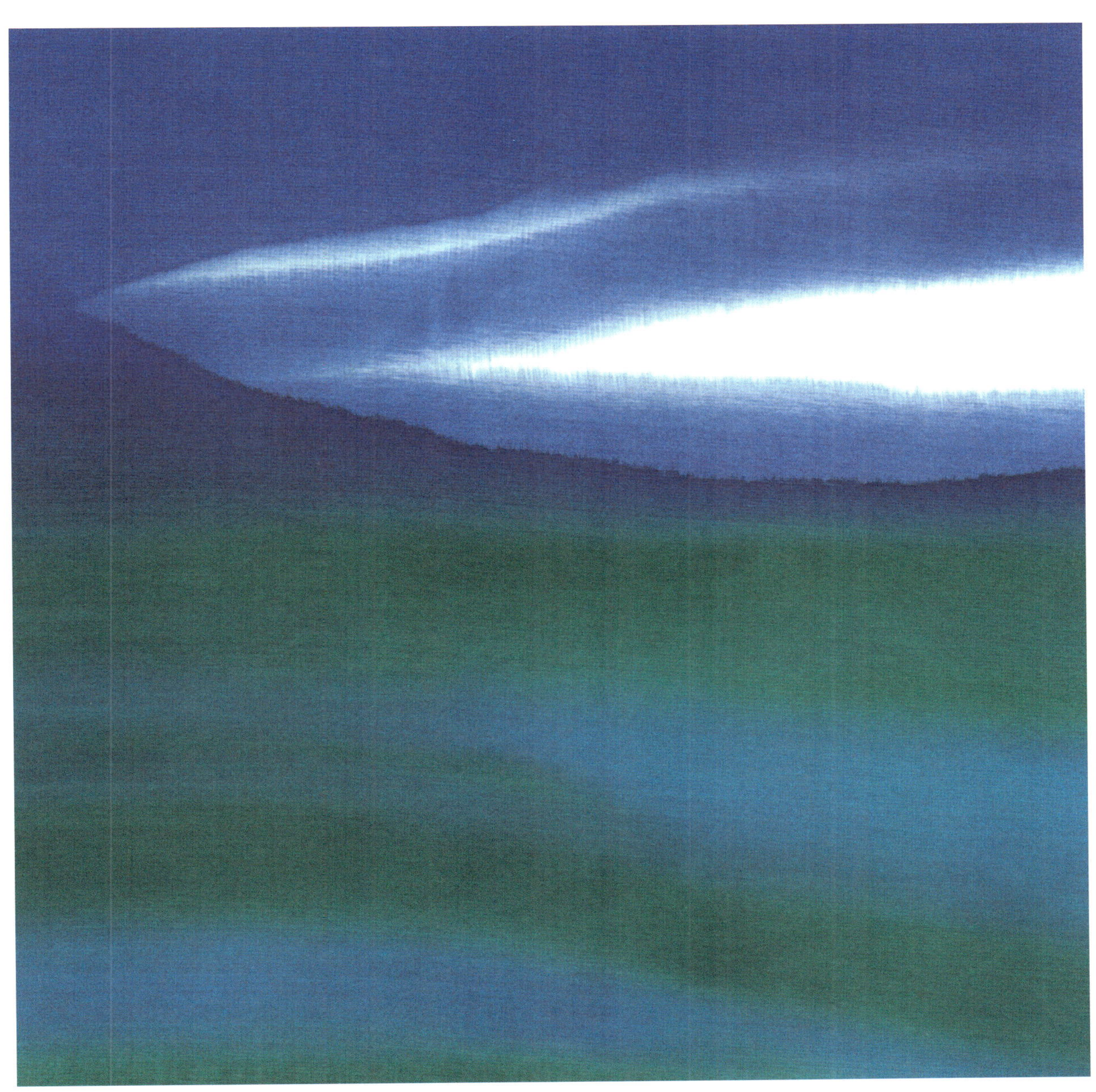

TOE HEAD II: LESLEY WISEMAN :GOB AN TOBHA II

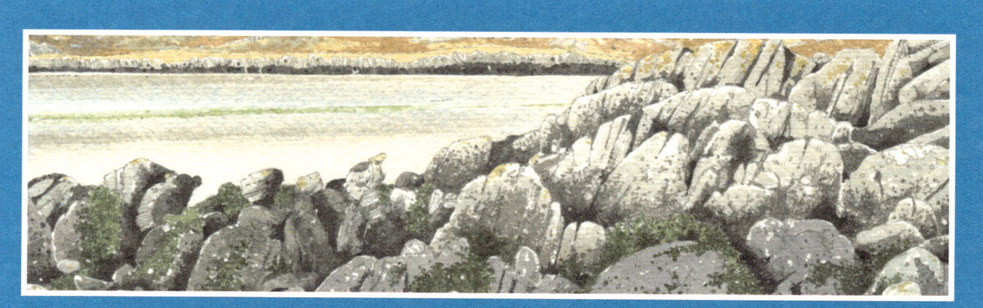

THERE IS A NATURALIST'S PARADISE AT THE EASTERN END OF TRAIGH LUSKENTYRE. IT HAS BEEN DESIGNATED AS A SITE OF SPECIAL SCIENTIFIC INTEREST. FROM THESE ROCKS, YOU CAN SEE GOLDEN EAGLES SOARING ABOVE THE CARRAN AND WADERS SCOURING THE WATER MARGIN. YOU MIGHT GLIMPSE A SEA TROUT OR AN OTTER LOOKING FOR DINNER.

CHAN EIL DEIREADH AIR NA THA SNA HEARADH DE THRÀIGHEAN. ÀS AN SEO CHÌ THU IOLAIREAN, AGUS 'S DÒCHA BÀNAG, NO BIAST-DHUBH AN TÒIR AIR BIADH SA CHLADACH, AGUS EÒIN-MHARA A' SPÀGAIL SAN UISGE. 'S E IONAD DE SHÙIM SHÒNRAICHTE SHAIDHEANSAIL A THA SEO.

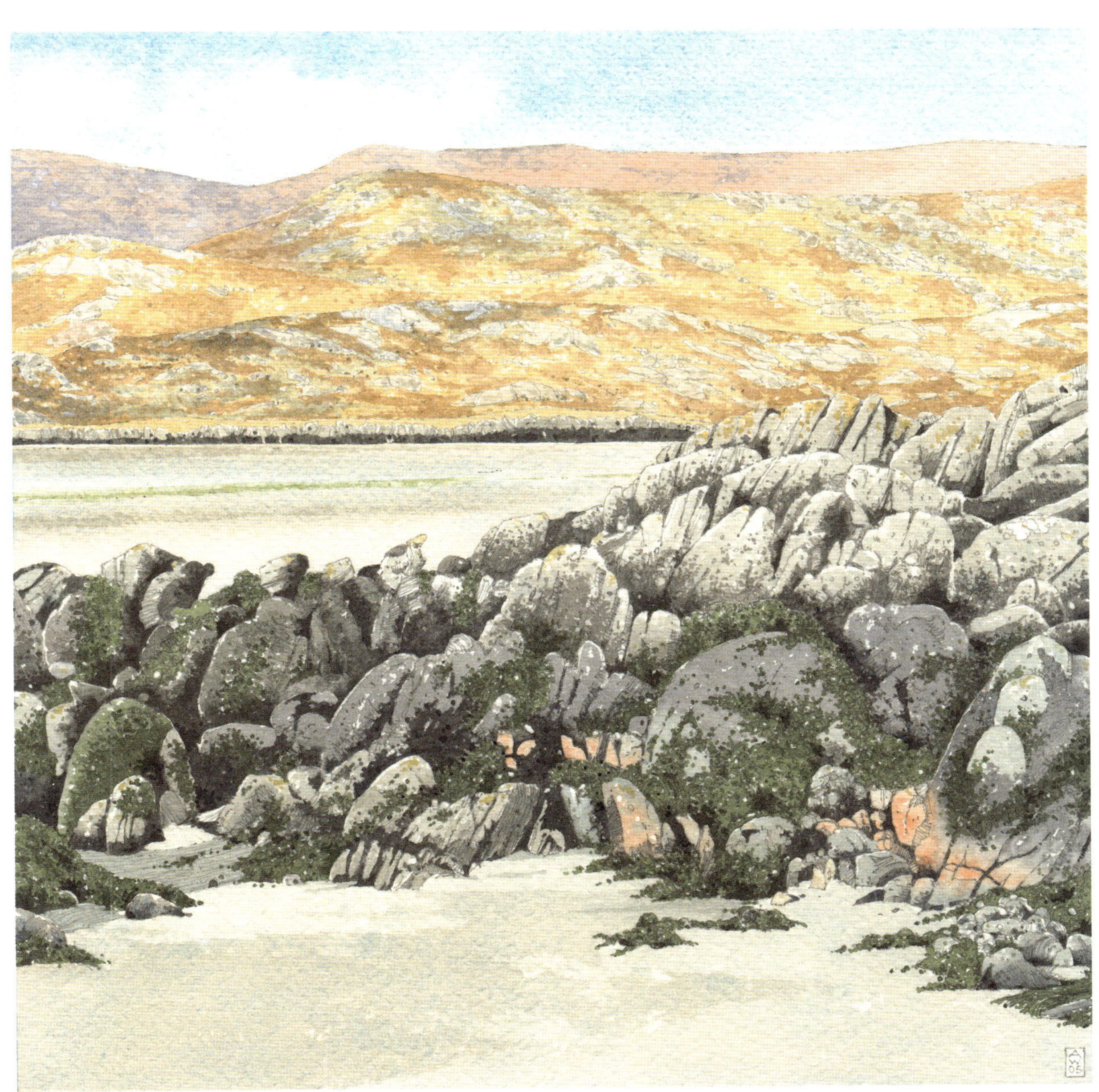

TRAIGH SEILEBOST II: ALISDAIR WISEMAN :TRÀIGH SHEILEABOIST II

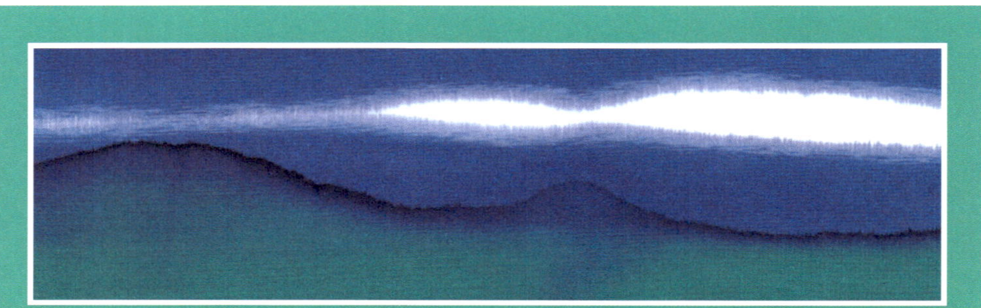

NORTH HARRIS IS THE MOST MOUNTAINOUS AREA OF THE ISLAND. THE ROAD TO AMHUINNSUIDHE CASTLE AND HUSHINISH TAKES YOU PAST THE ROOTS OF THESE MOUNTAINS, THE TALLEST OF WHICH IS THE CLISHAM AT 2,622 FEET. ONE OF THE BEST PLACES TO APPRECIATE THIS WILD GRANDEUR IS FROM THE BEACH AT LUSKENTYRE. LOOKING PAST THE NORTH-WESTERN END OF TARANSAY, YOU GET A TRUE SENSE OF THE EXTRAORDINARY FORCES THAT MOULDED THIS LANDSCAPE.

THA NA BEANNTAN 'S NA TRÀIGHEAN A' DOL NAN AONAN NUAIR A THA THU GAM FAICINN BHO THRÀIGH LOSGAINTIR, A' TOIRT A-STEACH ORT BÒIDHCHEAD A' CHRUTHACHAIDH, 'S MAR A THÀINIG AN TÌR GU BHITH MAR A THA I.

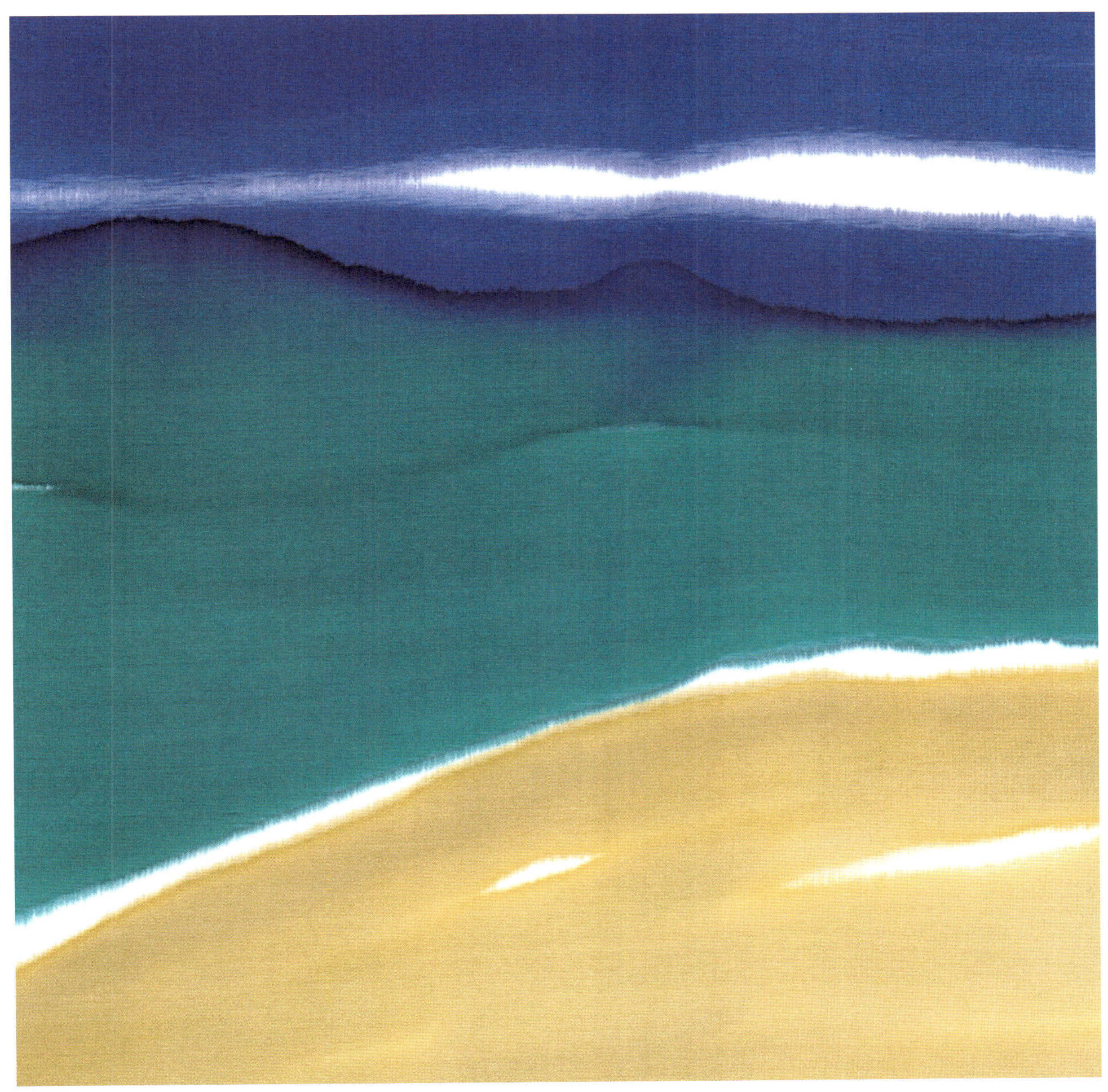

TOWARDS NORTH HARRIS I: LESLEY WISEMAN :SÙIL GU TUATH 1

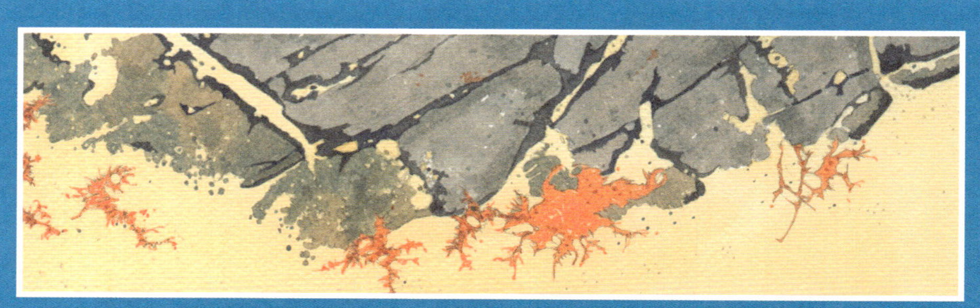

WHEN FACED WITH THE MAGNIFICENT EXPANSE OF SAND AND SEA THAT IS THE BEACH AT SCARISTA, YOU WOULD BE FORGIVEN IF THAT WAS ALL YOU SAW. HOWEVER, EVERY BIG PICTURE IS COMPOSED OF A MULTITUDE OF SMALL PICTURES. JUST AS A SCIENTIST PEERS THROUGH A MICROSCOPE TO DISCOVER THE TRUE NATURE OF SOMETHING, SO TOO CAN WE CAST OUR EYES DOWNWARDS AND EXPLORE THE MANY PATTERNS IN THE ROCK AND SAND. YOU MIGHT EVEN FIND REAL TREASURE – GARNETS ARE IMPRISONED IN SOME OF THE STONES.

BHON A THA TRÀIGH SGARASTAIDH FARSAING THA E FURASTA GUN FAICINN NA TH' INNTE DE PHÀIRTEAN BEAGA BÒIDHEACH ANNTA FHÈIN. THA IOMADH PÀTRAN SNA CREAGAN AGUS SA GHAINMHICH. AGUS CHAN EIL DAD A DH'FHIOS NACH LORG THU GÀIRNEIDEAN SNA CREAGAN. THA A LEITHID DE MHUIR 'S DE GHAINMHEACH MUD CHOINNEAMH 'S GUM FEUM THU DO SHÙIL A CHUMAIL A-MACH AIRSON NAN SEALLAIDHEAN BEAGA BÒIDHEACH SEO.

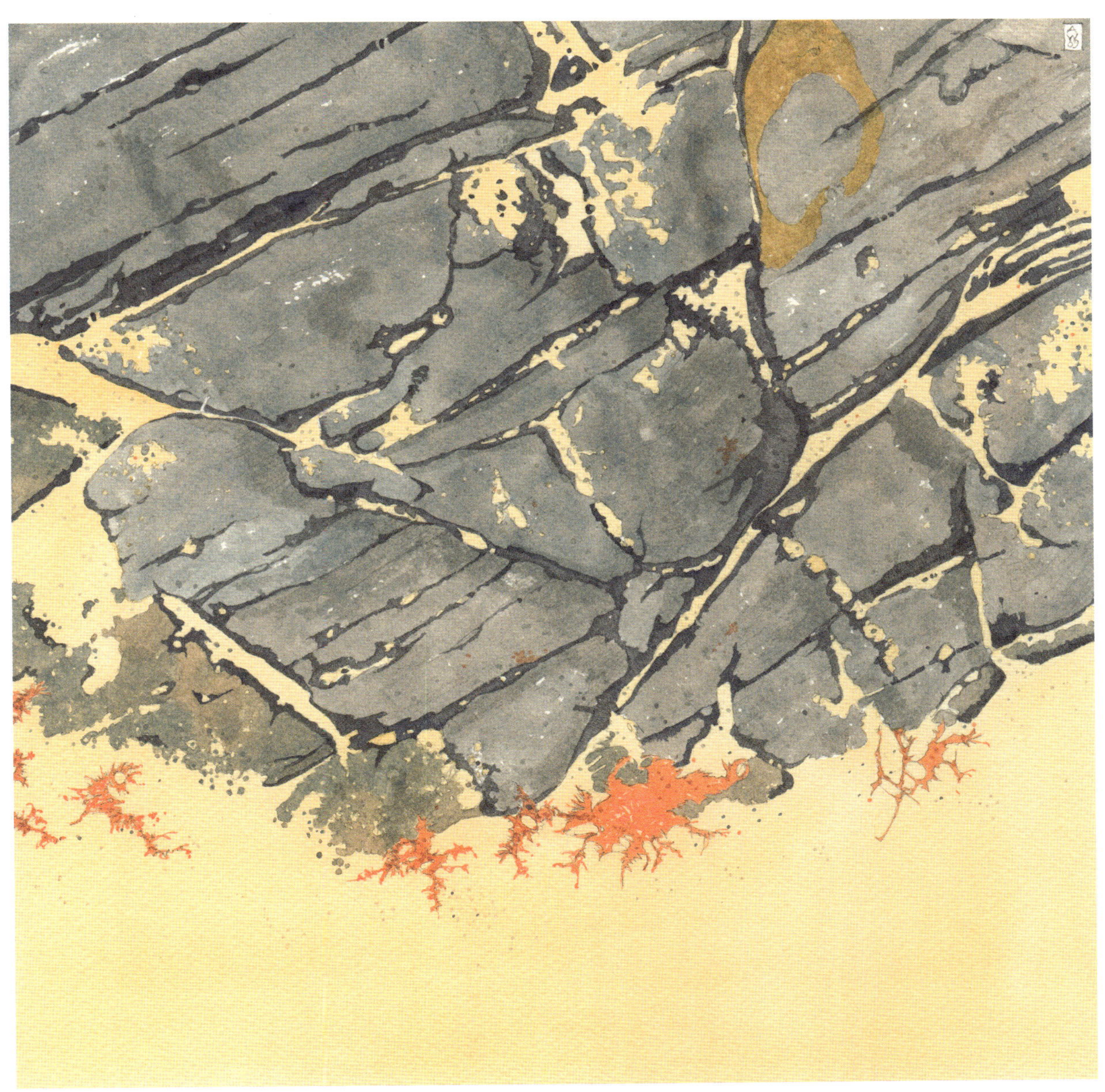

SCARISTA: ALISDAIR WISEMAN :SGARASTADH

THIS PARTICULAR AREA OF SALTINGS IS RIGHT AT THE END OF THE MACHAIR BEYOND SCARISTA, ON THE WAY TO NORTHTON. IT IS A PLACE WHERE THE SHEEP DOG TRIALS ARE HELD IN SUMMER. THIS IS WELL WORTH A VISIT. PEOPLE COME FROM ALL OVER THE UNITED KINGDOM TO COMPETE AND TO VIEW THE SKILLS AND INTELLIGENCE OF THE DOGS. HOWEVER, ONE DOG, CALLED HERO, HAD DIFFERENT IDEAS. HE WAS GIVEN HIS INSTRUCTIONS, BUT SOMETHING MORE RIVETING CAUGHT HIS EYE AND OFF HE WENT!

THA AM FIDEACH AIR AN T-SLIGHE EADAR SGARASTADH AGUS AN TAOBH TUATH. BIDH COIN IS CAORAICH GAN TOIRT CRUINN AN SEO GACH BLIADHNA GUS AM FAIC DAOINE BHO AIR FEADH AN T-SAOGHAIL CHO EALANTA 'S A THA NA COIN. SMAOINICH FEAR DHE NA COIN, HERO, NACH B' E SEO ÀITE-SAN, AGUS A-MACH GUN GHABH E!

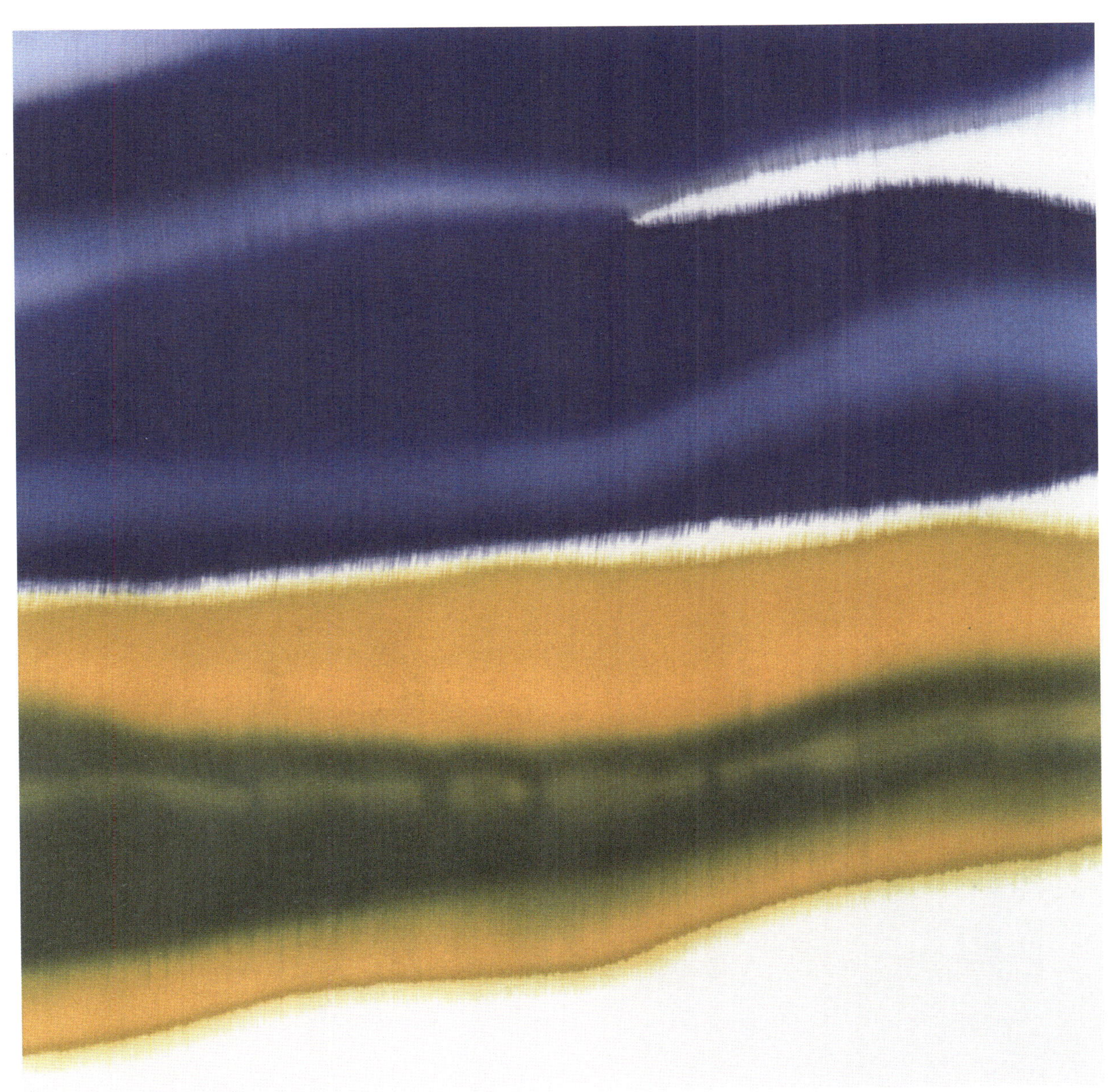


THE SALTINGS III: LESLEY WISEMAN :FIDEACH III

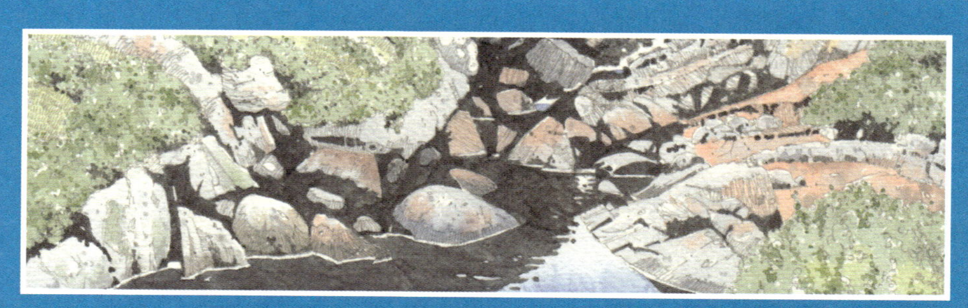

AS A CHILD, VISITING THE WEST HIGHLAND HOME OF MY GRANDPARENTS, I REMEMBER BEING FASCINATED BY THE MEANINGS THAT SAT BEHIND ALL THE GAELIC PLACE NAMES. ON ALL OUR JOURNEYS TOGETHER I WOULD INTERROGATE MY GRANDFATHER, NOT RESTING UNTIL I HAD ANSWERS. EVERYTHING SEEMED TO HAVE A NAME. SO IT WAS STRANGE THAT I SHOULD VISIT A LOCH WITH NO NAME. MY GRANDFATHER, A GAELIC SPEAKER, AS ALWAYS PUT THE WORLD TO RIGHTS AND CHRISTENED IT ALLT GUN AINM. SO IT WAS WITH THIS LITTLE BURN AT SEILEBOST.

NUAIR A BHITHINN AIR GHÀIDHEALTACHD AN TAIGH MO SHEANAR NAM ÒIGE BHITHINN A' CEASNACHADH DÈ BHA AINMEAN ÀITEACHAN A' CIALLACHADH. CHA ROBH AINM AIR AN ALLT SEO SNA HEARADH A BHARRACHD, AGUS MAR SIN, THUG MISE ALLT GUN AINM AIR.

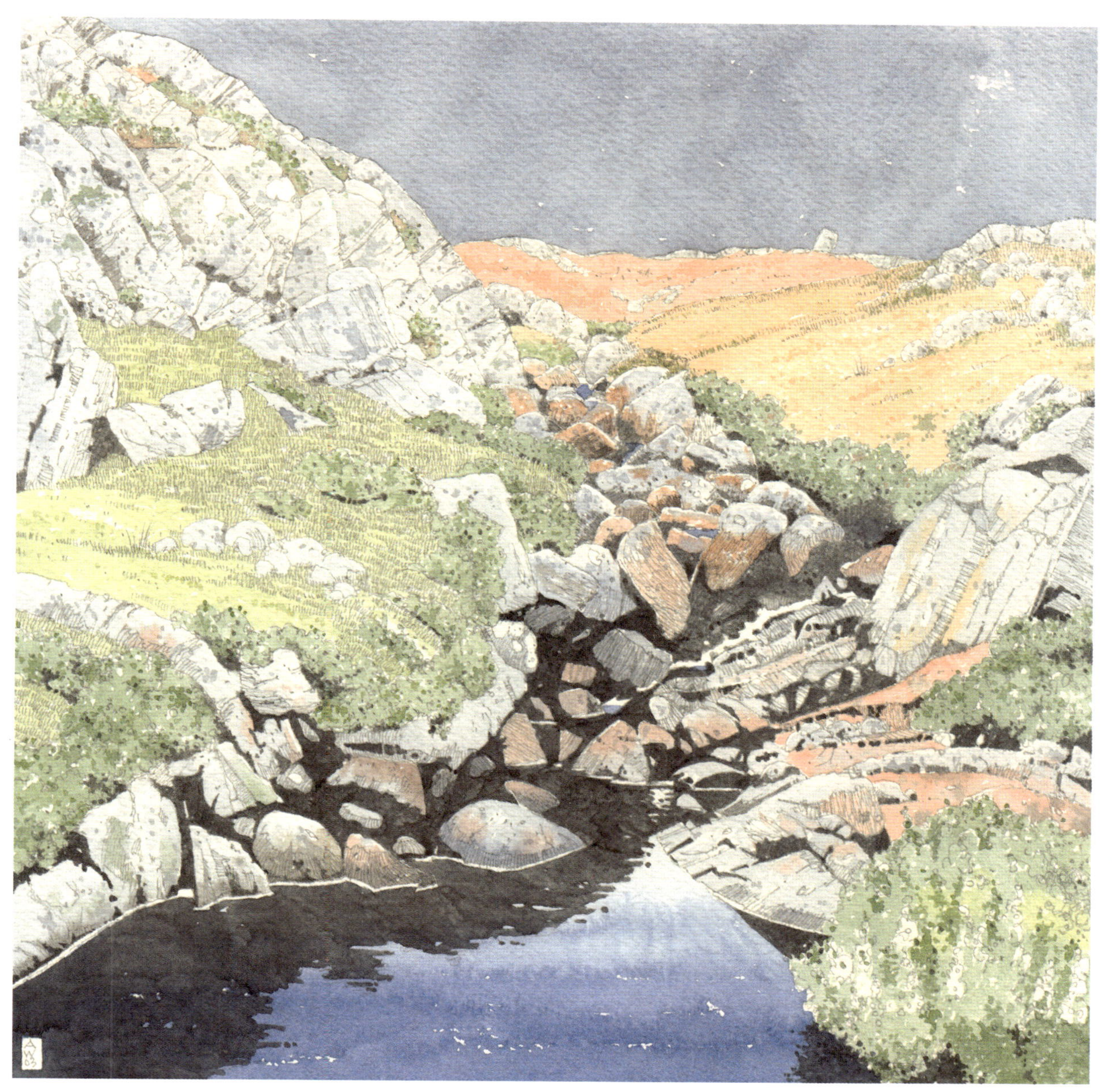

ALLT GUN AINM: ALISDAIR WISEMAN :ALLT GUN AINM

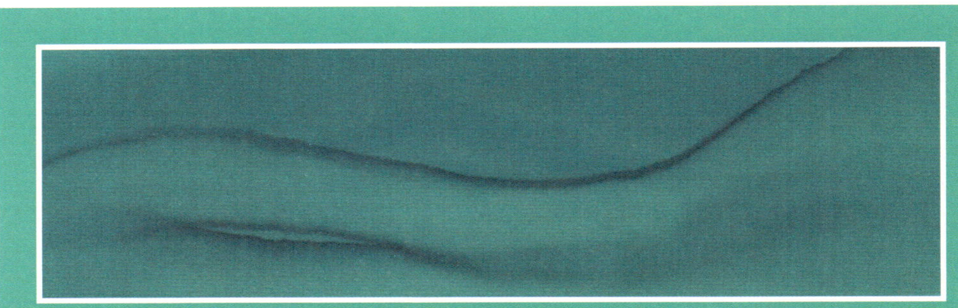

PEOPLE SEEM TO HATE THE NOTION OF SOMETHING EXISTING WITHOUT A NAME, AND YET, THE PROCESS OF NAMING A THING SOMETIMES DOES IT LITTLE JUSTICE. TO SAY THAT THE WATERS AROUND HARRIS ARE AQUAMARINE CONVEYS SOME MEANING. HOWEVER, IT FAILS TO CAPTURE THE INFINITE VARIETY OF HUES AND TONES THAT GREET THE EYE.


UIREANNAN CHAN EIL AINM LEIS FHÈIN A' TOIRT SEALLADH DHUINN AIR BRÌGH NA THA FAR COMHAIR. THA AN T-UISGE A THA AG IATHADH CHLADAICHEAN NA HEARADH AIR DATH GORM/UAINE, ACH AM BROINN SIN THA CAOCHLADH DHREACH.

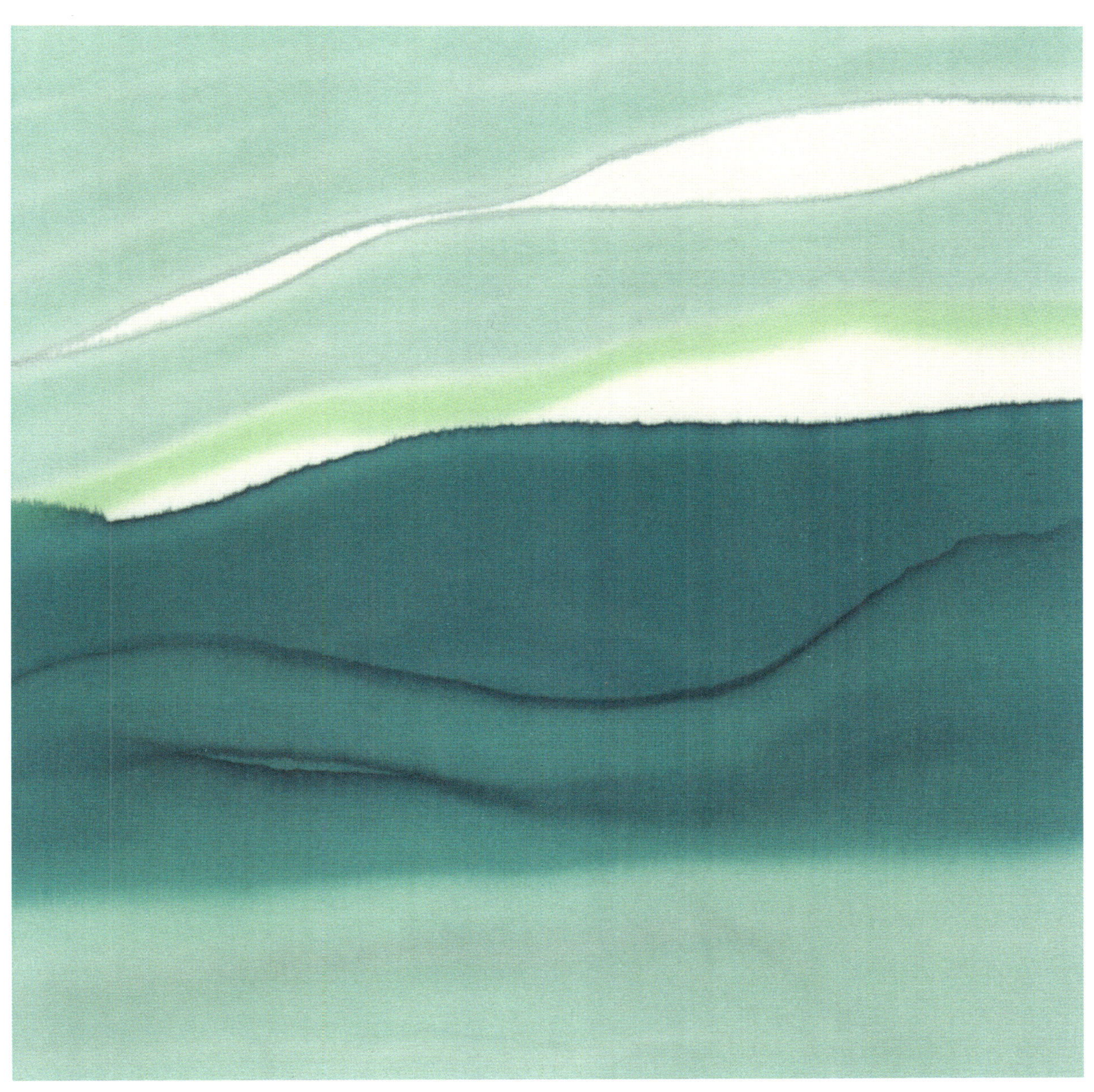

AQUAMARINE IV: LESLEY WISEMAN :GORM/UAINE IV

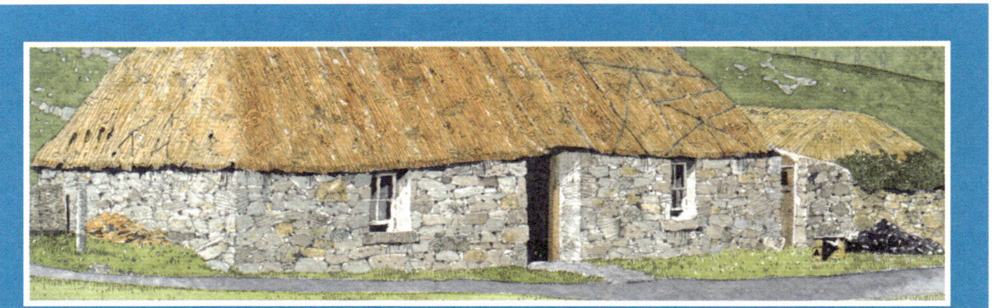

BLACKHOUSES WERE ONCE A PART OF ALMOST ANY VIEW THE LENGTH AND BREADTH OF HARRIS AND SEEMED TO MIRROR THE LANDSCAPE AS WELL AS THE INDOMITABLE SPIRIT OF THE HARRIS PEOPLE. ALTHOUGH THIS ONE HAD BEEN RENOVATED AND WAS INHABITED, I WAS ASKED TO DEPICT IT AS IT HAD BEEN IN YEARS GONE BY.  I WAS GIVEN A SERIES OF OLD PHOTOS AND COMPLETE FREEDOM TO INTERPRET THEM AS I WISHED.  WHAT MORE COULD ANY ARTIST ASK?

UAIREIGIN BHA TAIGHEAN-DUBHA RIM FAICINN AIR FEADH NA HEARADH, AGUS IAD MAR GUM BITHEADH AIR AM FILLEADH A-STEACH DHAN TÌR. CHAIDH IARRAIDH ORM AM FEAR SEO A DHEALBH MAR A BHA E BHO THÙS, NAM DHÒIGH FHÌN, AGUS CHLEACHD MI SEANN DEALBHAN AIRSON SIN A DHÈANAMH. DÈ AN CÒRR A DH'IARRADH NEACH-EALAIN?

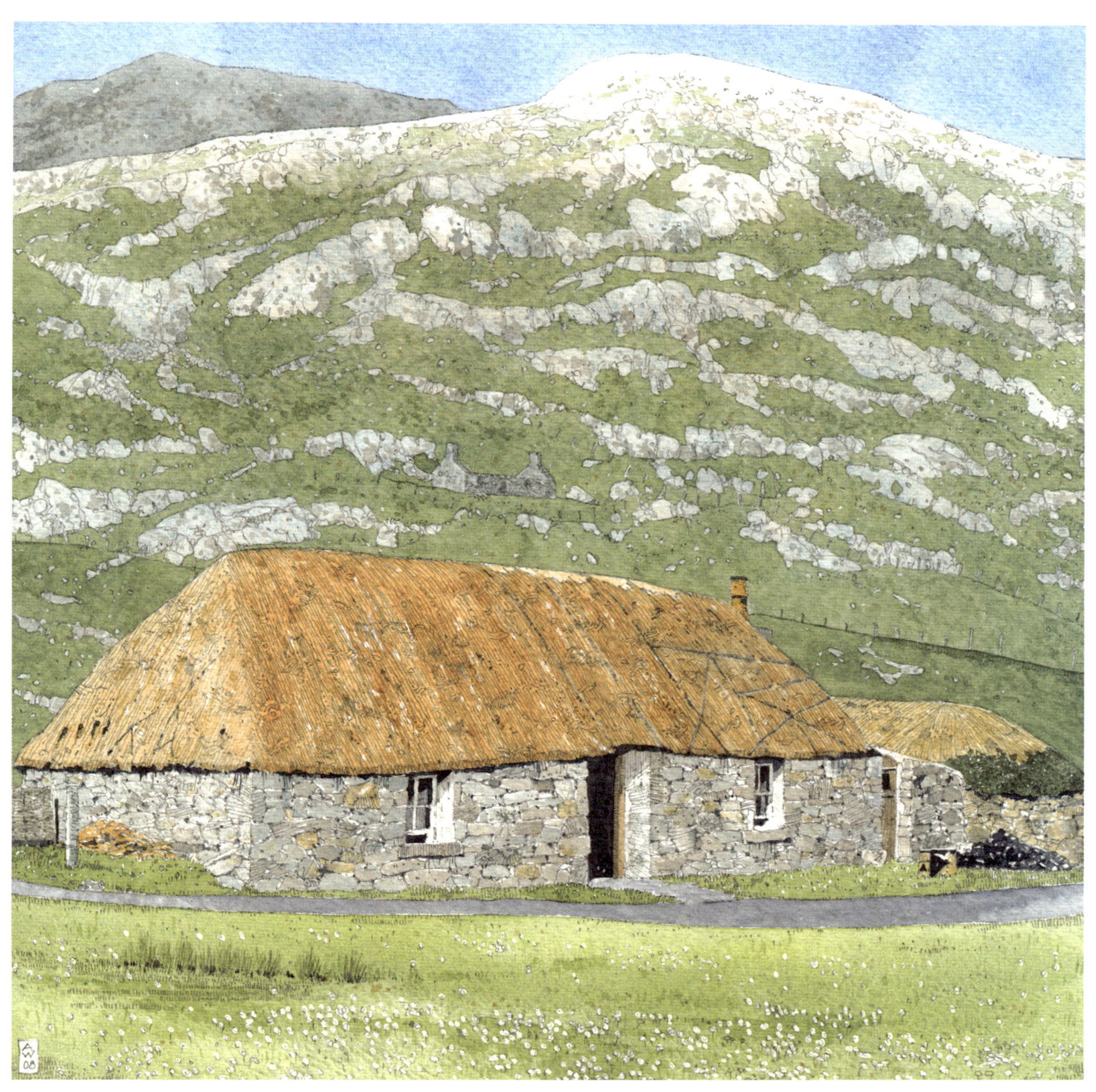

BLACK HOUSE, KYLES SCALPAY: ALISDAIR WISEMAN :TAIGH-DUBH, CAOLAS SGALPAIGH

SOME SAY THAT IT IS ONLY WHEN WE RELINQUISH PRECISION AND DETAIL THAT WE COME TO REALLY APPRECIATE THE BEAUTY OF OUR SURROUNDINGS. STAND ON ANY ONE OF THE MANY VANTAGE-POINTS AROUND THE WEST COAST OF HARRIS. TAKE A DEEP BREATH, LET YOUR EYES GO OUT OF FOCUS AND REALLY SEE.

SEAS AN ÀITE FRADHARCACH SAM BITH AN TAOBH AN IAR NA HEARADH GUS AN TIG SGLEÒ AIR DO SHÙILEAN AGUS GUS AM FAIC THU IONGNADH. CANAIDH CUID GU FEUM THU SEO A DHÈANAMH MUS FHAIGH THU TUIGSE DHOMHAINN AIR NA THA MUN CUAIRT ORT.

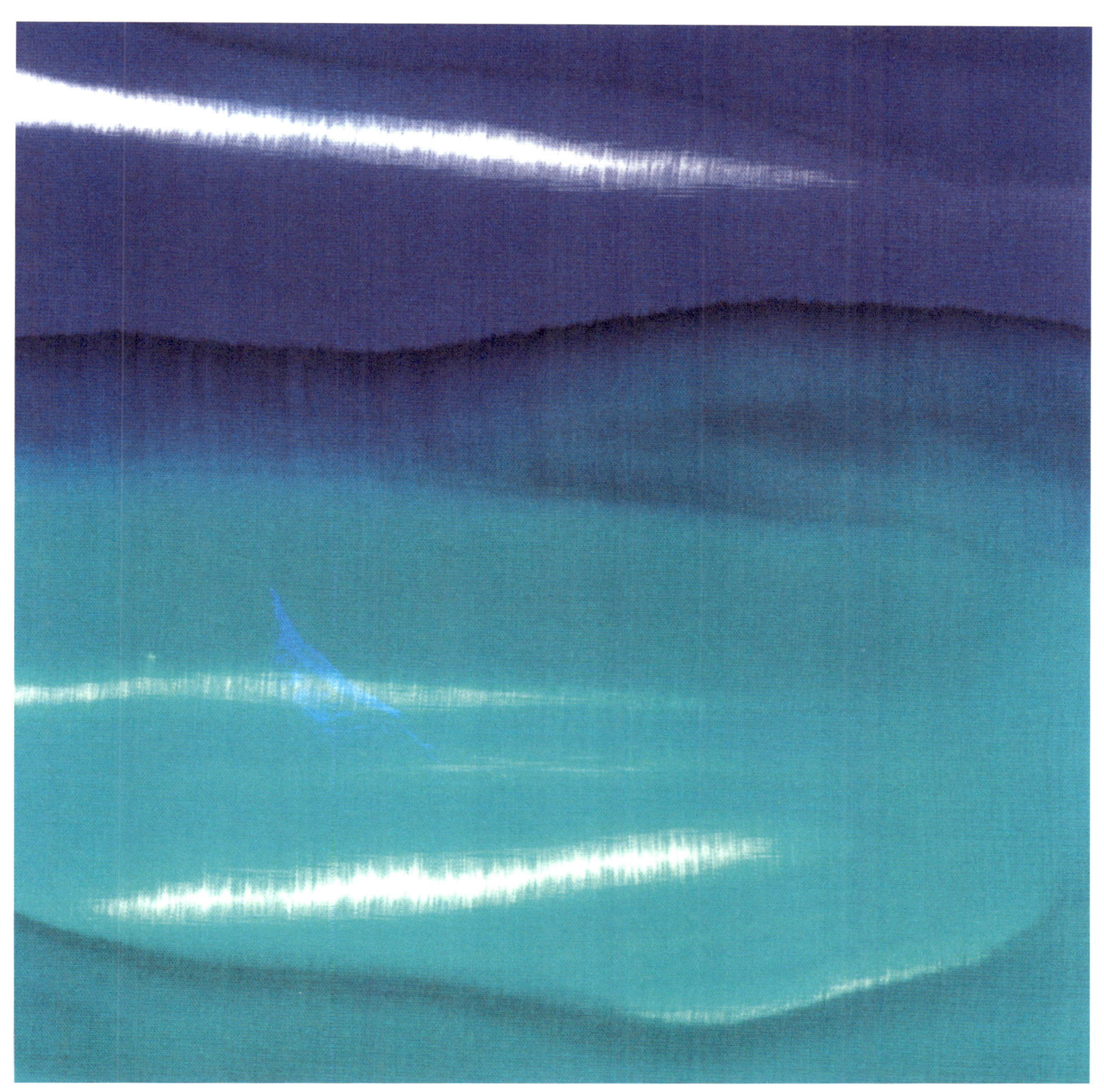

ATLANTIC BLUE I: LESLEY WISEMAN :GORM A' CHUAIN I

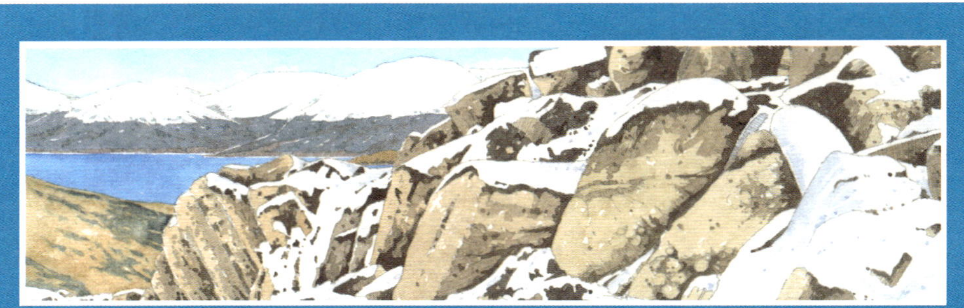

SOME PARTS OF HARRIS REMAIN SO SPARSELY POPULATED THAT YOU CAN OFTEN TAKE IN A FULL 360 DEGREES AND SEE NO SIGN OF HUMAN INTERVENTION. AS I OPENED THE CURTAINS ON THIS PARTICULAR DAY, I KNEW THE SNOW WOULD NOT LIE LONG. I RUSHED OUT AND HEADED INTO THE SPARKLING HILLS. IT WAS EASY TO IMAGINE I WAS THE ONLY PERSON ON THE PLANET.

UAIREANNAN CHAN EIL NEACH RI FHAICINN MUN CUAIRT. AN LATHA BHA SEO RINN MI AIR NA BEANNTAN, OIR BHA FIOS AGAM NACH LAIGHEADH AN SNEACHDA RO FHADA. CHA MHÒR NACH TOIRINN A CHREIDSINN NACH ROBH DUINE BEÒ AIR AN T-SAOGHAL ACH MI FHÌN!

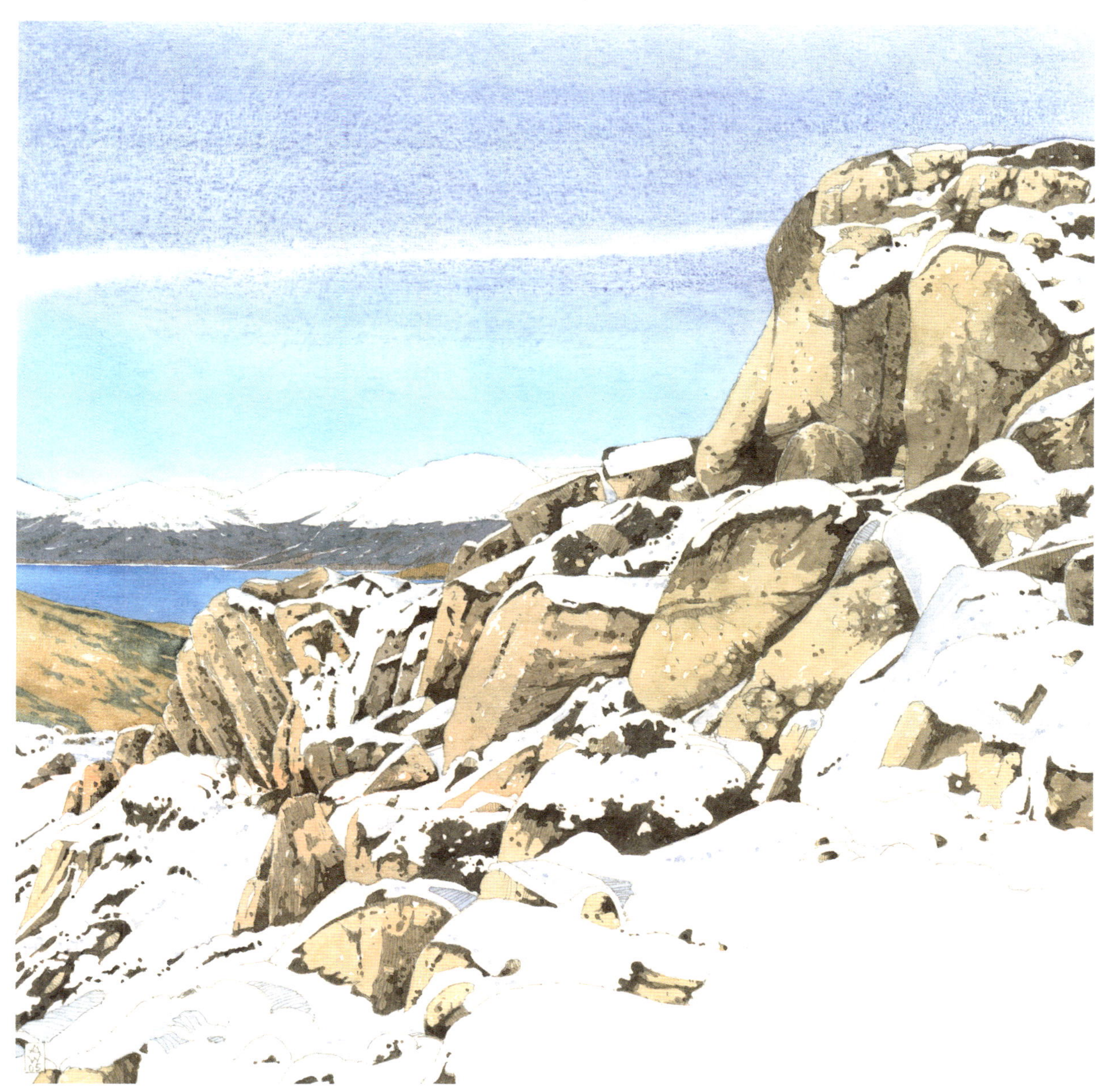

SNOW ON AN COILEACH: ALISDAIR WISEMAN :AN COILEACH FO SHNEACHDA

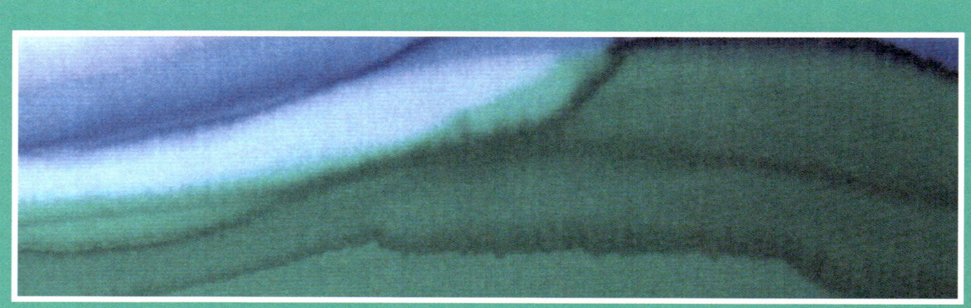

YOU CAN SOMETIMES SEE A CLOUD THAT HAS JUST COME INTO BEING AND IS TAKING ITS FIRST TENTATIVE STEPS. THIS LITTLE ONE APPEARED OUT OF NOWHERE ON A BRIGHT SUNNY DAY.  IT PEEKED OVER THE EDGE OF THE SKYLINE AT BEN LUSKENTYRE AND THEN RAN FULL TILT UP TO THE SUMMIT!

UAIREANNAN, AIR LATHA BRÈAGHA GRIANACH, CHÌ THU SGÒTH BHEAG A' NOCHDADH À NEONI AGUS A' DÈANAMH A SLIGHE AIR A SOCAIR EADAR THU AGUS FÀIRE AGUS À SIN A' RUITH NA DEANN SUAS GU MULLACH NA BEINNE!

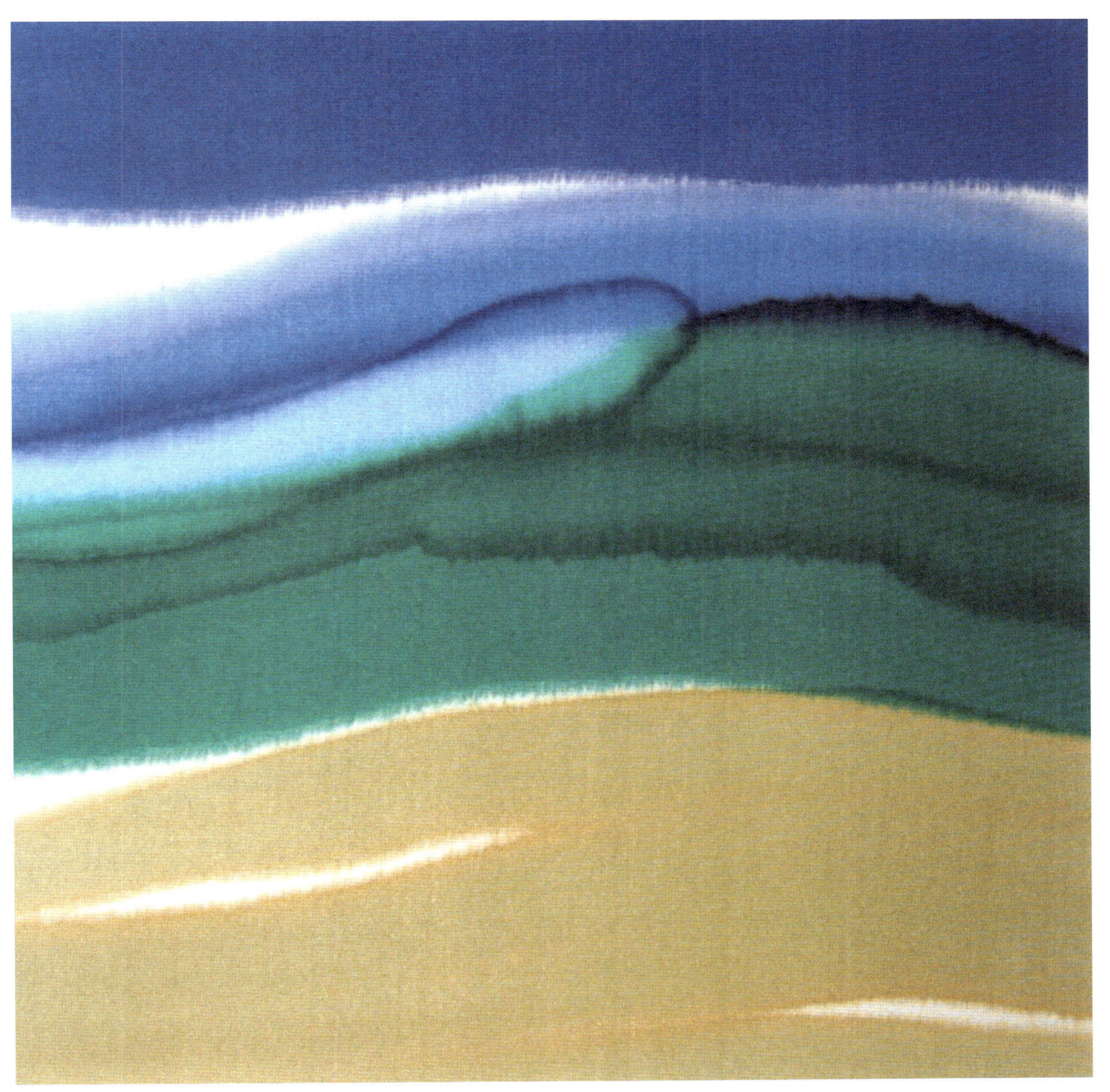

BEN LUSKENTYRE I: *LESLEY WISEMAN* :BEINN LOSGAINTIR I

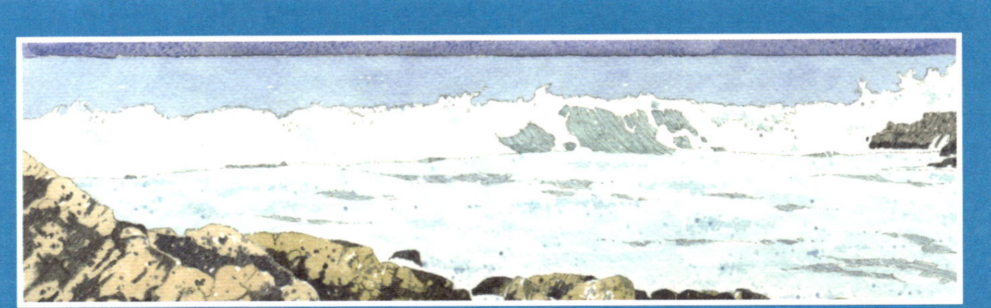

WHERE ELSE TO SPEND MY 50TH BIRTHDAY THAN TRAIGH BHUIRGH? I HAD ALL MY CLOSEST FAMILY AND FRIENDS WITH ME. WARM WEATHER, CHAMPAGNE, STRAWBERRIES, STORIES AND LOTS OF LAUGHTER. I HAVE TWO PHOTOS THAT CAPTURE THE DAY. ONE IS OF ALISTAIR, MY BEST FRIEND FROM SCHOOL, STANDING IN THE WATER, ARMS OUT-STRETCHED, WITH A WAVE TWICE HIS HEIGHT WAITING TO BREAK ON TOP OF HIM. THE OTHER IS OF MY MOTHER SKIPPING ON TO THE ROCKS IN A VAIN ATTEMPT TO AVOID AN INCOMING WAVE. A PERFECT DAY!

MO CHO-LÀ-BREITH AGUS DÈ A B' FHEÀRR NA BHITH AIR TRÀIGH BHUIRGH ANN AN DEAGH CHUIDEACHD? BHA MO MHÀTHAIR IS MO DHEAGH CHARAID ALISTAIR NAR MEASG. BHA ESAN NA SHEASAMH SAN UISGE LE SUAILE MHÒR A DHÀ UIMHIR RIS FHÈIN A' FEITHEAMH RI IATHADH, AGUS MO MHÀTHAIR A' LEUM NAN CREAGAN MUS BEIREADH STUAGH OIRRE FHÈIN. BHA GÀIREACHDAICH IS FEALLA-DHÀ AGAINN AM MEASG NAN CREAG IS NAN TONNAN – LATHA AIR LETH!

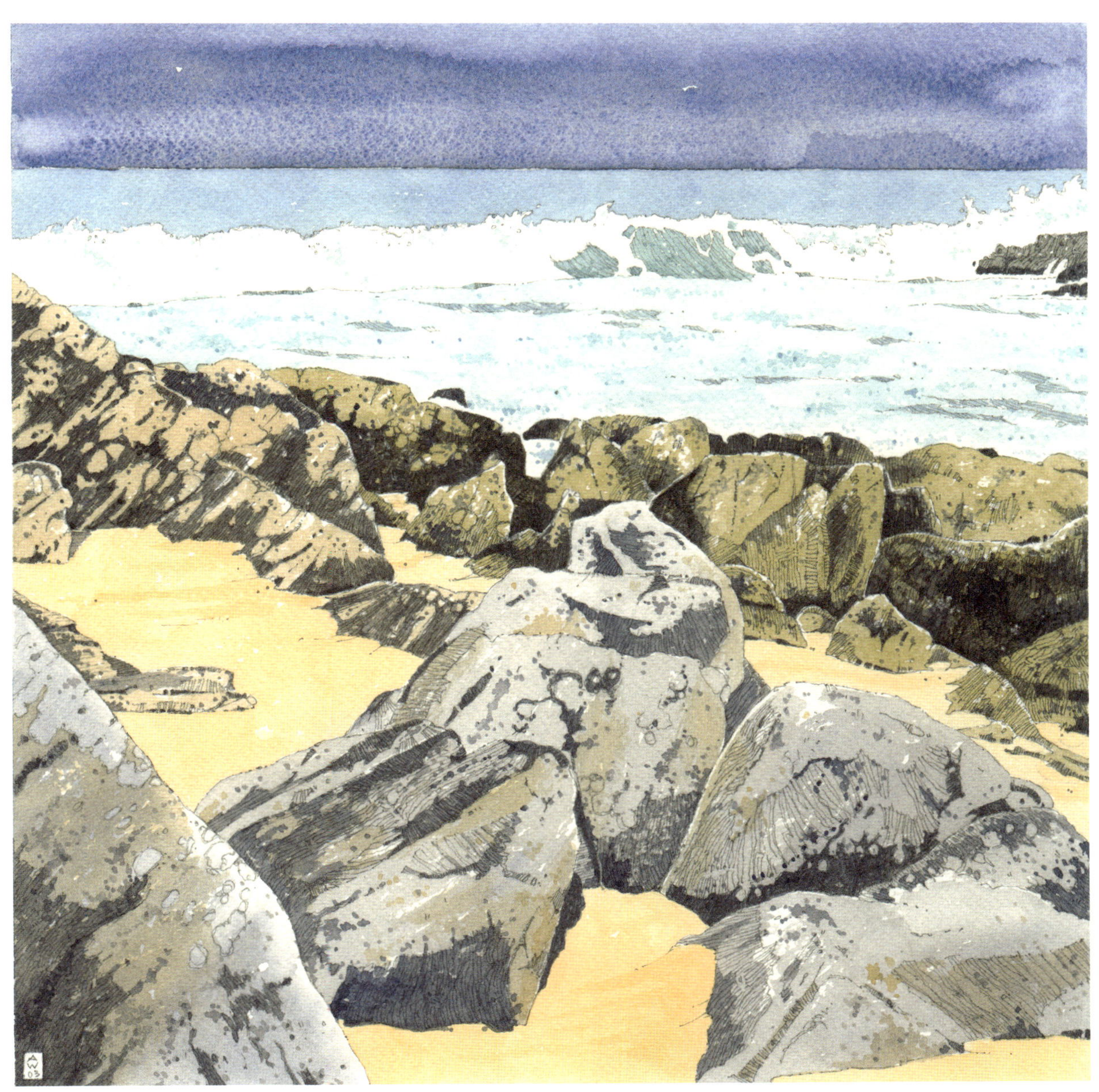

TRAIGH BHUIRGH I:  ALISDAIR WISEMAN  :TRÀIGH BHUIRGH I

I ROSE EARLY, AND AS I LOOKED OUT OF THE WINDOW I WAS GREETED WITH A PICTURE OF COMPLETE STILLNESS, A RARE BUT TREASURED THING IN HARRIS.  I WAS IMPATIENT TO GET ON WITH MY DAY, BUT CAME TO REALISE THAT THE SENSE OF CALM SURROUNDING ME WOULD BE THE MOST IMPORTANT PART OF IT. WHO WOULD HAVE THOUGHT THAT SUCH JOY COULD LAY JUST OUTSIDE THE KITCHEN WINDOW?

DH'ÈIRICH MI TRÀTH AN LATHA SEO. BHA SÀMHCHAIR AIR LETH AIR AN TÌR.  BHA CABHAG ORM FAIGHINN A DHOL, ACH DH'AITHNICH MI GUN ROBH AN-SÌTH 'S AN FHOIS NA BU PHRÌSEILE DHOMH. CÒ A SMAOINICH GUM FAICEADH IS GUM FAIRINN A LEITHID AIG BUN NA H-URSAINN AGAM FHÌN?

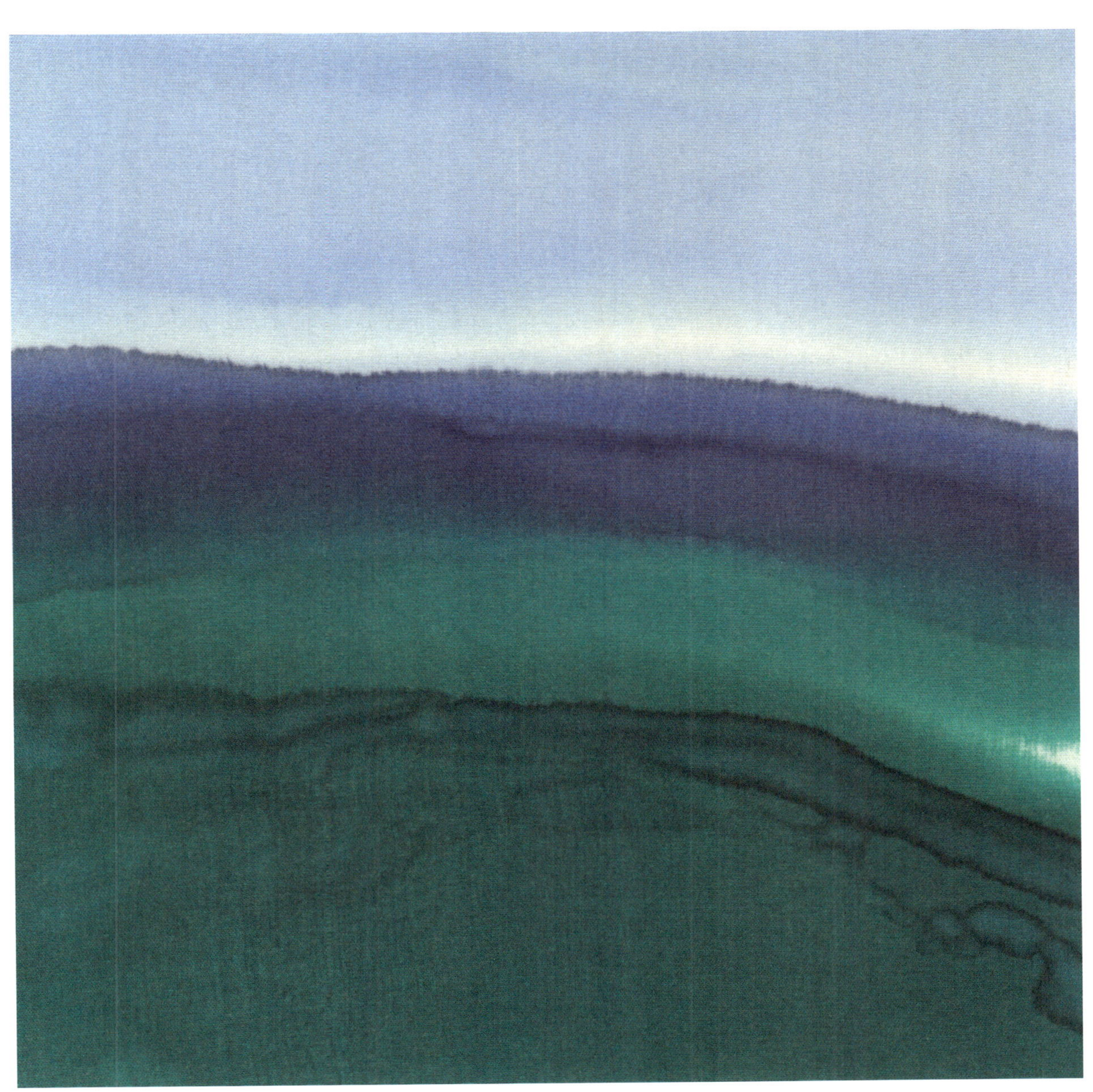

EARLY MORNING I:  LESLEY WISEMAN  :MADAINN THRÀTH I

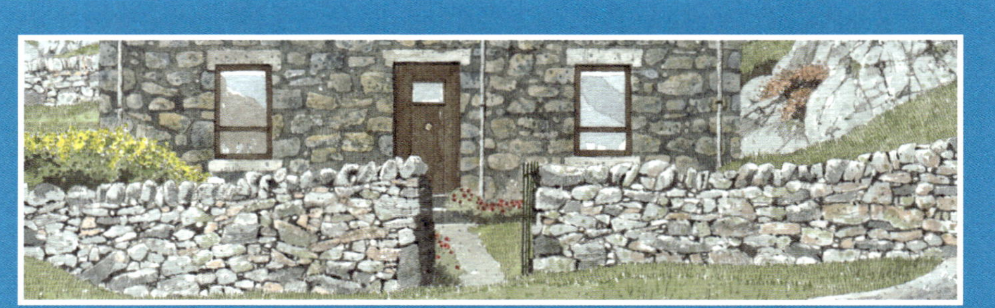

WENDY ARRIVED IN HARRIS WITH A SINGLE AIM: TO FIND SOMEWHERE TO LIVE.  SHE HAD LONG SINCE BECOME SMITTEN WITH THE ISLAND. EVENTUALLY, SHE FOUND THIS COTTAGE, WHOSE OWNER WAS WILLING TO SELL IT TO HER. WENDY HAS LIVED THERE HAPPILY EVER AFTER EVER SINCE!

THÀINIG WENDY DHA NA HEARADH GUN ACH AON NÌ AIR A H-AIRE – TAIGH A LORG DHI FHÈIN. THA I AIR A BHITH A' FUIREACH SAN TAIGH SEO ANNS NA HEARADH BHO CHIONN IOMADH BLIADHNA A-NIS AGUS THA I AIR A BHITH GLÈ DHÒIGHEIL ANN BHON ÀM SIN.

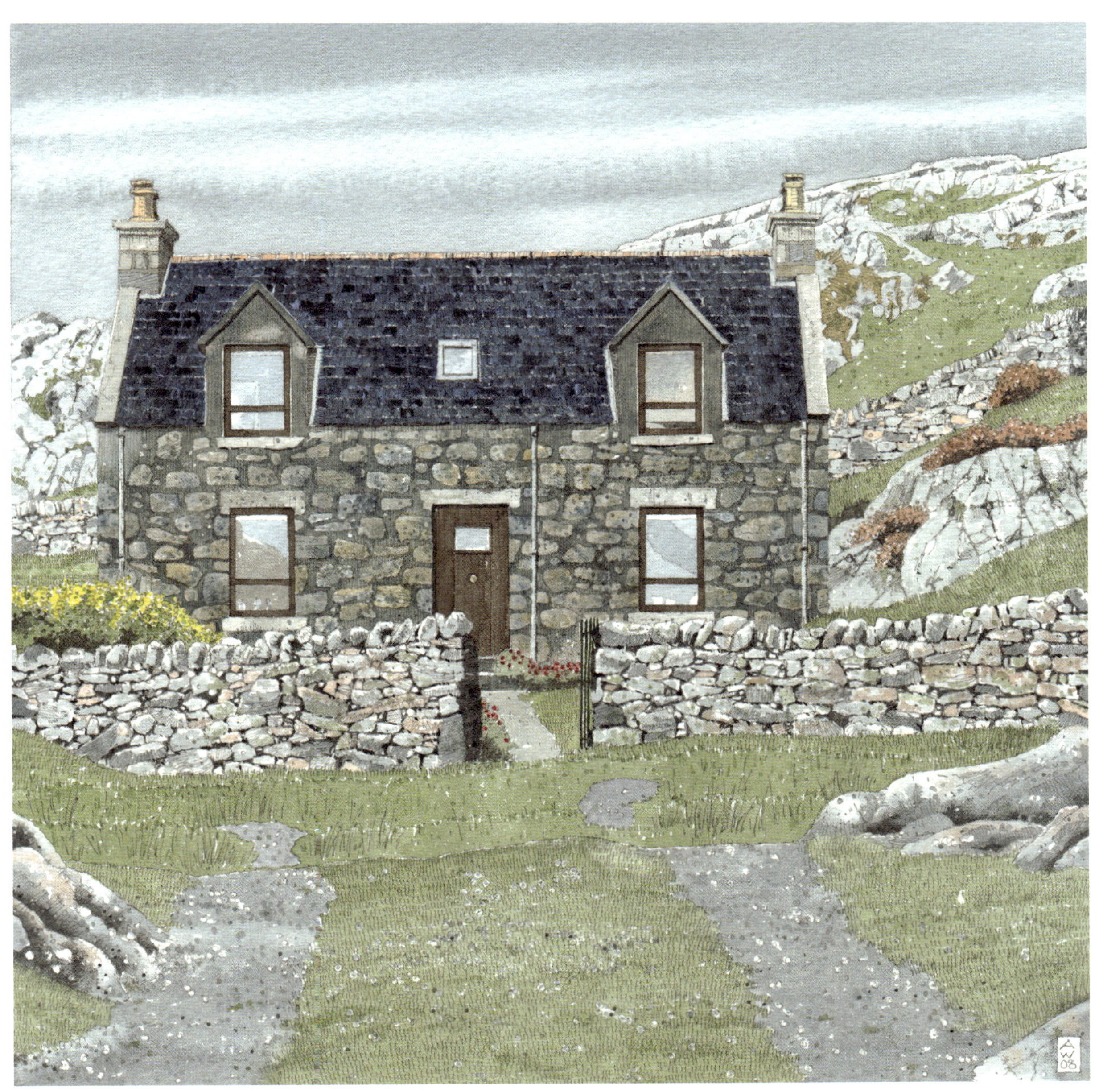

VOLVO LADY'S COTTAGE. EAST HARRIS: ALISDAIR WISEMAN :TAIGH WENDY, AN TAOBH SEAR

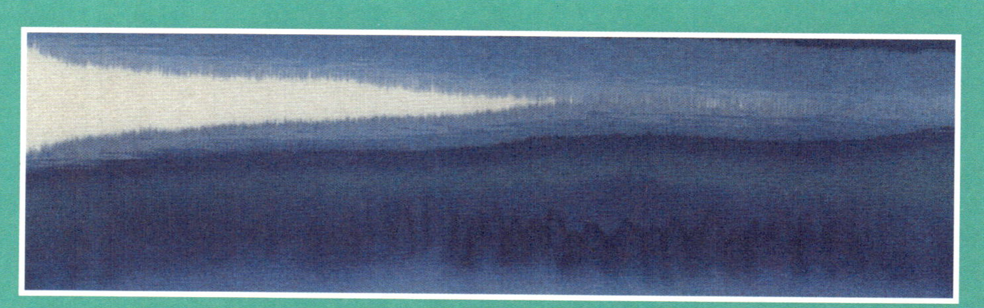

LOOK INTO THE NIGHT SKY IN HARRIS AND YOU WILL SEE THE
CONSTELLATIONS MORE CLEARLY THAN ALMOST ANYWHERE ELSE
IN THE UNITED KINGDOM. STARE INTO THE WIDE BLUE ATLANTIC
OCEAN FROM WEST HARRIS. YOU JUST CANNOT FATHOM THE ENORMITY
OF IT ALL. IT IS A SIGHT TO STIR THE HEART.


AIR OIDHCHE MAR SEO THA NA RIONNAGAN SOILLEIR OS DO CHIONN.
THA A' MHUIR MHÒR GAD IATHADH MUD CHOINNEAMH. SEO AGAD GLÒIR
A' CHRUTHACHAIDH - NA HEARADH NA UILE MHAISE - SEALLADH A THOGAS
DO CHRIDHE.

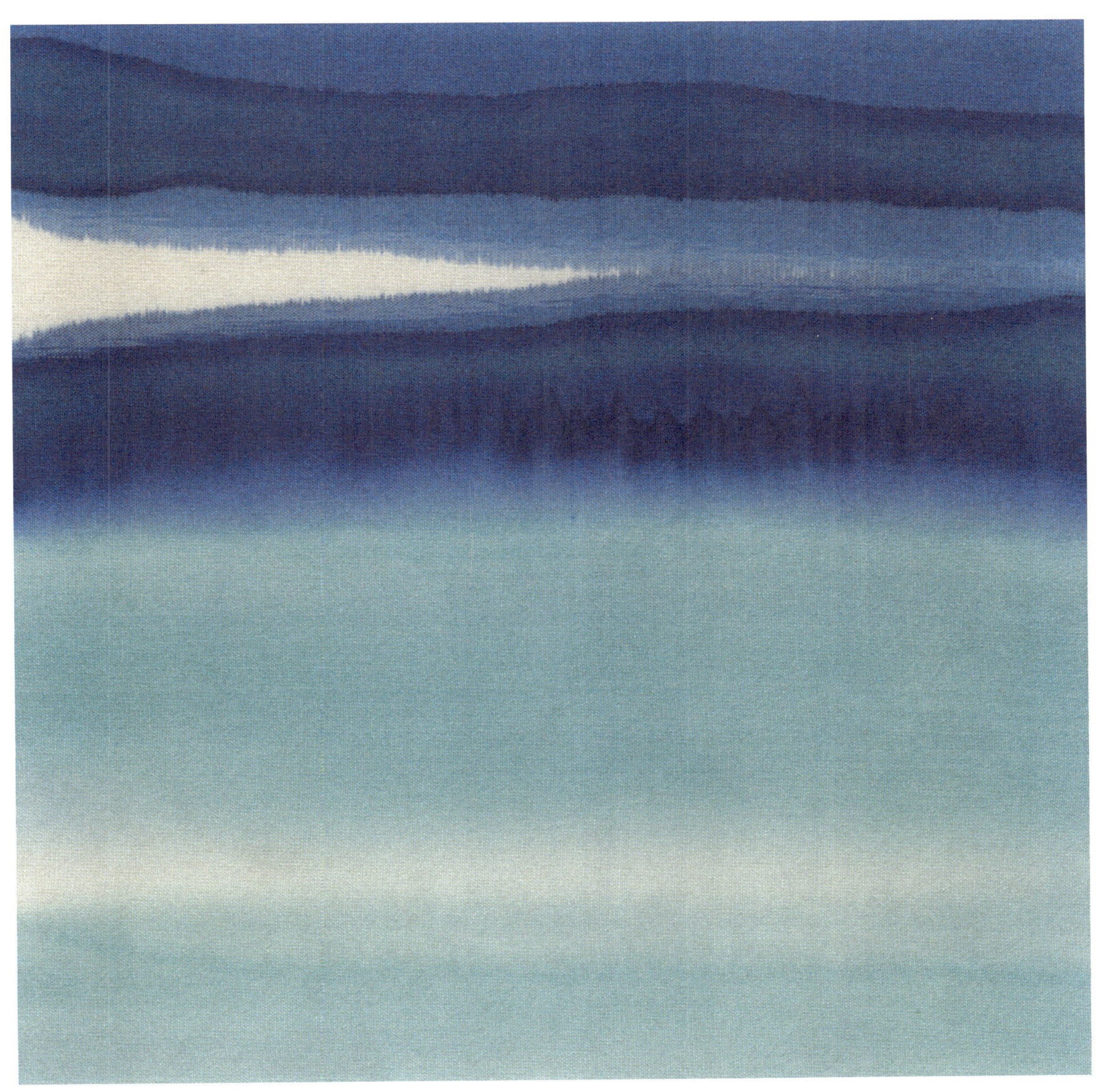

FAR AND AWAY I: LESLEY WISEMAN :FA CHOMHAIR DO SHÙLA I

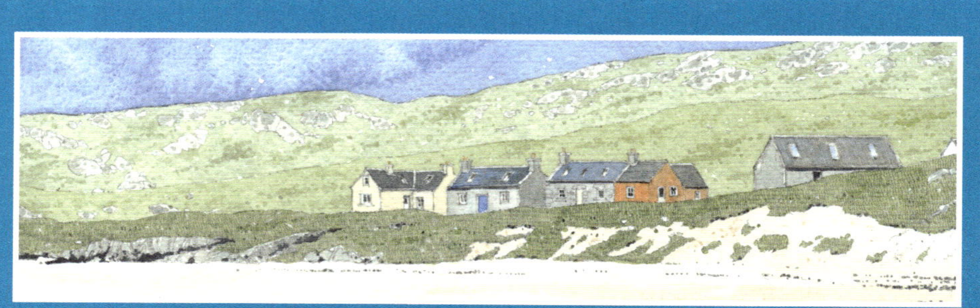

BACK IN HUSHINISH ON THIS PARTICULAR DAY WITH A LIGHT BREEZE AND A GENTLE WARMTH IN THE AIR. THE MACHAIR HAD YET TO START FLOWERING BUT THE PROMISE OF A GREAT SHOW WAS ALREADY EVIDENT. THE GANNETS WERE BUSY ABOVE THE BAY, CIRCLING AND THEN DIVING FROM AN IMPOSSIBLE HEIGHT.

ANN A HÙISINIS A-RITHIST LE GAOTH SHOCAIR BHLÀTH. CHA B' FHADA GUS AM BIODH A' MHACHAIR FO BHLÀTH. GED NACH ROBH NA SÌTHEANAN FHATHAST AIR NOCHDADH. BHA NA SÙLAIREAN A' SGIATHALAICH BHO ÀIRDE A BHA DUILICH A CHREIDSINN OS CIONN A' BHÀIGH.

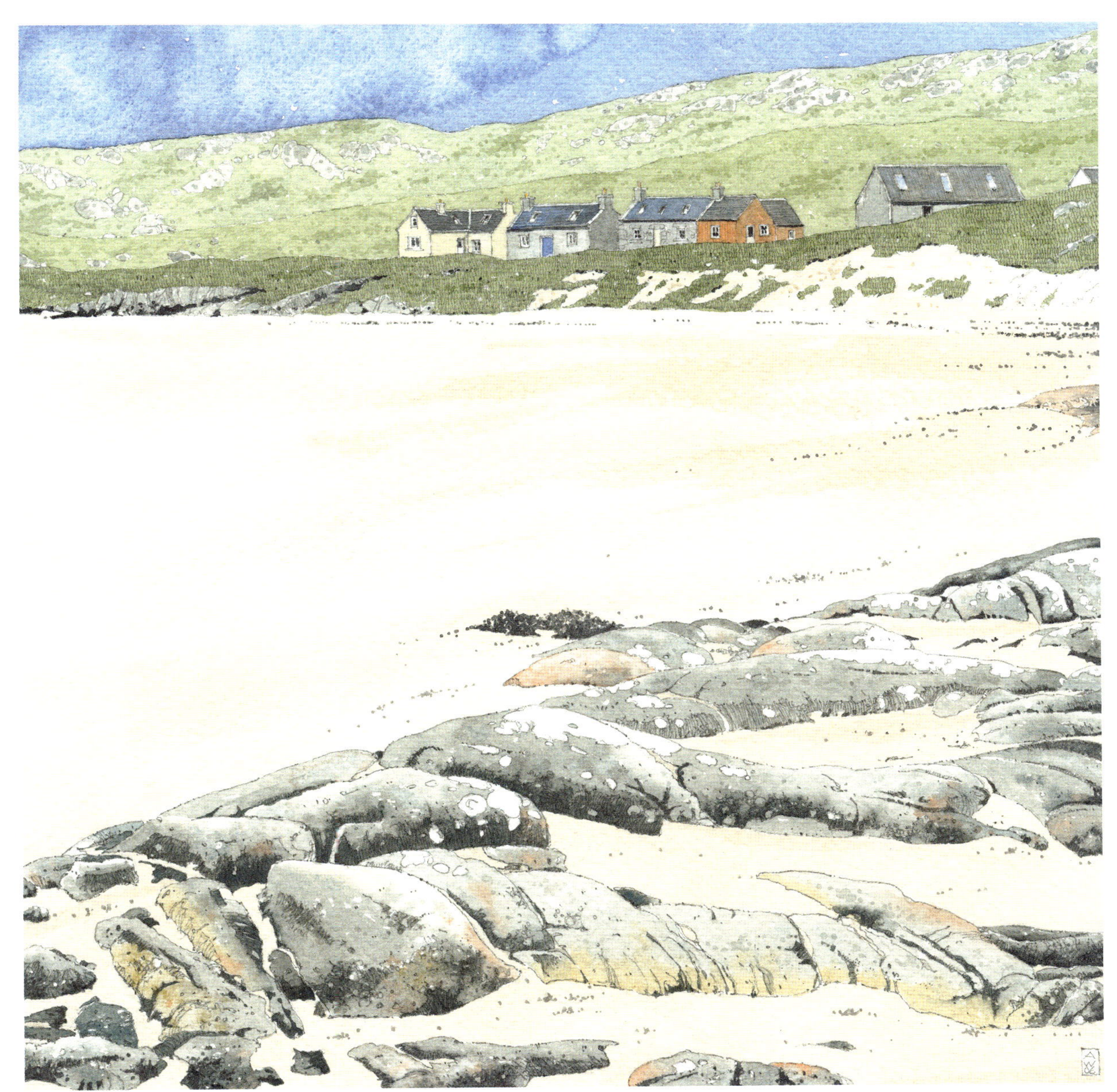

HUSHINISH I:  ALISDAIR WISEMAN  :HÙISINIS I

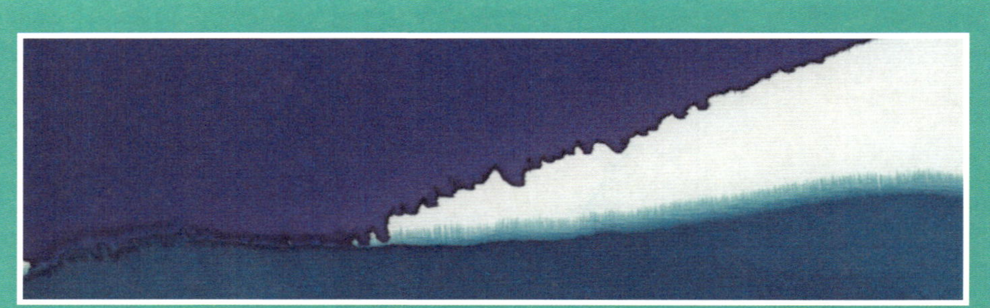

THE INSPIRATION FOR THIS PAINTING CAME FROM THE VERY SAME DAY. I SAW AND APPRECIATED THE VERY SAME THINGS AS ALISDAIR, BUT, AS YOU CAN SEE, MY REPRESENTATION OF THE EXPERIENCE IS QUITE DIFFERENT - AND YET VERY MUCH THE SAME. I SAW THE GANNETS PUT ON THEIR AERIAL DISPLAY IN THE AZURE BLUE SKY. I FELT THE LIGHT WIND AS IT RAISED BARELY A RIPPLE ON THE WATER IN THE BAY, AND I TOO FELT THE PROMISE OF THE FLORAL CELEBRATION IN THE MACHAIR. TWO VIEWS OF HARRIS, INDEED!

RINN MISE AN DEALBH SEO AN AON LATHA RI ALISDAIR. CHUNNAIC SINN NA H-AON SEALLAIDHEAN, NA SÙLAIREAN SAN ADHAR, AGUS FLÙRAICHEAN NA MACHRACH A' BRISEADH TROIMHE, LE SOIRBHEAS BEAG LAGHACH GAR CUARTACHADH. THA AR DÒIGH AIR SIN A CHUR AN CÈILL GLÈ EADAR-DHEALAICHTE, ACH LE CUMANTAS EATARRA AN DÈIDH SIN. NA HEARADH BHO DHÀ SHEALLADH GU DEARBH!

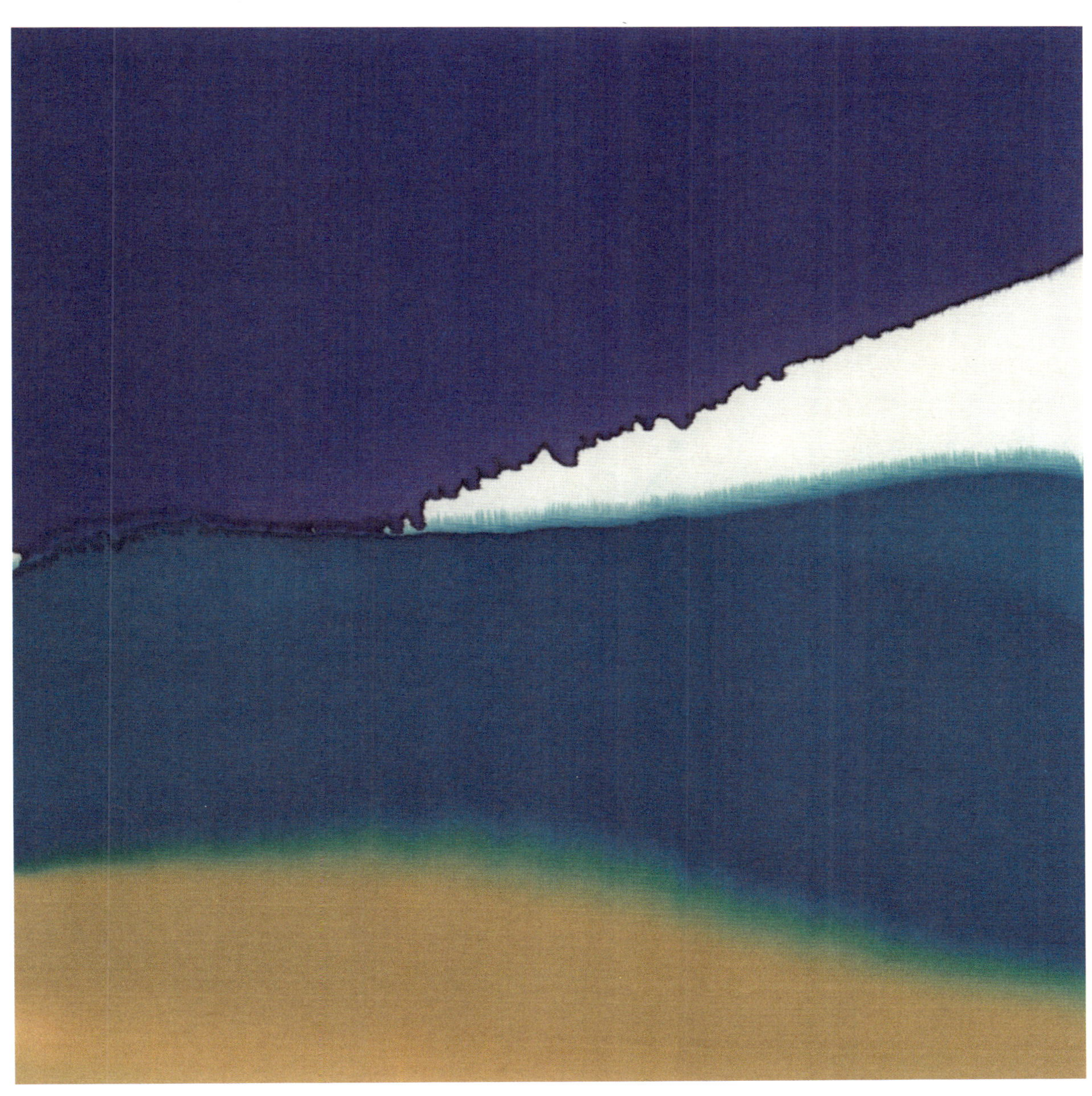

HUSHINISH I:  LESLEY WISEMAN  :HÙISINIS I

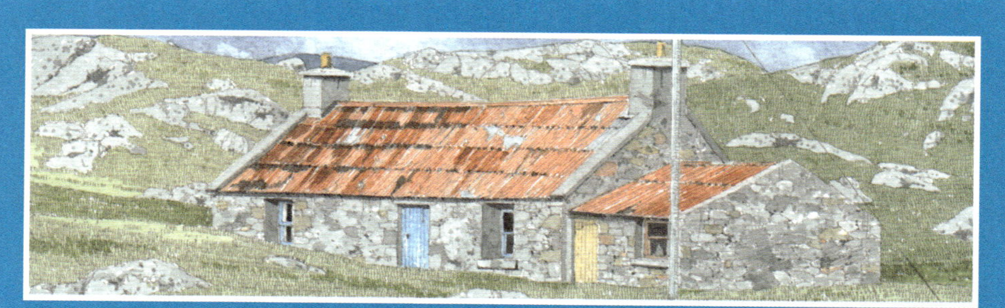

SINCE I COMPLETED THIS PICTURE, THE ROOF ON THE MAIN DWELLING HAS FALLEN IN. NOT LONG AFTER I PAINTED THE OLD MISSION HOUSE, THE OLD ROOF THAT WAS DAMAGED IN A STORM WAS REPLACED. ALL THE BOATS IN THE YARD AT STOCKINISH HAVE CRUMBLED INTO BARELY RECOGNISABLE HEAPS OF PLANKS. TIME ROLLS ON BUT THE IMAGE CAPTURED AT THE TIME REMAINS UNCHANGED.

BHO RINN MISE AN DEALBH SEO, THA AN TOGALACH AIR TUITEAM NA BHROINN. GOIRID ÀS DÈIDH DHOMH AN DEALBH A DHÈANAMH DHEN T-SEANN TAIGH-LEUGHAIDH CHAIDH MULLACH ÙR A CHUR AIR. THA A H-UILE BÀTA SAN DEALBH DE STOCAINIS AIR LOBHADH DHAN TALAMH. THA TÌM A' GABHAIL ROIMHPE ACH THA NA SEANN ÌOMHAIGHEAN A' MAIRTINN SA CHUIMHNE.

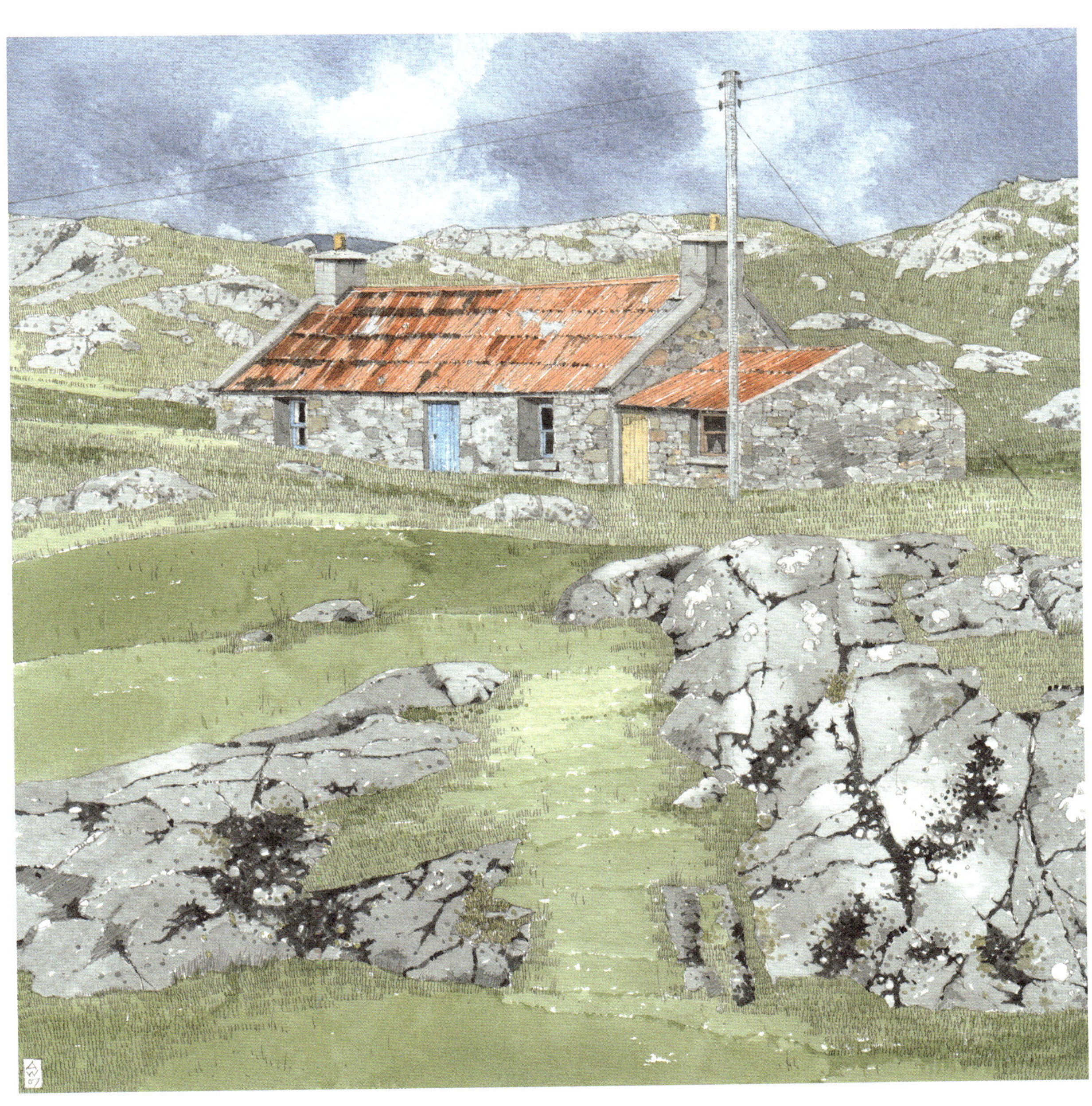

RUINED COTTAGE, LEAC-A-LÌ: ALISDAIR WISEMAN :SEANN TAIGH, LEAC-A-LÌ

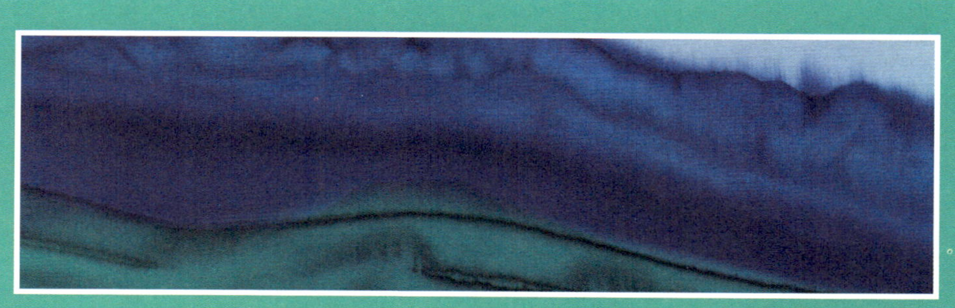

THIS WAS A QUIET SUNDAY AND ALL SEEMED CALM, YET A DRAMA WAS UNFOLDING BEFORE OUR EYES. A COUPLE IN A SMALL CRAFT HAD GOT INTO DIFFICULTY IN THE SOUND OF TARANSAY. A SHARP-EYED MAN ON THE BEACH AT HORGABOST SIZED UP THE SITUATION IN AN INSTANT, CONTACTED THE EMERGENCY SERVICES ON HIS MOBILE AND THEN KAYAKED OUT TO PROVIDE FIRST-HAND ASSISTANCE.  BOTH PEOPLE WERE RESCUED AND TAKEN TO HOSPITAL BY THE COASTGUARD HELICOPTER, SHAKEN BUT NOT STIRRED – A HAPPY ENDING ... JUST.

AIR LATHA SÈIMH SÀBAID, CHA ROBH A H-UILE RUD CHO MATH ANN AN CAOLAS THARASAIGH. BHIODH CÙISEAN AIR A BHITH NA BU MHIOSA MURA BITHEADH GUN D' FHUAIREADH FIOS GU LUCHD-TEASAIRGINN. BHA DITHIS ANN AN GEÒLA ANN AN CUNNART ANN AN CAOLAS THARASAIGH. FHUAIR FEAR AIR CUIDEACHADH FHAIGHINN DHAIBH A' CLEACHDADH A MHÒBAIL BHON TRÀIGH, AGUS THÀINIG HEILEACOPTAIR GAN IARRAIDH. BU MHATH MAR A THACHAIR ...

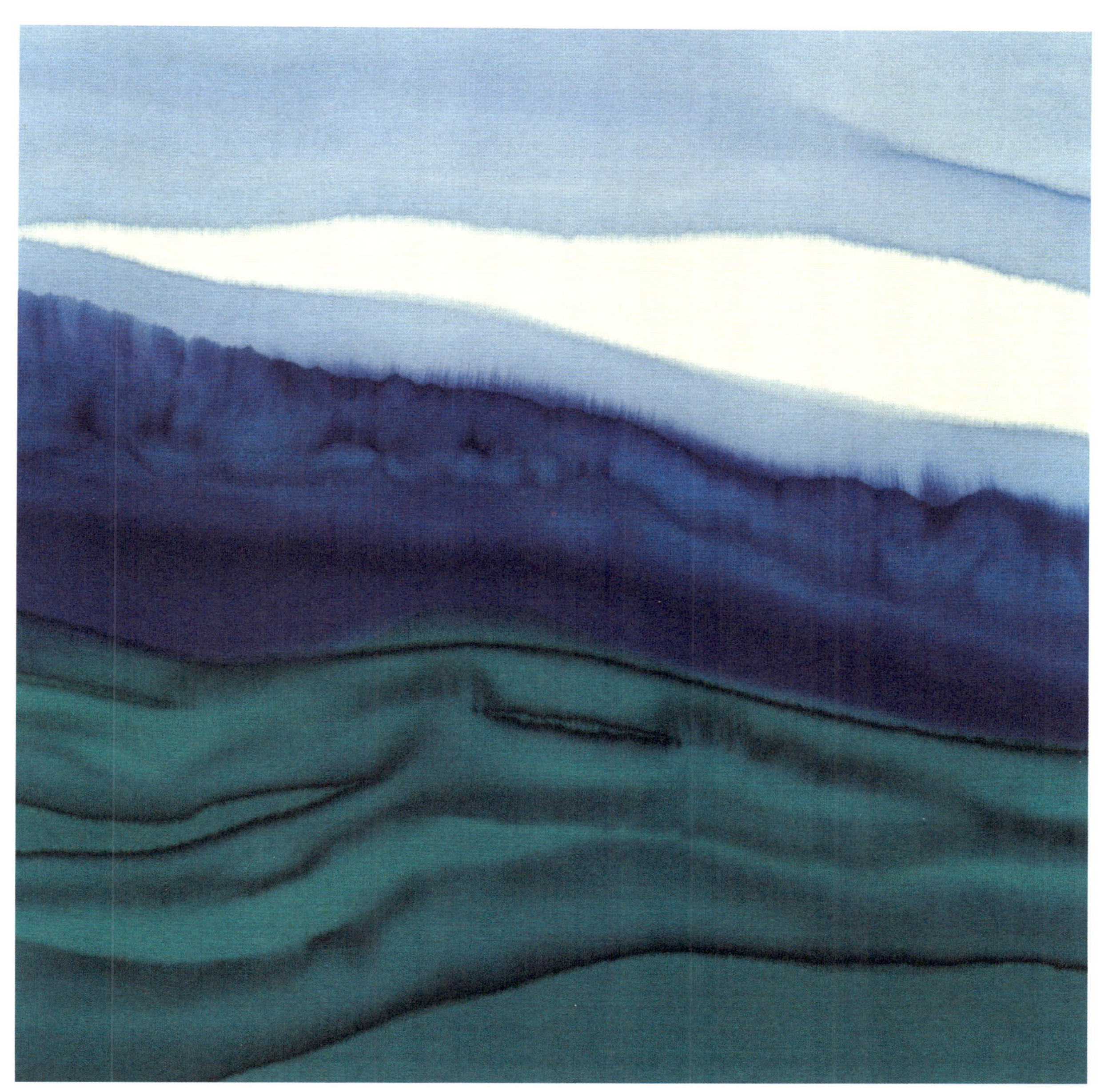

ISLAND SEAS: LESLEY WISEMAN :AN CUAN

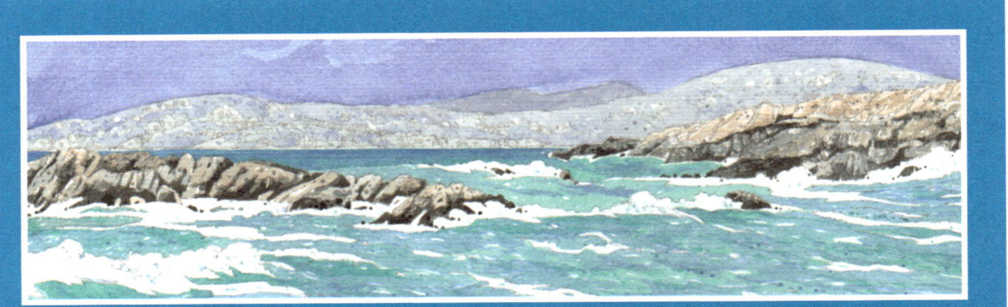

THIS SINGLE IMAGE, FOR ME, CAPTURES THE ESSENCE OF THE WEST
COAST OF HARRIS. IT IS INSTANTLY RECOGNISABLE: TARANSAY IN THE
BACKGROUND AND THE DEEP BLUE OF THE DISTANT SEA AND THE
VIBRANT TURQUOISE OF THE SHALLOWER WATER; THE WHITE HORSES
ON THE WAVES AS THEY WEAVE IN AND OUT OF THE OFFSHORE REEFS;
THE ROCKY MARGIN, COMPLETE WITH TIDEMARKS; THE IMPOSSIBLE
LILAC OF THE WET SAND.  THIS IS QUINTESSENTIALLY HARRIS!


'S E SEO DHÒMHSA, DHEN A H-UILE DEALBH, AM FEAR A THA A' RUIGHINN
AIR FÌOR BHLAS THAOBH AN IAR NA HEARADH, LE TARASAIGH EADAR THU
'S FÀIRE AGUS DATHAN IOMADH-FHILLTE NAN CREAGAN, NA GAINMHICH
AGUS NA MARA AN LÙIB A CHÈILE A' TIGHINN GU CLADACH.

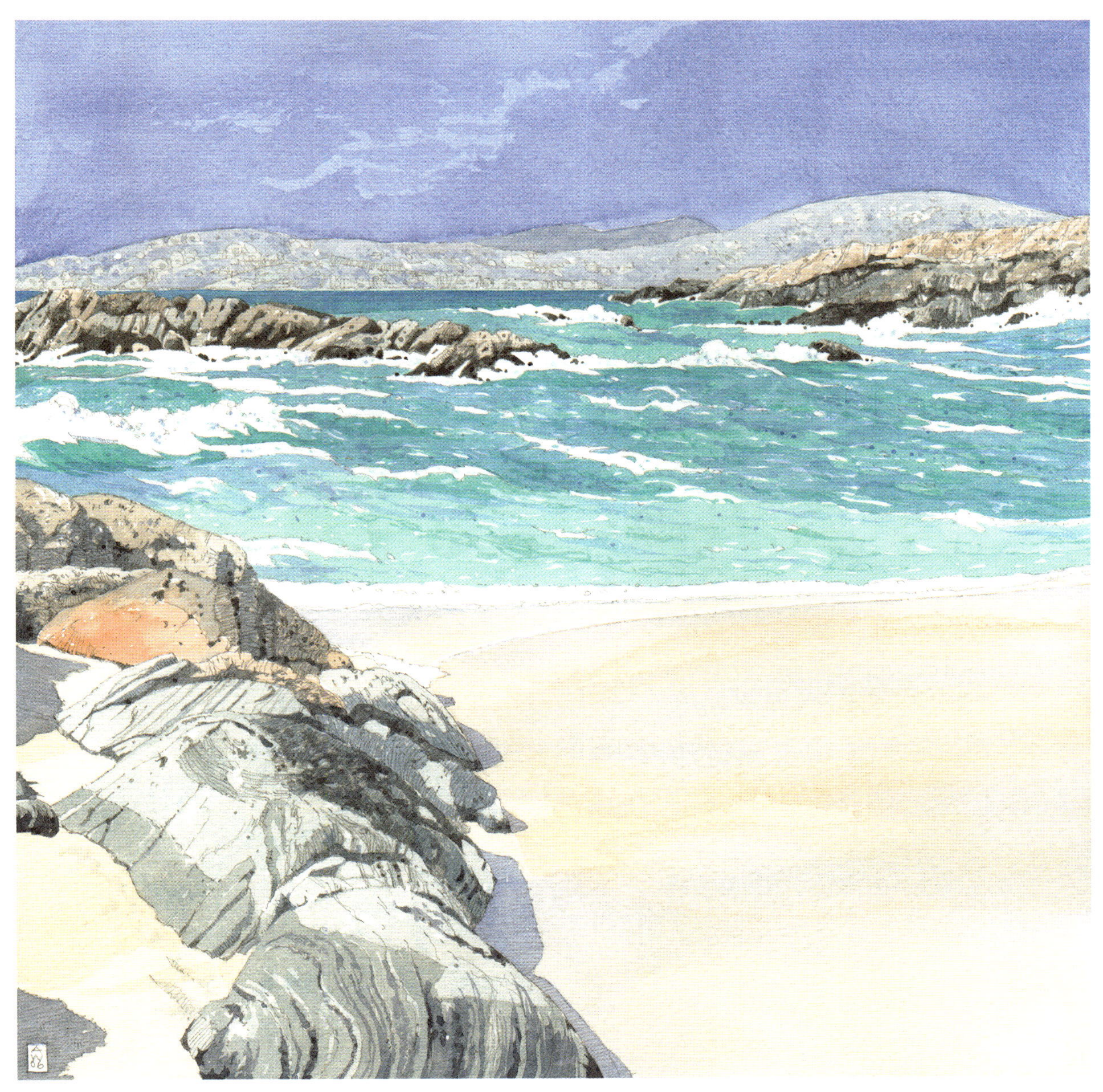

WEST HARRIS II: ALISDAIR WISEMAN :NA HEARADH, AN TAOBH SIAR II

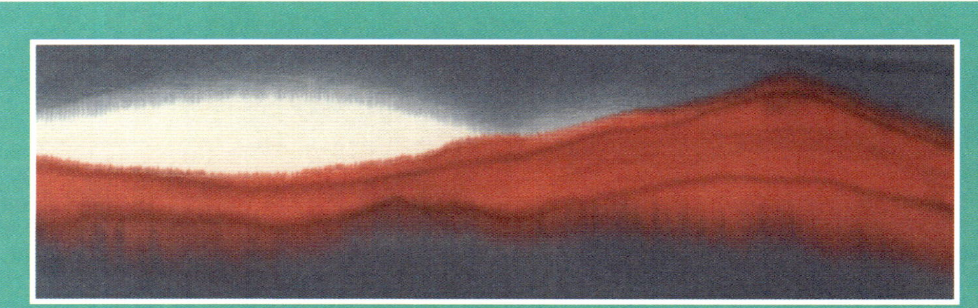

HERE ARE THE ELEMENTS IN A DAZZLING SUNSET DISPLAY.  THE COLOURS IN THE SKY SEEMED TO DANCE FROM ONE END OF THE PALETTE TO THE OTHER. CAPTURING A SINGLE IMAGE HARDLY DOES THE EVENING JUSTICE. AS THE SUN DIPPED BELOW THE EDGE OF TARANSAY AND TRAIGH SEILEBOST WENT INTO SILHOUETTE, THE WHOLE ISLAND SEEMED TO CATCH FIRE.  BREATHTAKING!

LE DOL FODHA NA GRÈINE, CHANADH TU GUN ROBH NA DATHAN SNA SPEURAN A' DANNSA BHON DÀRNA CEANN CHUN A' CHINN EILE GUS AN DEACH A' GHRIAN FODHA AGUS GU SAOILEADH TU GUN ROBH AN T-EILEAN GU LÈIR A' DOL A GHABHAIL TEINE - SEALLADH A BHEIREADH D' ANAIL BHUAT.

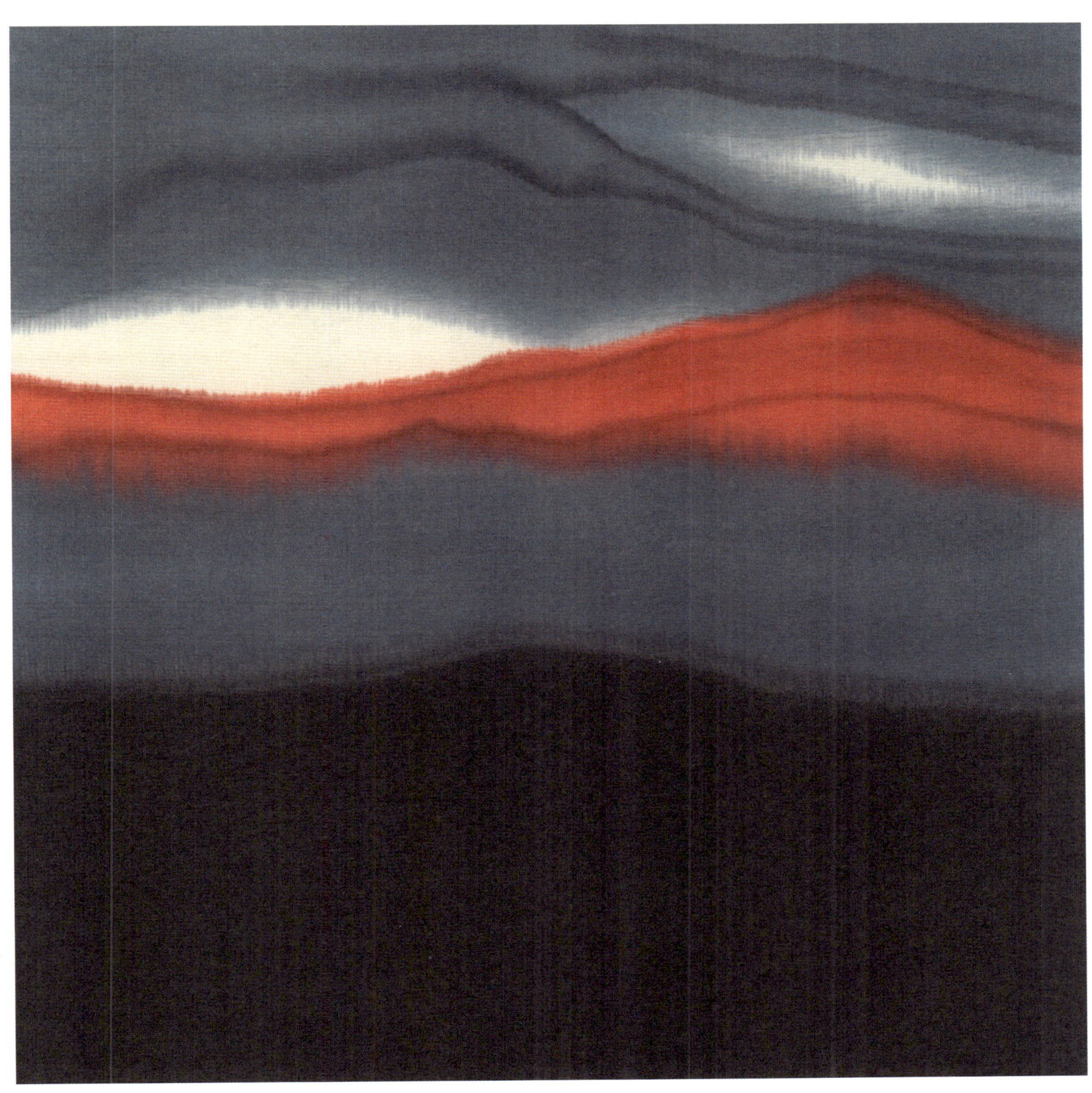

LAST LIGHT OF DAY: LESLEY WISEMAN :CRÌOCH AN LATHA

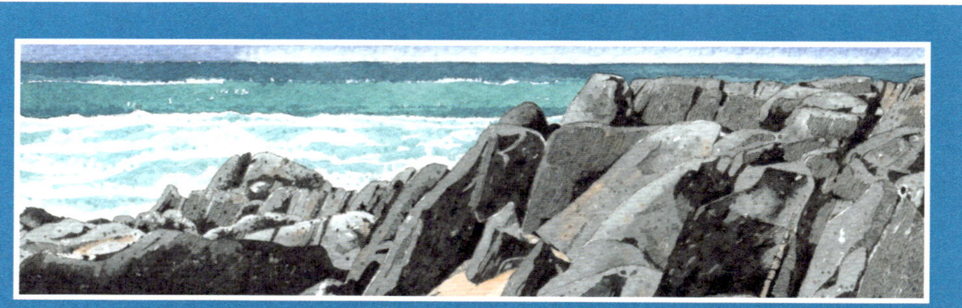

MOST OF THE ROCKS ALONG THE COAST OF HARRIS ARE ROUGH AND DECORATED WITH ALL MANNER OF LICHENS. NOT SO THIS GROUP, WHICH ARE FORMED FROM A DIFFERENT MATERIAL ENTIRELY AND HAVE BEEN WORN SMOOTH BY MILLENNIA OF TUMULTUOUS SEAS. THEY ARE A BEAUTIFUL WARM GREY WHEN DRY, AND, WHEN WET, THEY ARE THE MATT BLACK OF A MOONLESS HARRIS NIGHT SKY. HOWEVER. TWO THIN VEINS OF ROSE QUARTZ ADD THEIR OWN DIMENSION.

THA IOMADH SEÒRSA CROTAIL AIR NA CREAGAN RI TAOBH NA MARA, ACH CHAN EIL AIR AN FHEADHAINN SEO, A TH' AIR AN LOMADH LE GLUASAD NA MARA THAR NAN LINNTEAN. THA NA CREAGAN BLÀTH-GHLAS RI TIORMACHD AGUS MA THA E FLIUCH BIDH IAD A' SOILLSEADH GED A BHIODH AN T-ADHAR DORCH. THA IAD ANNASACH, AGUS CHÌ THU DÀ LOIDHNE DE CHUARTS TROMHPA.

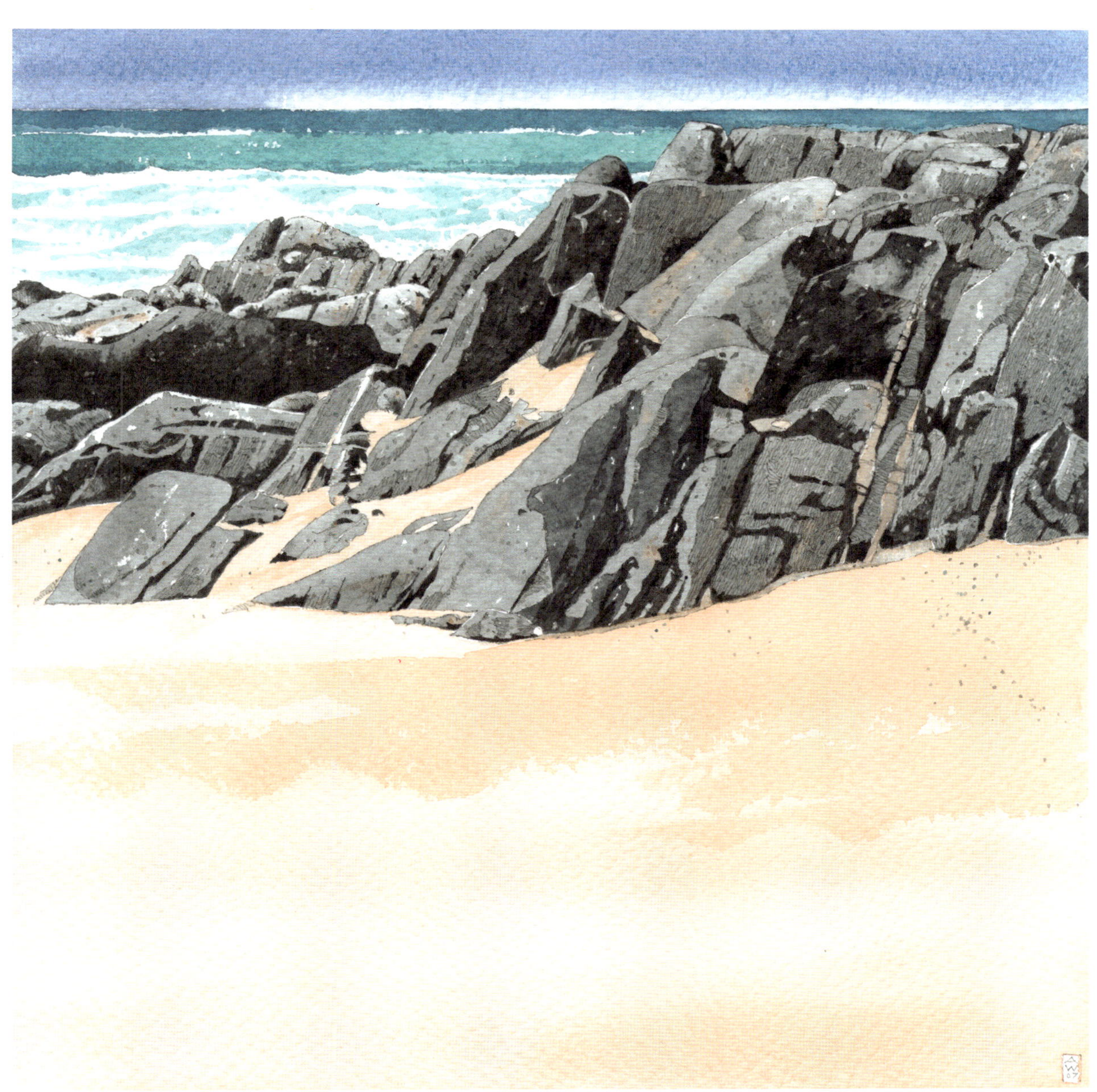

WEST COAST II:  ALISDAIR WISEMAN  :AN TAOBH SIAR II

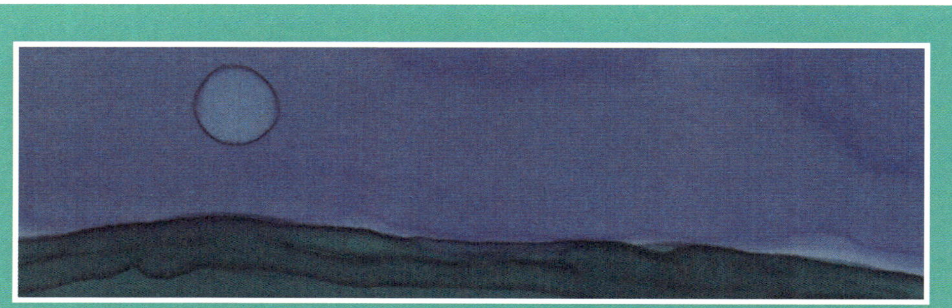

BILL LAWSON TELLS A STORY ABOUT PABBAY IN THE DAYS WHEN IT WAS BUSY WITH PEOPLE AND, MORE IMPORTANTLY FOR SOME, THE DISTILLATION OF WHISKY.  THE EXCISEMAN PAID REGULAR VISITS TO MAKE SURE THAT THERE WERE NO ILLEGAL STILLS IN OPERATION. THE FERRYMAN SET HIS SAIL IN A PARTICULAR WAY TO WARN THE ISLANDERS THAT THE AUTHORITIES WERE ON THEIR WAY.  THUS, THE STILLS WENT UNDETECTED FOR MANY YEARS UNTIL THE FERRYMAN'S SON FORGOT THE SIGNAL.  THE REST, AS THEY SAY, IS HISTORY.

NUAIR A BHA NA GÀIDSEARAN A' CUMAIL SÙIL UAIREIGIN ACH AN ROBH UISGE-BEATHA GA DHÈANAMH AM PABAIGH, BHIODH FEAR AN AISEIG A' SEATADH A SHIÙIL GUS AN AITHNICHEADH AN SLUAGH CÒ BH' AIR BÒRD AGUS GUM BIODH IAD ULLAICHTE. AON LATHA CHAIDH DÌOCHUIMHNEACHADH SIN A DHÈANAMH ...

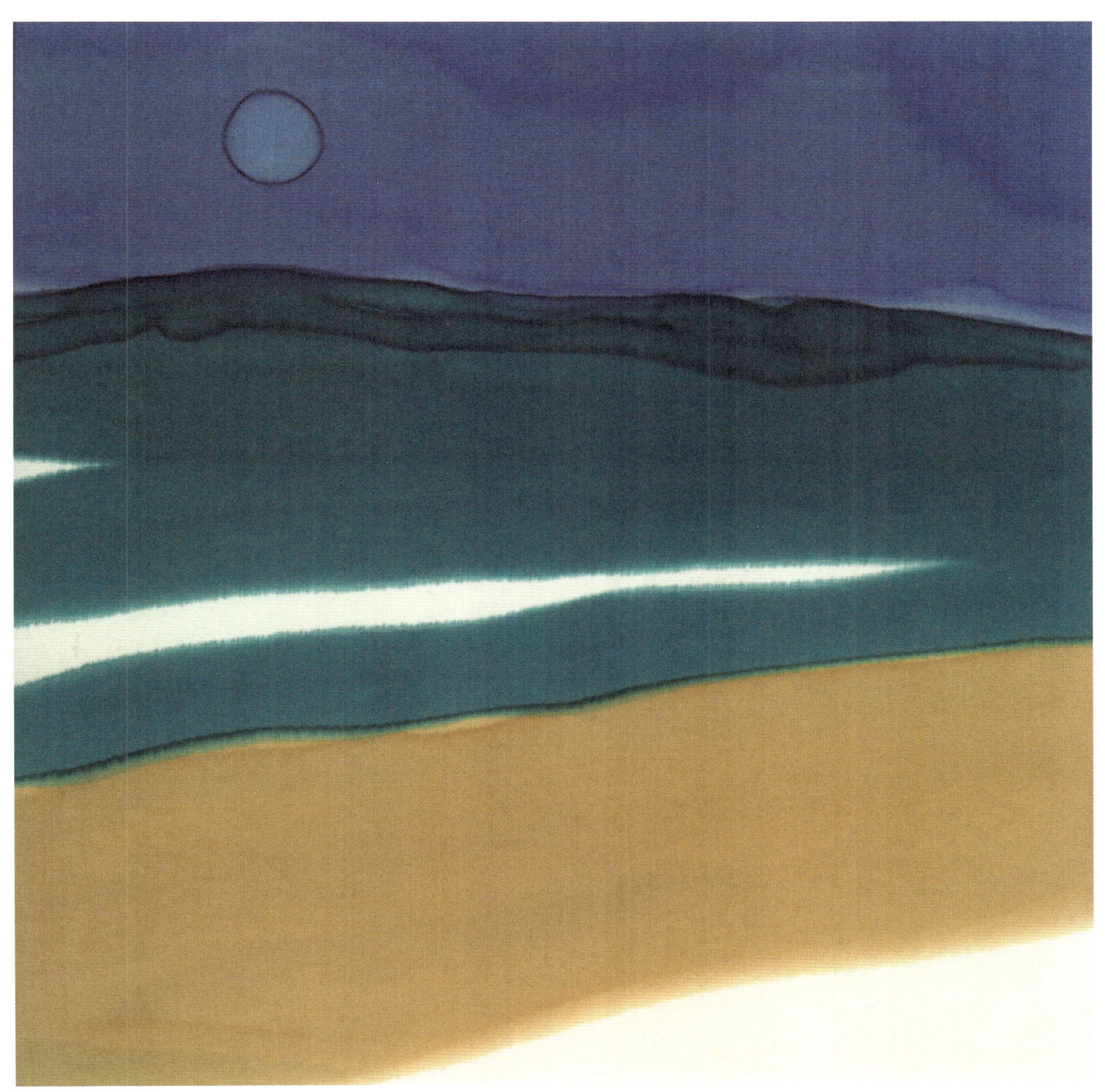

PABBAY I: LESLEY WISEMAN :EILEAN PHABAIGH I

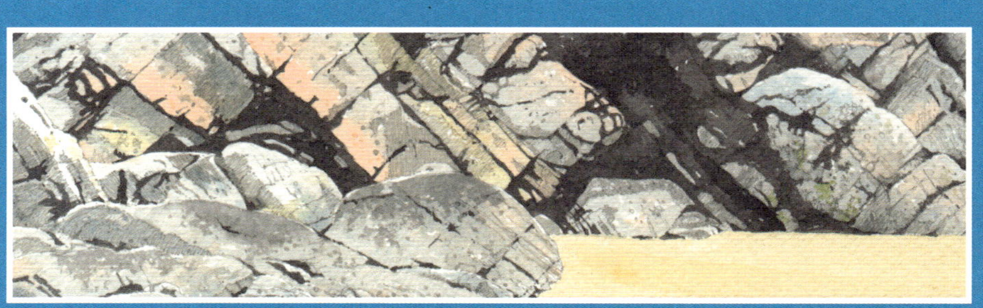

THE HEADLAND TO THE NORTHERN END OF THE BEACH AT
LUSKENTYRE IS WELL WORTH MORE DETAILED SCRUTINY. ARCTIC
TERNS SCOUR THE SURF IN THE SUMMER MONTHS AND COMMON
CENTAURY PUSHES ITS PRETTY LITTLE PINK FLOWERHEADS THROUGH
THE TURF.  SPOTTED ORCHIDS ARE PLENTIFUL AND A GOLDEN EAGLE
OFTEN PATROLS OVERHEAD.


'S MATH AS FHIACH AN RUBHA AIG CEANN A TUATH NA TRÀGHAD
TUILLEADH ÙINE A CHUR SEACHAD ANN. AN SIN CHÌ THU STEÀRNAGAN, AGUS
CEUD-BHILEACH A' NOCHDADH TRON RIASG. THA PAILTEAS MHOGALAN-
MÒINTICH ANN CUIDEACHD. TRIC CHÌ THU IOLAIRE AN SEO.

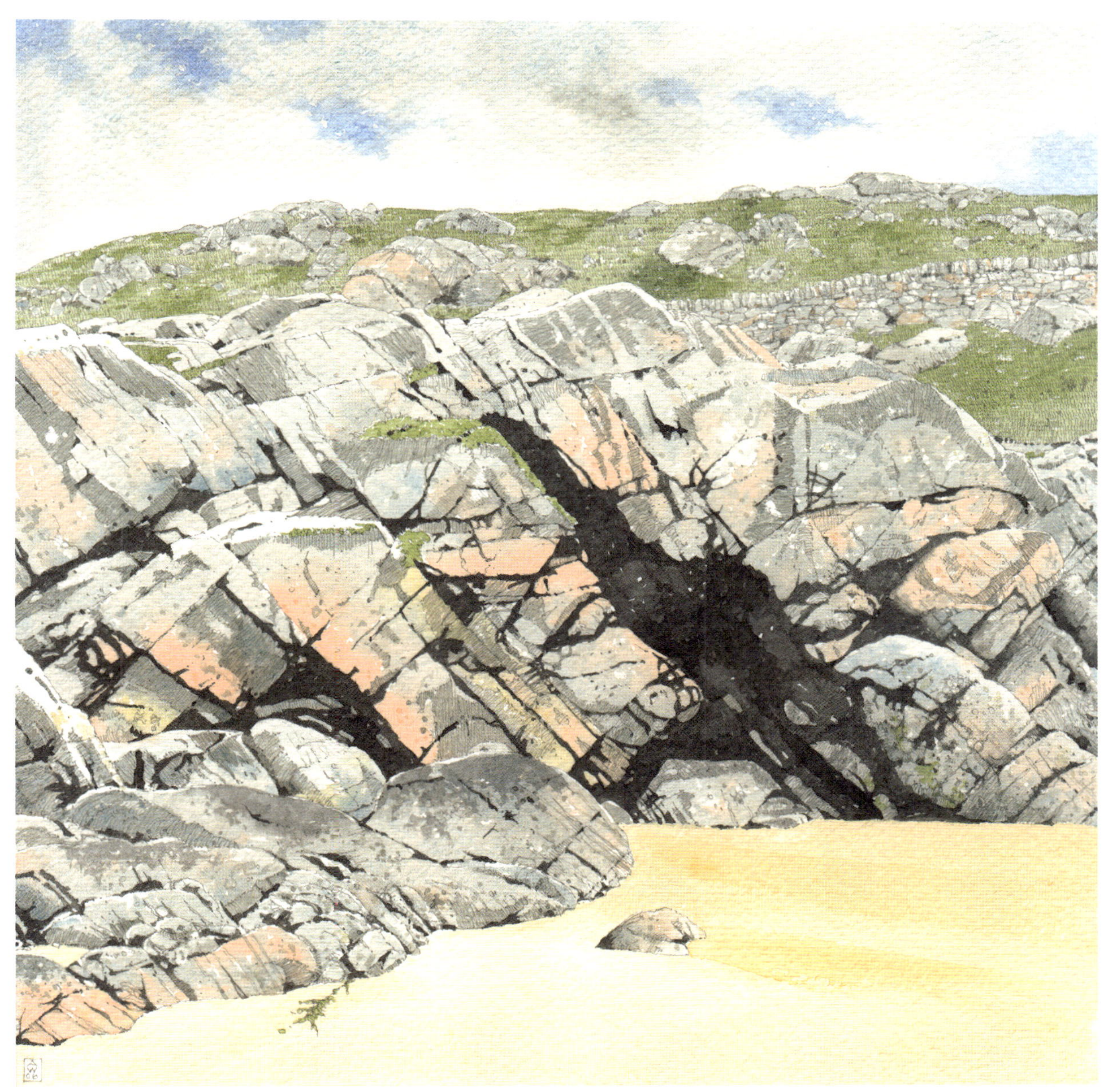

LUSKENTYRE II: ALISDAIR WISEMAN :LOSGAINTIR II

STAND ON THE BEACH AT SCARISTA AND LOOK SOUTH-WEST TOWARDS CEAPABHAL ON A BALMY DAY IN AUGUST AND YOU WILL FIND THAT EVERY PART OF THE VIEW SHIMMERS. THE SAND MERGES INTO THE SEA, WHICH IN TURN BECOMES ONE WITH THE MOUNTAIN BEYOND. THE COLOURS MOVE IN THE VERY SAME WAY AS WHEN I APPLY PIGMENT TO SILK. IT FEELS AS THOUGH NATURE USES THE SAME BROAD BRUSHES AND BOLD STROKES THAT CHARACTERISE MY PAINTINGS.

AIR LATHA TLÀTH SAN LÙNASTAL THA NA THA FA CHOMHAIR DO SHÙLA SAN ÀITE SEO A' CRITH-DHEÀLRACHADH. THA MUIR IS TÌR IS CNUIC MAR GUM BITHEADH NAN AONAN A' GLUASAD MAR DHATH AIR SÌODA. 'S ANN A SHAOILEAS MI GU BHEIL NÀDAR A' CLEACHDADH NAN AON INNLEACHDAN 'S A BHIOS MI FHÌN NUAIR A THA MI A' PEANTADH.

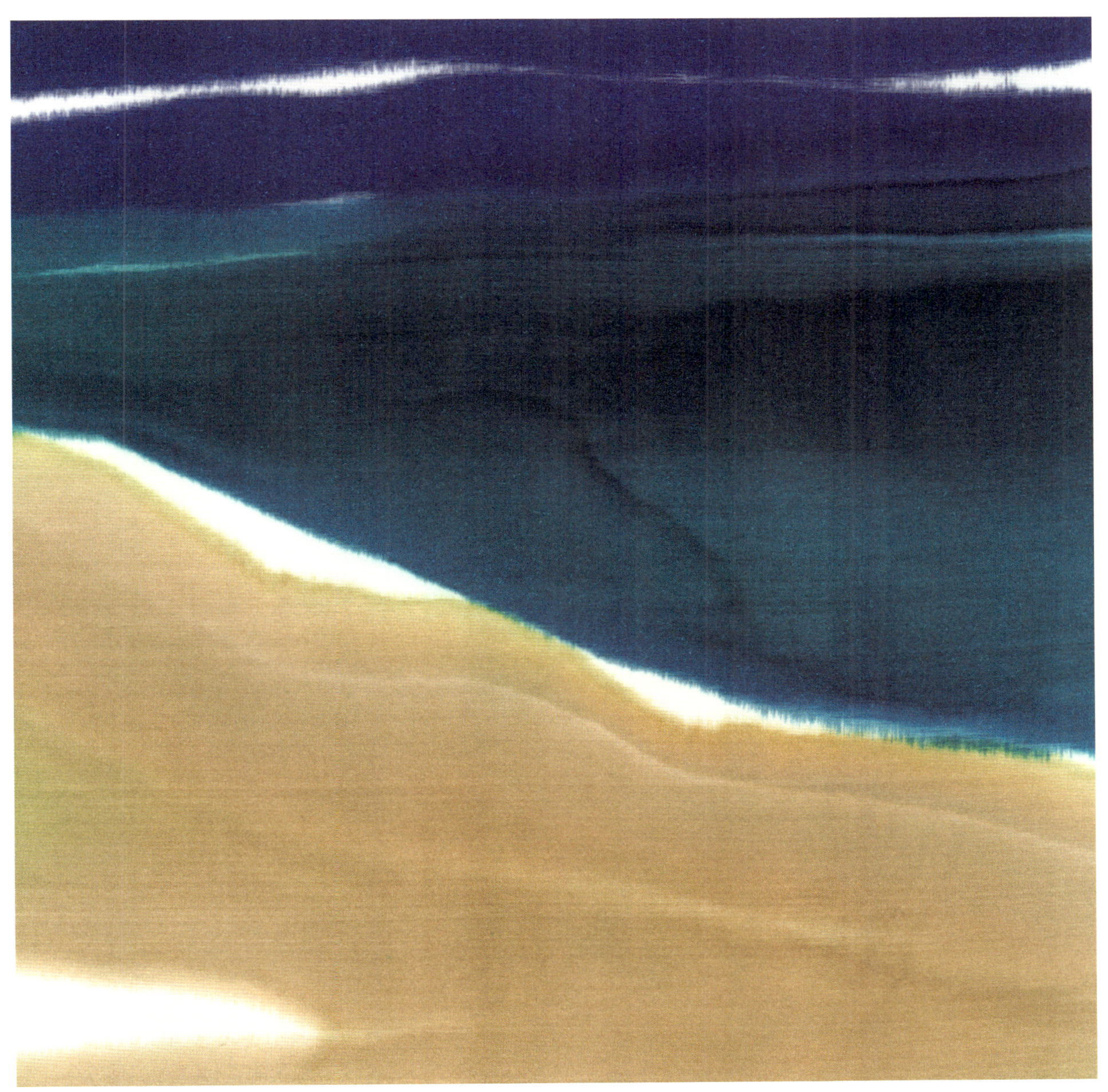

SCARISTA IV: LESLEY WISEMAN :SGARASTADH IV

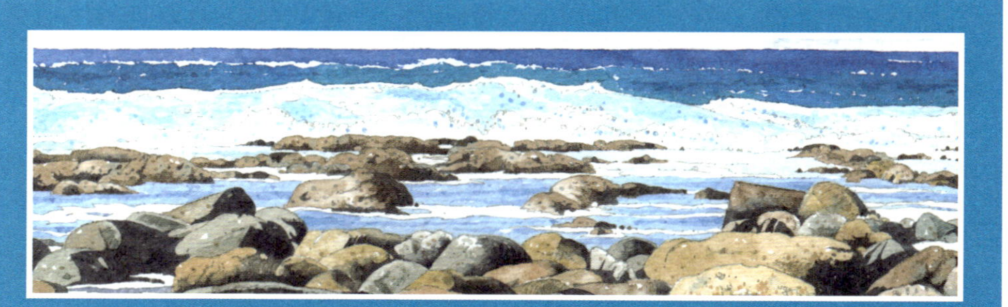

I HAVE ALWAYS BEEN FASCINATED BY ROCKS AND STONES. FROM AN EARLY AGE, I FOUND MYSELF DOODLING IMAGES FROM WHAT I THOUGHT WAS MY IMAGINATION. I NOW KNOW THAT IT WAS ACTUALLY FROM MEMORIES AMASSED SLOWLY AND QUIETLY OVER TIME FROM ALL MY CHILDHOOD HOLIDAYS IN THE HIGHLANDS. MEMORIES FORMED IN MUCH THE SAME WAY THAT SLATES, SHALES AND SANDSTONES WERE LAID DOWN OVER THE EONS, LAYER UPON LAYER. NO SURPRISE THEN THAT I SHOULD FEEL DRAWN TO THIS WONDERFUL WEST COAST SHORE.

THA MI AIR A BHITH A' TIGHINN DHAN GHÀIDHEALTACHD BHOM ÒIGE SUAS AGUS THA NA CUIMHNEACHAIN A TH' AGAM DHEN ÀM SIN AIR MO DHEALBHAN A CHUMADH GE B' OIL LEAM, DÌREACH MAR A THA SGLÈAT AGUS CLACH-GHAINMHICH AIR A BHITH A' FREUMHACHADH THAR NAN LINNTEAN. CHAN EIL IONGNADH A-RÈIST GU BHEIL TARRAING SNA TRÀIGHEAN ÀLAINN SEO DHOMH.

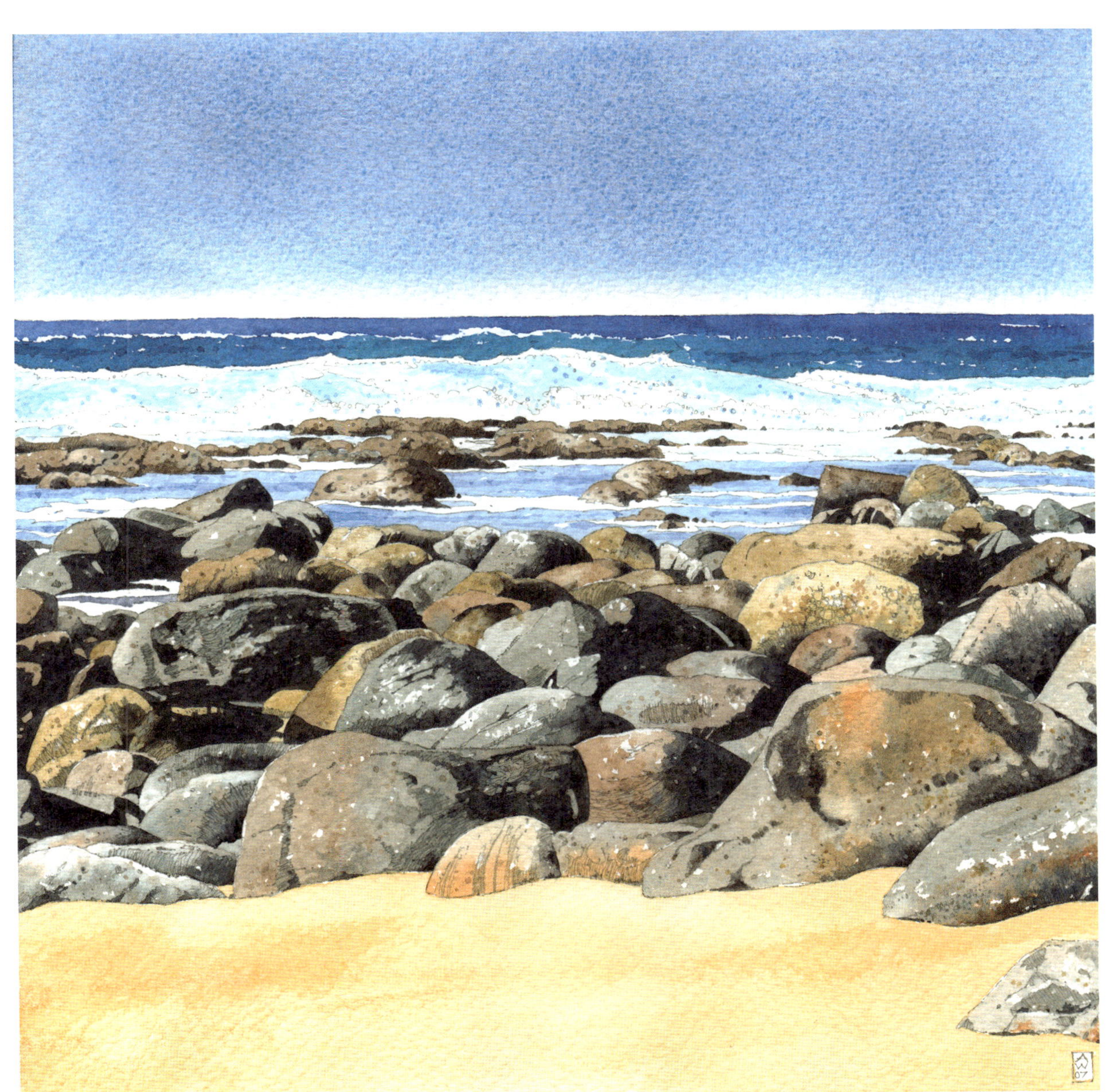



WEST COAST 1: ALISDAIR WISEMAN :AN TAOBH SIAR 1

149

CEAPABHAL RISES MAJESTICALLY OUT OF THE SANDS BEYOND SCARASTA
TO WELL OVER 1000 FEET. OUT OF A CRYSTAL CLEAR SKY, A CLOUD
MATERIALISED OVER CEAPABHAL, BLURRING ITS EDGES AND CLAIMING
TEMPORARY SOVEREIGNTY. THEN, JUST AS QUICKLY, IT MELTED AWAY.

THA CEAPABHAL AG ÈIRIGH ÀRD AGUS MAISEACH GU CÒRR IS 1000 TROIGH.
THUG AN SGÒTH BHEAG SEO BHUAINN A BÀRR AIRSON TIOTADH MUS DO
SHIL I ÀS.

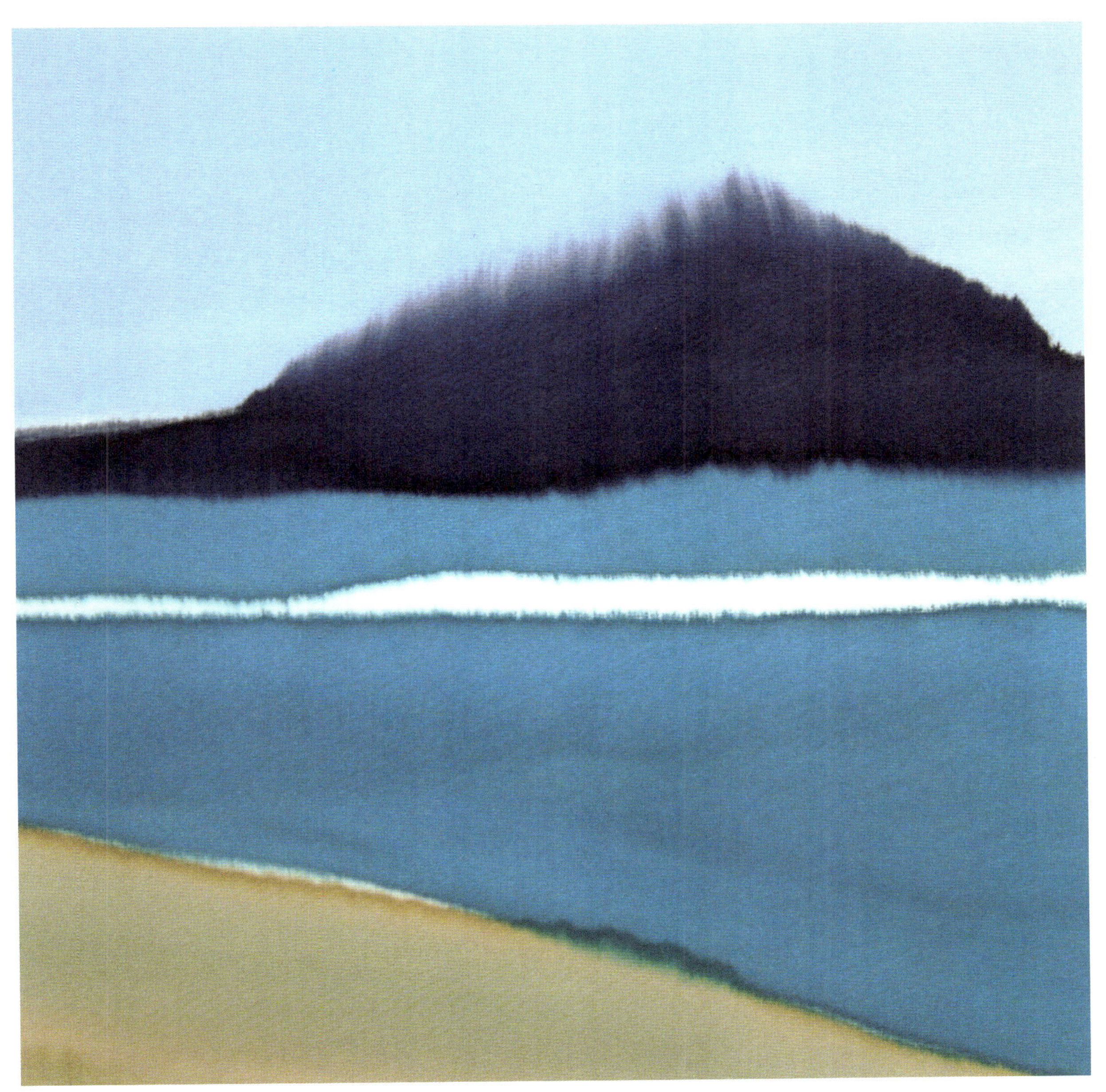

TOE HEAD III: LESLEY WISEMAN :GOB AN TOBHA III

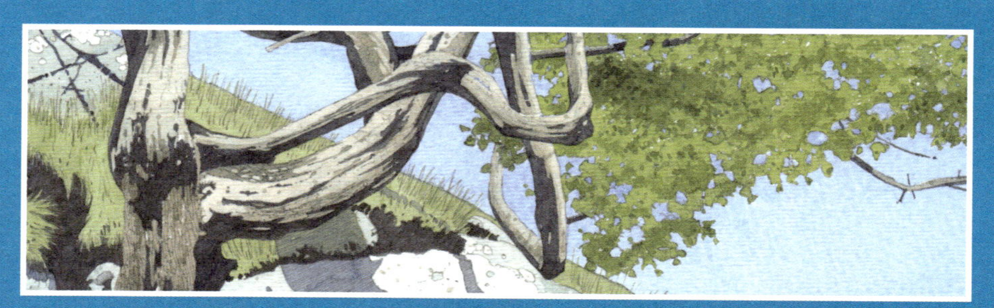

THE FEW TREES IN HARRIS PUT DOWN ROOTS THAT SEEK OUT EVERY NOOK AND CRANNY, AS IF IN THE CERTAIN KNOWLEDGE THAT THE ELEMENTAL BATTLES THAT CHARACTERISE THE LOCAL WEATHER WILL DO EVERYTHING TO PRISE THEM LOOSE. THERE IS REAL BEAUTY IN THE GNARLED FORMS INTO WHICH THEY GROW.

THA AM BEAGAN CHRAOBHAN SNA HEARADH FREUMHAICHTE ANN AN CÙILTEAN IS CLAISEAN. GED A THA IAD A' FÀS CRÙBTE IS CAM, THA IAD BÒIDHEACH NAN DÒIGH FHÈIN.

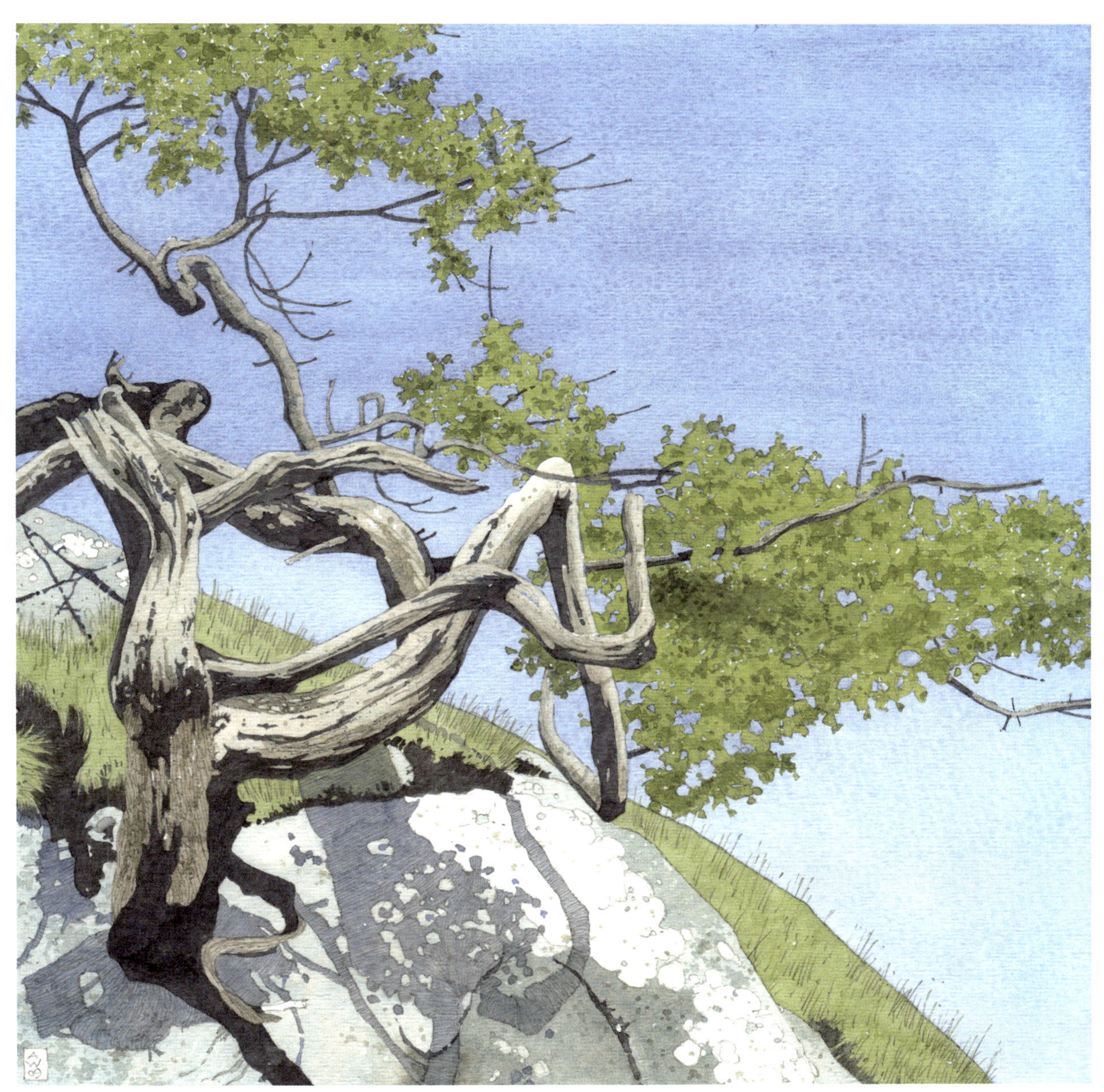

BEYOND KENDIBIG: ALISDAIR WISEMAN :A-MACH BHO CHEANN DÌBIG

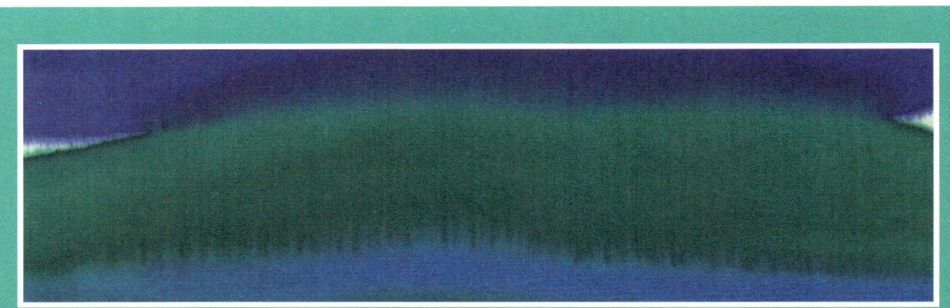

THE VIEW FROM LUSKENTYRE TO THE HILLS OF NORTH HARRIS IS
SPECTACULAR. FOLLOW THE BURN AS IT CUTS THROUGH THE MACHAIR
AND ENJOY THE MOUNTAINOUS VIEW THAT IS FRAMED BY THE DUNES
ON EITHER SIDE. GO ANY NUMBER OF TIMES AND YOU WILL FIND THAT
THE BURN HAS FOUND A DIFFERENT ROUTE TO THE SEA PROVIDING,
LIKE PAGANINI, NEW VARIATIONS ON A THEME.


THA SEALLADH EIREACHDAIL BHO LOSGAINTIR A-NULL GU BEANNTAN
CHINN A TUATH NA HEARADH. AIR CHO TRIC 'S GU LEAN THU AN T-ALLT
TRON A' MHACHAIR EADAR NA DÙIN AGUS NA BEANNTAN, CHÌ THU GUN
ATHARRAICH A CHÙRSA GACH UAIR.

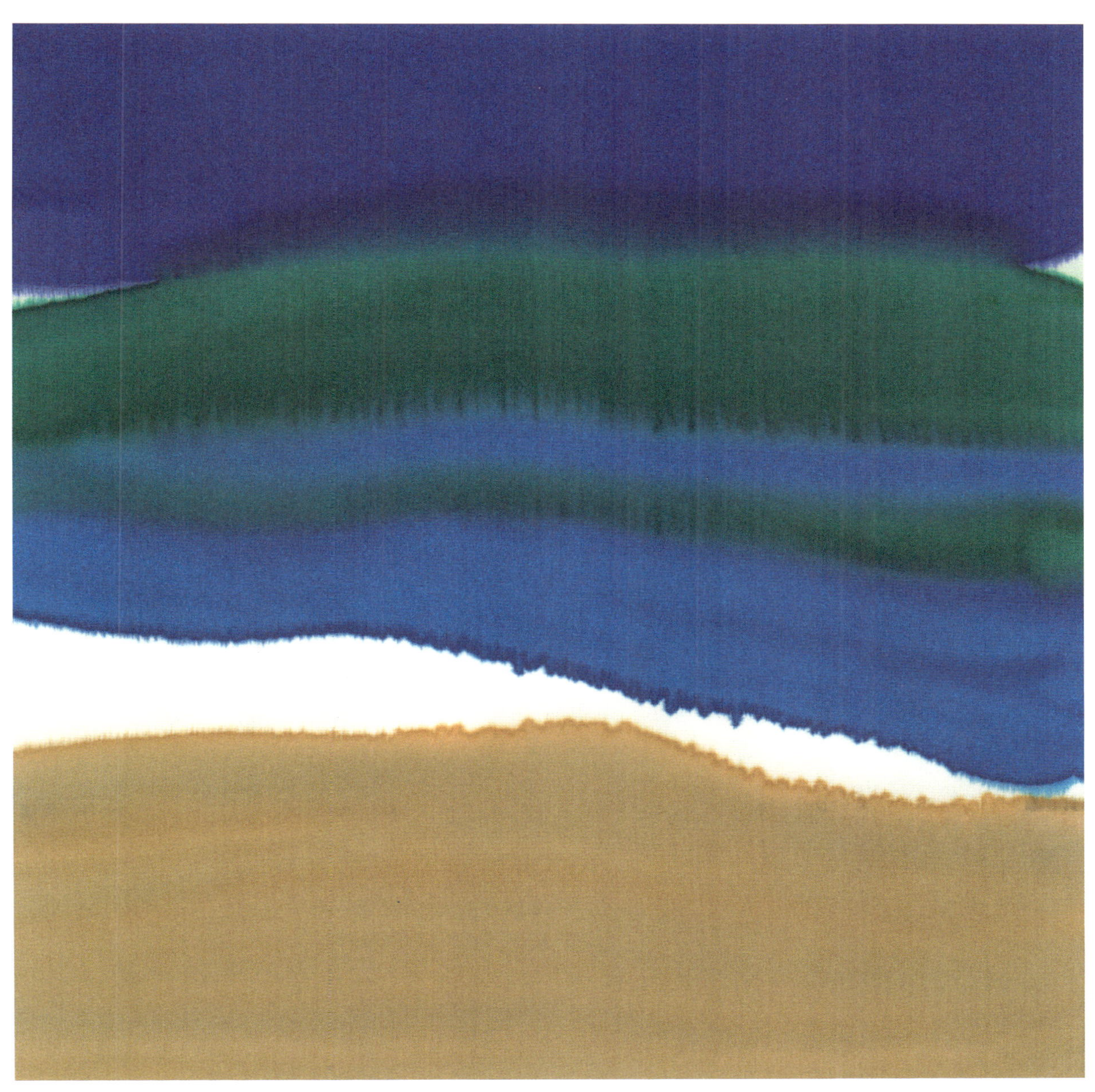

TRAIGH LUSKENTYRE II:  LESLEY WISEMAN  :TRAIGH LOSGAINTIR II

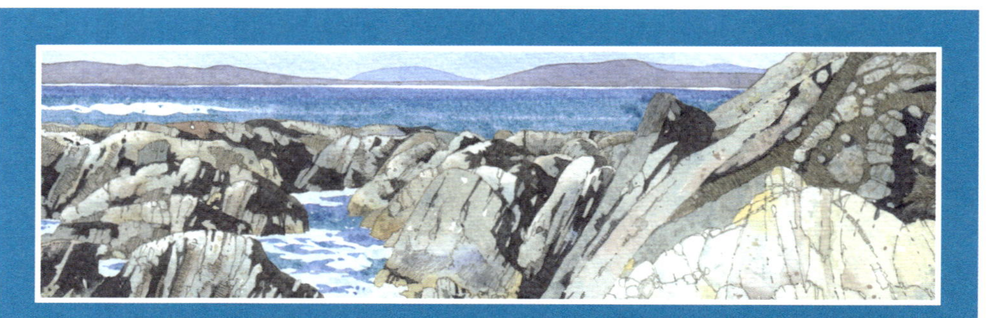

GEODHA IS A GAELIC WORD, FROM THE NORSE, MEANING A DEEP CUT IN THE HEADLAND.  THERE ARE MANY OF THESE FASCINATING GEOLOGICAL FORMATIONS ALONG THE WEST COAST OF HARRIS.  AS THE TIDE RISES, GREAT CRASHING WAVES ENGULF THE ROCKS, SENDING RIVERS OF FOAM WRITHING THROUGH THE NARROW CHANNELS.

'S ANN BHO NA LOCHLANNAICH A FHUAIR SINN AM FACAL, GEODHA. THA GEODHAICHEAN GU LEÒR AN TAOBH AN IAR NA HEARADH. BIDH NA TONNAN MÒRA A' STIALLADH A' CHOIP A-STEACH EADAR NA CREAGAN NUAIR A BHIOS IAD A' BRISEADH MU NA CREAGAN.

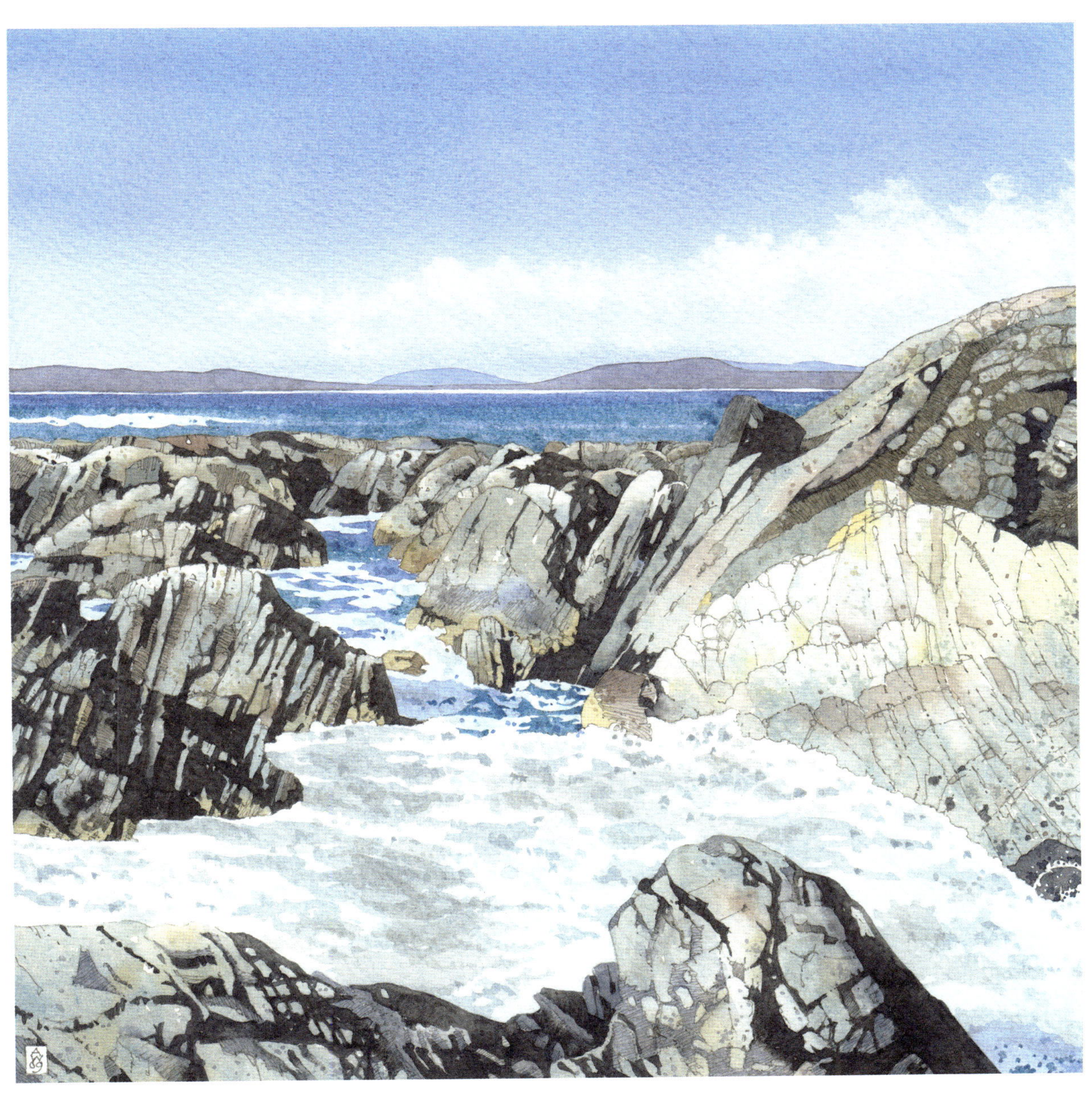

GEODHA MÀRTAINN, WEST HARRIS: ALISDAIR WISEMAN :GEODHA MHÀRTAINN, AN TAOBH SIAR

A DARK AND BROODING TROUBLED HARRIS SKY IS NOT AN UNCOMMON OCCURRENCE. AS THE SUNSHINE CAN LIFT A METAPHORIC CLOUD THAT HANGS OVER A PERSON, SO TOO CAN IT DISPEL THE LITERAL CLOUDS AND EASE THE CONCERNS OF THE LAND.

NUAIR A NOCHDAS A' GHRIAN TOGAIDH NA SGÒTHAN. THA SEO A CHEART CHO FÌOR MUN FHONN 'S A THA E MUN DUINE.

TROUBLED SKIES I: LESLEY WISEMAN :ADHAR DORCH I

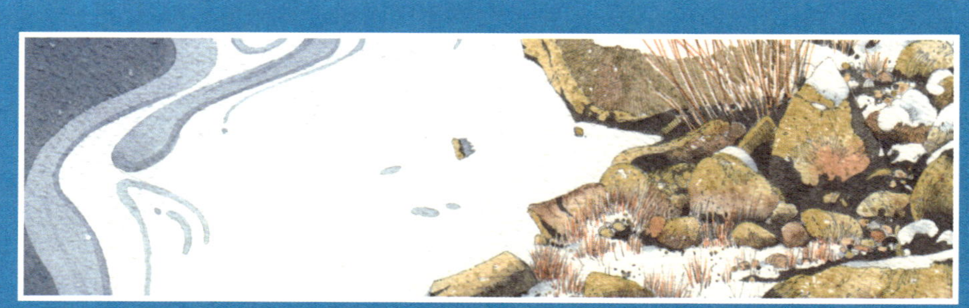

THERE HAD BEEN A WEEK OF GOOD WINTER WEATHER BRINGING INTENSE BLUE SKIES AND REALLY LOW TEMPERATURES. LOCH HEILEASBHAL WAS FROZEN OVER. IT WAS A REAL TREAT AS I CRESTED THE OLD DAM TO SEE THE INKY BLUE CRUST ON THE WATER. I RESISTED THE TEMPTATION TO BREAK THE ICE, AND INSTEAD, SKIMMED SMALL STONES ACROSS ITS SURFACE, LISTENING TO THE HOLLOW CLANKING THAT FOLLOWED.

BHA SEACHDAIN DE DH'AIMSIR MHATH GHEAMHRAIL AIR A BHITH ANN LE FUACHD IS ADHAR SOILLEIR. BHA LOCH HEILEASBHAL REÒTHTE AGUS CHLUINNINN NA MOLAGAN A' SGUDADH AIR UACHDAR – FUAIM A THUG TOILEACHAS NACH BU GHANN DHOMH.

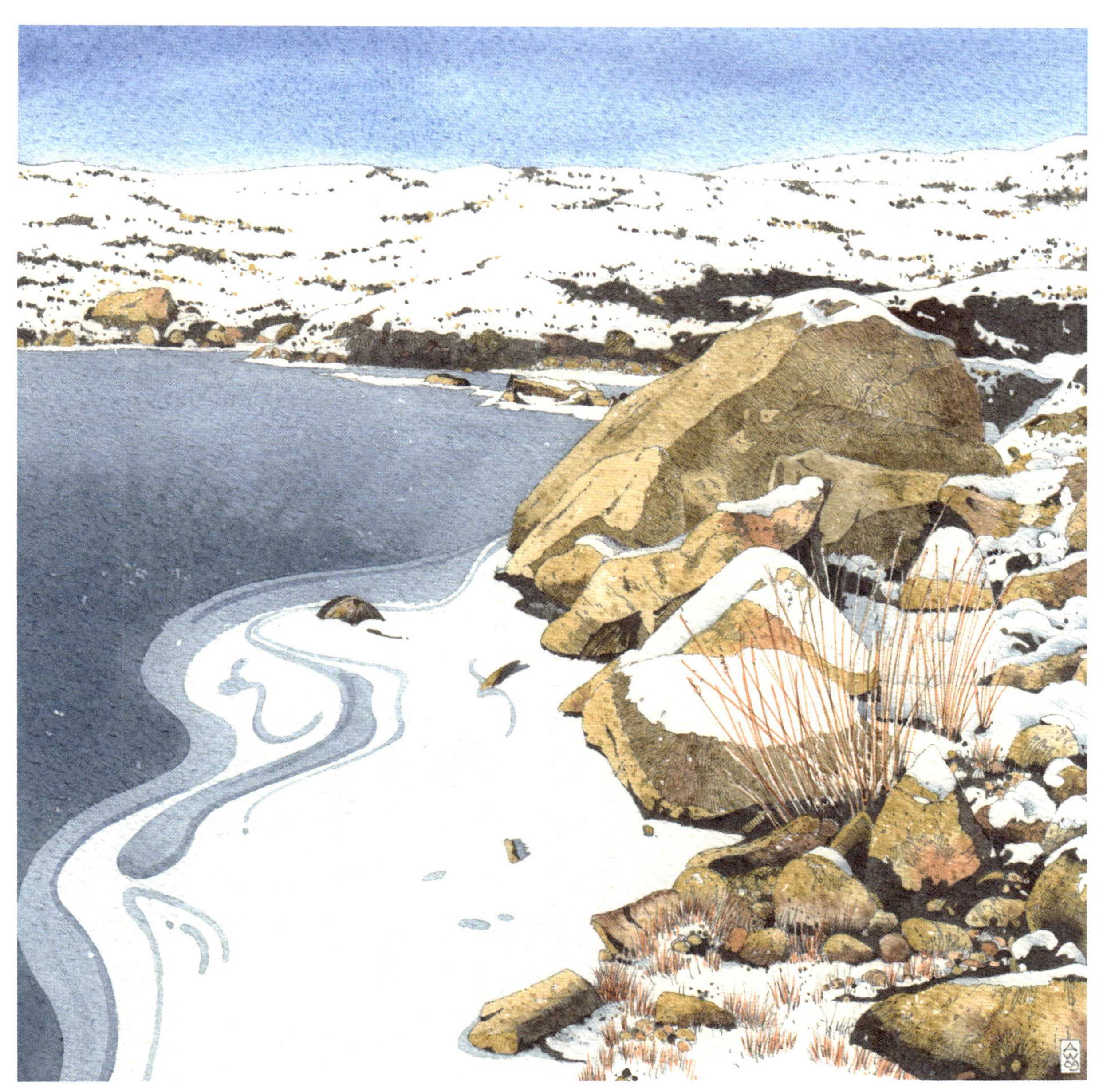

LOCH HEILEASBHAL IN WINTER: ALISDAIR WISEMAN :AN GEAMHRADH, LOCH HEILEASBHAL

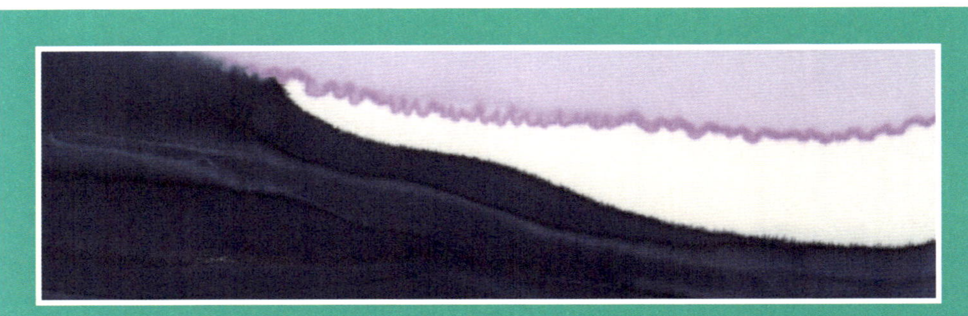

THERE IS AN ALMOST CONSTANT LIGHT BREEZE IN HARRIS THAT SERVES TO KEEP THE DREADED MIDGES AT BAY. THIS IS NEVER MORE WELCOME THAN IN THE EVENING WHEN THE KALEIDOSCOPE OF TWILIGHT COLOURS IS ON SHOW.  NO TWO EVENINGS ARE THE SAME!

CUMAIDH OITEAG BHEAG THAITNEACH A' MHEANBH-CHUILEAG AIR FALBH, GU H-ÀRAIDH SNA FEASGAIR, A' LEIGEIL DHUT A DHOL A-MACH AGUS NA SEALLAIDHEAN BRÈAGHA A SHÙGHADH A-STEACH NAD INNTINN.

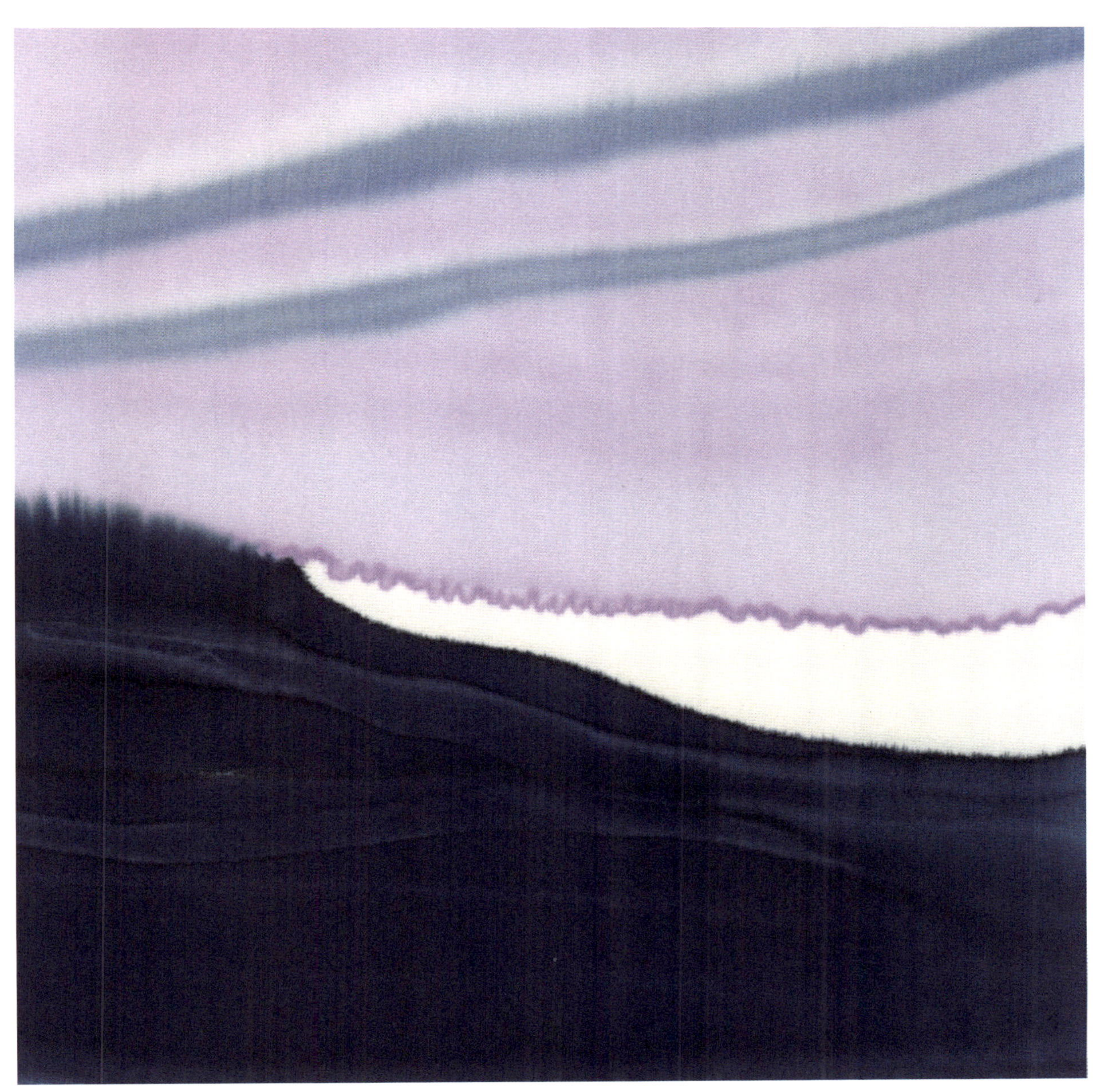

TWILIGHT IN HARRIS V: LESLEY WISEMAN :AN COMH-THRÀTH V

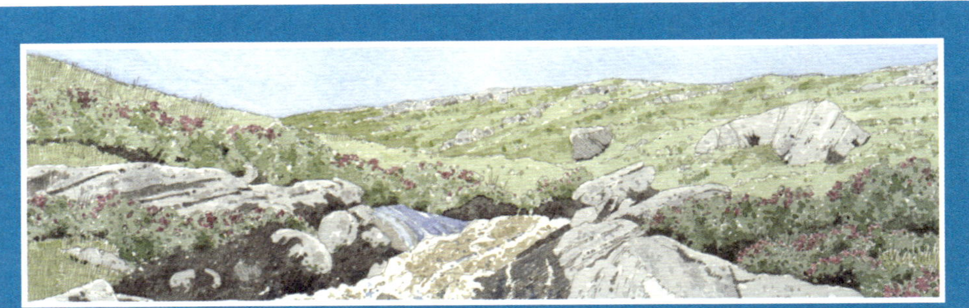

I HAVE ALWAYS BEEN FASCINATED BY WATERFALLS - LARGE AND SMALL. ON FAMILY HOLIDAYS BEFORE WE HAD DISCOVERED THE OUTER ISLES, WE USED TO STOP AT EVERY BURN WHERE WATER TUMBLED. IT WAS WONDERFUL TO FIND THE BURN AT SEILEBOST, WHICH IS A VERITABLE ESCALATOR OF FALLS.  FROM THE MOMENT YOU LEAVE THE OLD ROAD ABOVE THE CAUSEWAY, IT IS WATERFALL AFTER WATERFALL ALL THE WAY TO THE LOCH.

CHÒRD E RINN ALLT SHEILEABOIST A LORG, FAR A BHEIL AN T-UISGE A' TAOMADH SÌOS GUN ABHSADH, MAR AON STAIDHRE FHADA. NUAIR A DH'FHÀGAS TU AN SEANN RATHAD OS CIONN A' CHABHSAIR CHA MHÒR GU BHEIL ANN ACH EAS ÀS DÈIDH EASA FAD NA SLIGHE CHUN AN LOCH.

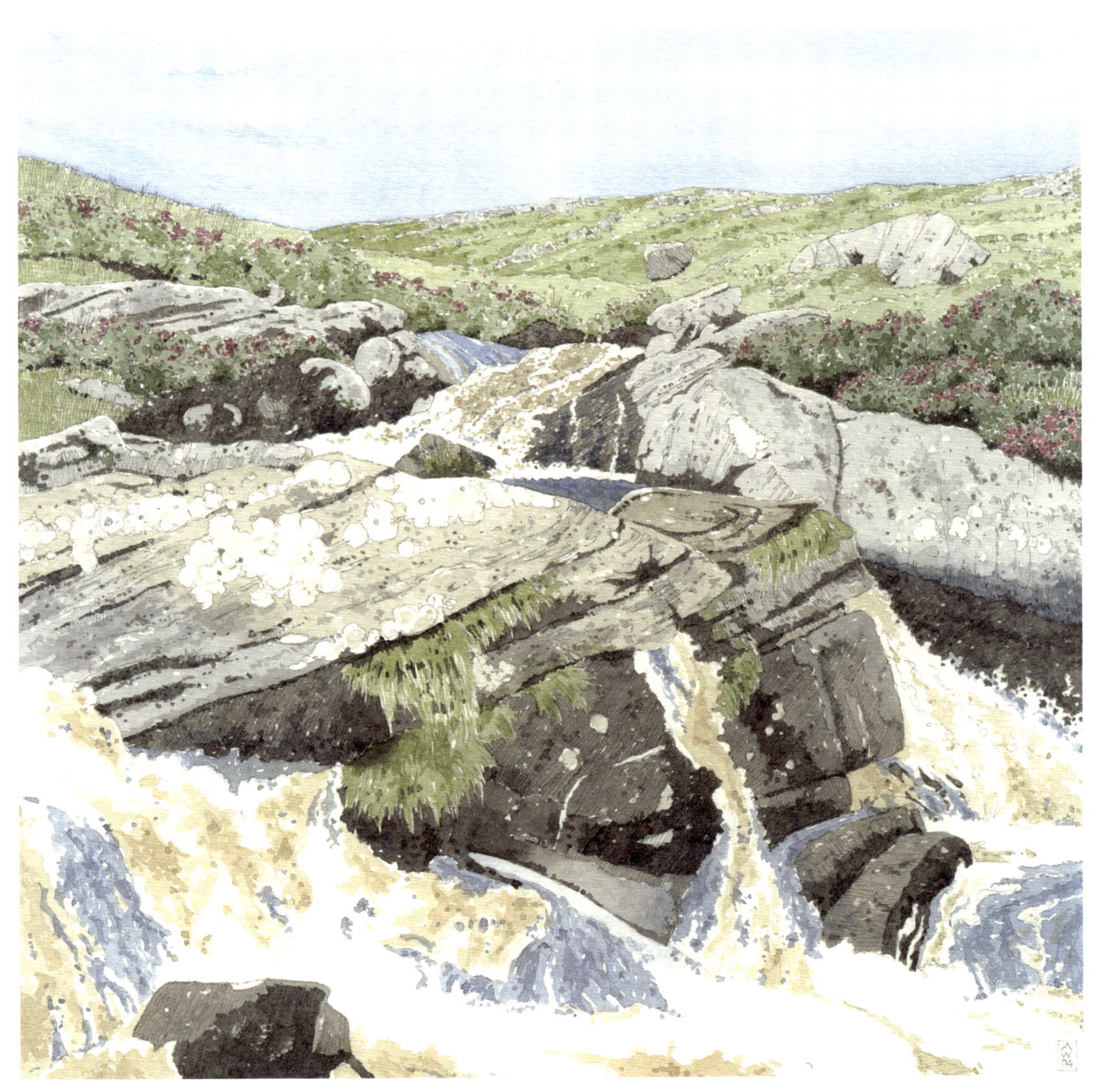

ABHAINN GIL AN TAILLEIR II: ALISDAIR WISEMAN :ABHAINN GIL AN TÀILLEIR II

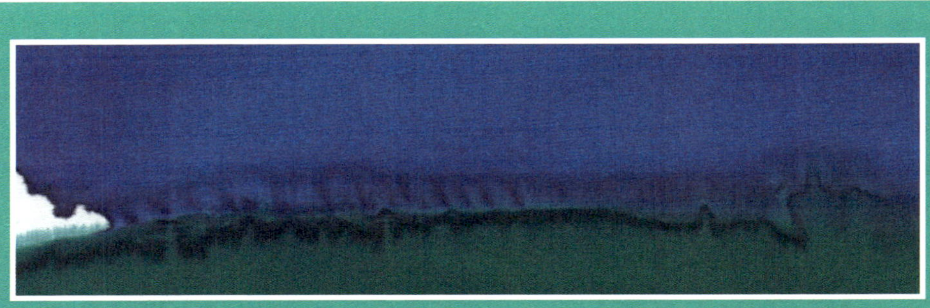

THE LAND SEPARATING WEST LOCH TARBERT FROM THE HARBOUR WHERE THE CALEDONIAN MACBRAYNE FERRY BERTHS IS VERY NARROW AND LOW-LYING. I WONDER HOW THINGS WOULD HAVE TURNED OUT IF THE LAST ICE AGE HAD PERSISTED FOR ANOTHER COUPLE OF THOUSAND YEARS. IT MIGHT HAVE OVERCOME THE LAND'S DETERMINATION TO REMAIN UNITED. HOWEVER, THE ICE RECEDED, THE LAND REMAINED INTACT AND A THRIVING LITTLE VILLAGE HAS GROWN UP BY THE WATER'S EDGE.

BIDH MI A' SMAOINEACHADH NAM BIODH LINN NA DEIGHE MU DHEIREADH AIR MAIRTINN DÀ MHÌLE BLIADHNA EILE GUR DÒCHA GUM BIODH AN T-ÀITE SEO EADAR-DHEALAICHTE. CHA DO MHAIR, AGUS SEACH GUN TÀINIG CASG AIR AN DEIGH THA BAILE BEAG BEOTHAIL AN SEO RI OIR NA MARA.

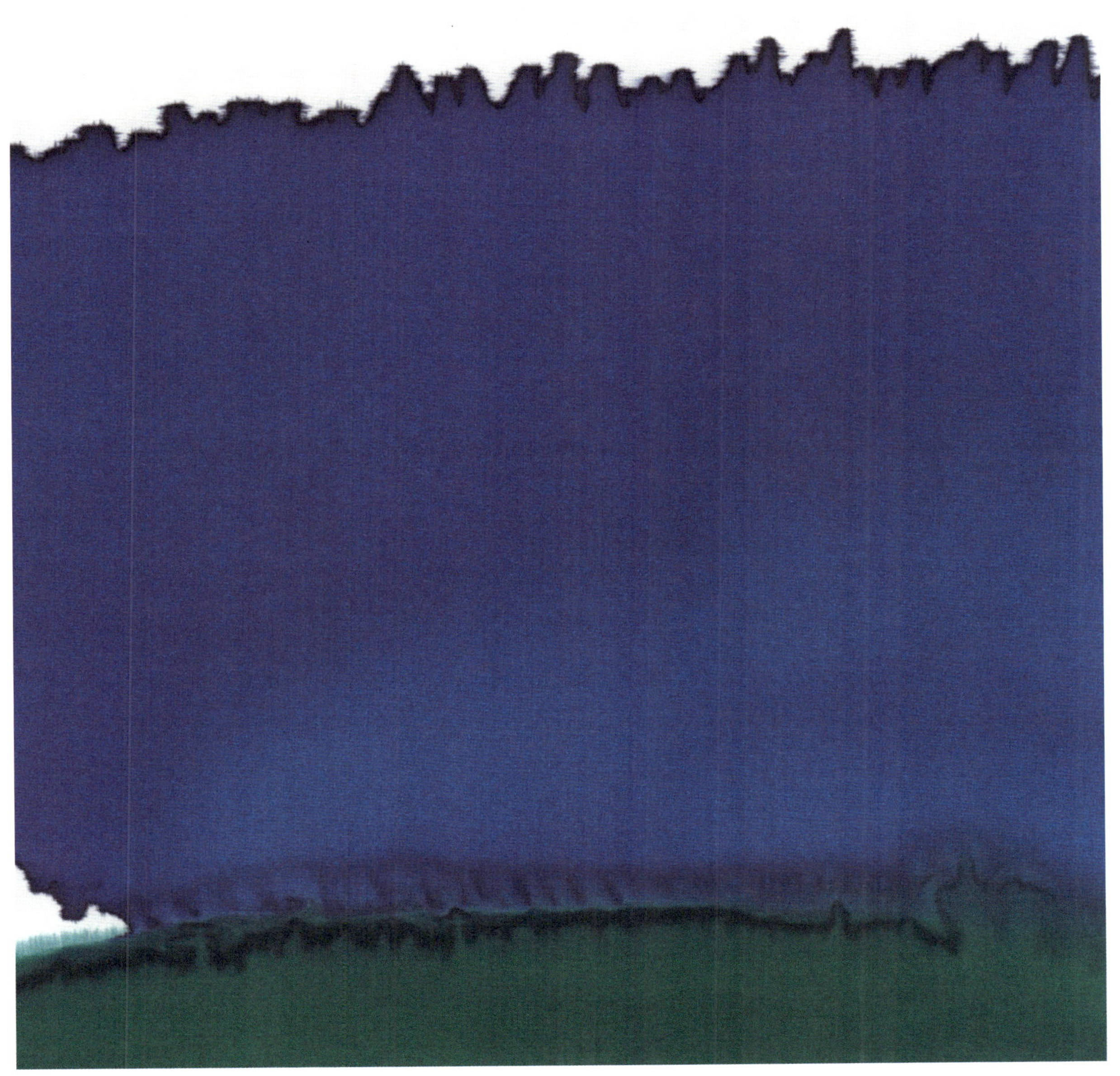

WEST LOCH TARBERT: LESLEY WISEMAN :TAOBH AN IAR LOCH AN TAIRBEIRT

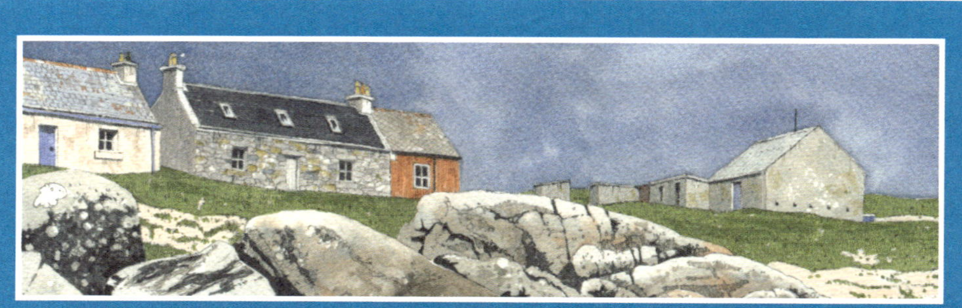

OUR JOURNEY THROUGH HARRIS HAS COME FULL CIRCLE – WE'RE BACK AT THE END OF THE ROAD AT HUISINIS. IT IS, HOWEVER, ONLY THE END OF THE MAIN ROAD. IN TIMES PAST, THE TRACK WENT UP OVER THE HILL BEHIND HUISINIS TO THE LITTLE TOWNSHIP OF CRABHADAL. THIS IS A STUNNING WALK. EVEN IF YOU'RE NOT VERY FIT, IT'S WORTH GOING A SHORT DISTANCE UP THE HILL TO SOAK IN THE VIEWS ACROSS A SLIP OF ULTRAMARINE TO THE ISLAND OF SCARP.

THA SINN A-NIS AIR CRUINNE-CHAR A CHUR – THA SINN AIR AIS AIG CEANN AN RATHAID MHÒIR ANN A HÙISINIS. UAIREIGIN BHA AN RATHAD A' DOL NA B' FHAIDE, OIR THA CEUM A' DOL THAIRIS AIR A' BHEINN AIR CÙL HÙISINIS GU BAILE BEAG CHRABHADAL. 'S E FÌOR CHEUM GLÒRMHOR A THA SEO AGUS 'S FHIACH E A DHOL ASTAR BEAG SUAS A' BHEINN GUS SEALLADH FHAIGHINN AIR AN SGARP.

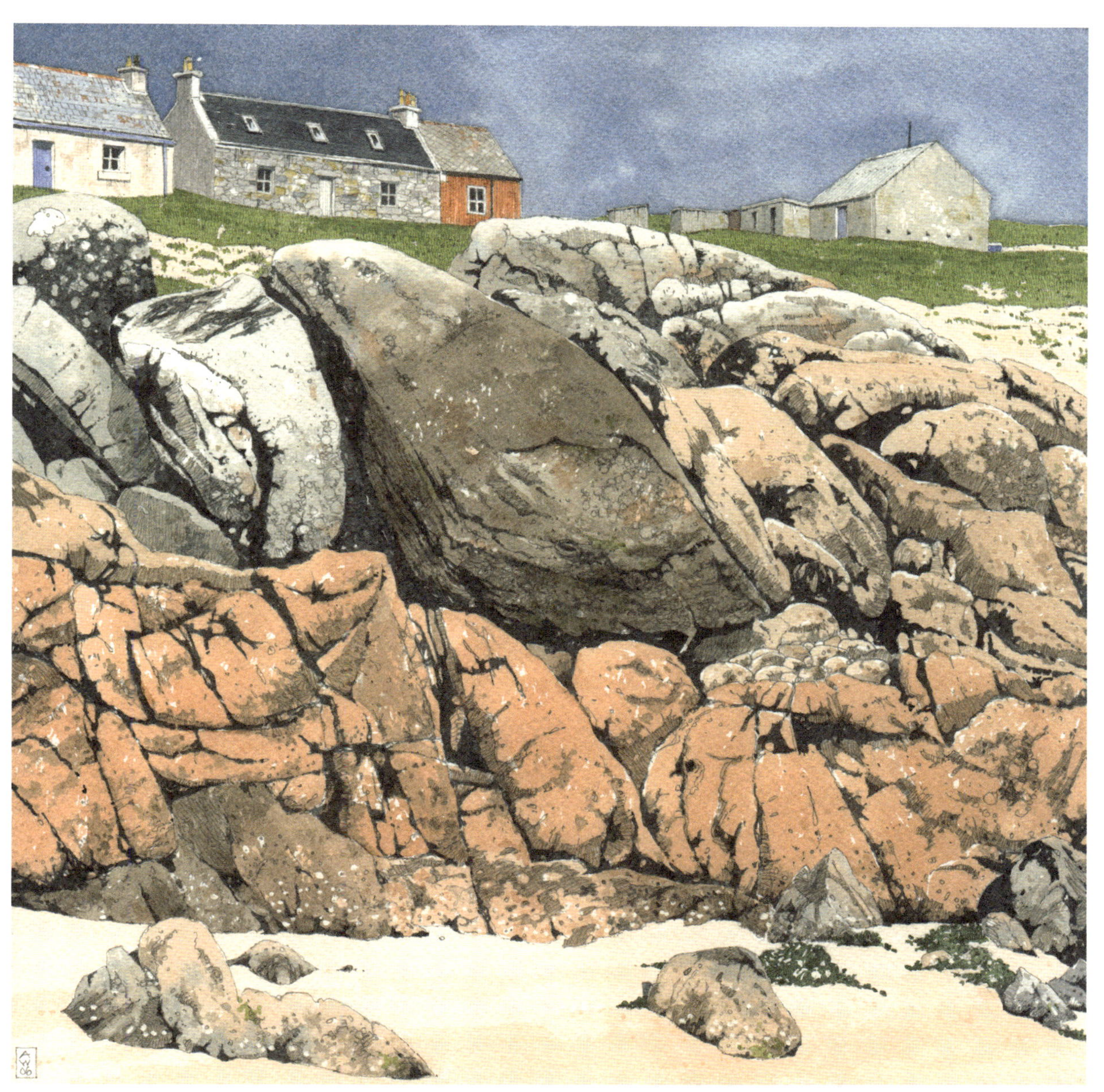

HUISINIS IV: ALISDAIR WISEMAN :HÙISINIS IV

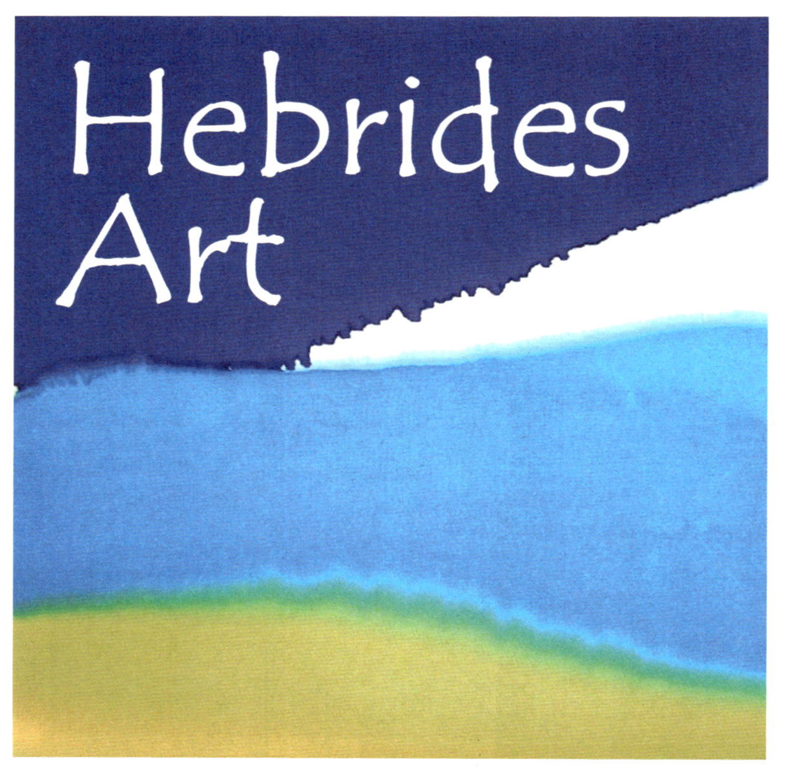

Hebrides
Art